J.D. PONCE ÜBER TSCHUANG-TSE

EINE AKADEMISCHE ANALYSE DES ZHUANGZI

© 2024 von JD Ponce

INDEX

VORÜBERLEGUNGEN --- 5

Kapitel I: DIE ZEIT DER STREITENDEN REICHE-------------------------------8

Kapitel II: PRAKTIKEN UND GLAUBENSSÄTZE IM ALTEN CHINA-------12

Kapitel III: PHILOSOPHISCHE LANDSCHAFT----------------------------------16

Kapitel IV: DIE ENTSTEHUNG DES DAO--18

Kapitel V: SCHLÜSSELTHEMEN IN ZHUANGZIS SCHRIFTEN-----------30

Kapitel VI: UNBESCHWERTES WANDERN ------------------------------------38

Kapitel VII: ÜBER DIE GLEICHHEIT DER DINGE -----------------------------48

Kapitel VIII: WICHTIGE DINGE FÜR DIE PFLEGE DES LEBENS ---------54

Kapitel IX: DIE MENSCHLICHE WELT ---62

Kapitel X: SYMBOLE DER INTEGRITÄT ERFÜLLT---------------------------68

Kapitel XI: DIE ROLLE DES GROßEN AHNENLEHRERS--------------------74

Kapitel XII: ANTWORTEN FÜR HERRSCHENDE MÄCHTE-----------------81

Kapitel XIII: NICHTKONFORMITÄT---90

Kapitel XIV: DIE NATUR VON FREIHEIT UND ZWANG ---------------------99

Kapitel XV: MATERIALANSAMMLUNG ---------------------------------------108

Kapitel XVI: DA SEIN UND RAUM GEBEN-------------------------------------114

Kapitel XVII: WAHRNEHMUNGEN DES UNIVERSUMS --------------------119

Kapitel XVIII: DER LAUF DES HIMMELS --------------------------------------129

Kapitel XIX: DIE DYNAMIK DES WANDELS-----------------------------------135

Kapitel XX: DIE GEFAHREN STARRER IDEOLOGIEN---------------------143

Kapitel XXI: MENSCH UND NATUR --149

Kapitel XXII: PERSPEKTIVE UND RELATIVITÄT ----------------------------154

Kapitel XXIII: WAHRE ZUFRIEDENHEIT---------------------------------------159

Kapitel XXIV: DIE EXISTENZ ---165

Kapitel XXV: NATÜRLICHE WELT --172

Kapitel XXVI: GESELLSCHAFTLICHE NORMEN VS. DAO -----------------181

Kapitel XXVII: UNWISSENHEIT UND GÖTTLICHE ERKENNTNIS ------188

Kapitel XXVIII: GENGSANG CHU - FÜHRUNG UND TUGEND------------196

Kapitel XXIX: DIE ABWESENHEIT VON ANGST-----------------------------202

Kapitel XXX: WANDEL UND BESTÄNDIGKEIT -------------------------------209

Kapitel XXXI: DIE PHILOSOPHIE DER LOSLÖSUNG----------------------214

Kapitel XXXII: AUTORITÄT UND ENTSAGUNG------------------------------218

Kapitel XXXIII: MORALISCHE AMBIGUITÄT UND ETHIK ------------------223

Kapitel XXXIV: KAMPFKUNST UND WEISHEIT-----------------------------228

Kapitel XXXV: NATUR, EINFACHHEIT UND HARMONIE-------------------234

Kapitel XXXVI: LIE YUKOU - TUGEND UND INTELLEKT ------------------240

Kapitel XXXVII: „ALLES UNTER DEM HIMMEL" ----------------------------247

Kapitel XXXVIII: ZHUANGZIS 50 WICHTIGSTE ZITATE --------------------251

VORÜBERLEGUNGEN

Tschuang-tse, besser bekannt als Zhuangzi oder Meister Zhuang, wurde im alten Staat Meng in der heutigen Provinz Anhui in China geboren. Über sein frühes Leben ist wenig bekannt, man geht jedoch davon aus, dass er aus einer Familie mit bescheidenen Mitteln stammte. Sein Geburtsort spielte eine bedeutende Rolle bei der Gestaltung seiner Weltanschauung und seiner philosophischen Überzeugungen, da ihm die ländliche Umgebung eine enge Verbindung zur Natur und eine tiefe Wertschätzung für Einfachheit ermöglichte.

In seinen Lehren, die in „(Die Schriften von) Meister Zhuang" oder allgemeiner „Zhuangzi" zusammengefasst sind, legte Tschuang-tse eine einzigartige Reihe philosophischer Grundsätze dar, die bis heute Gelehrte und Denker weltweit beeinflussen. Seine philosophischen Ideen haben einen tiefen Nachhall im chinesischen Gedankengut gefunden und verschiedene Aspekte der chinesischen Kultur, darunter Literatur, Kunst, Ethik und Spiritualität, unauslöschlich geprägt. Einer der Schlüsselbereiche, in denen Zhuangzis Einfluss am deutlichsten zu spüren ist, ist der Bereich der daoistischen Philosophie. Das von Zhuangzi vertretene Konzept des Wu-Wei (Nichthandeln) hat maßgeblich zur Entwicklung daoistischer Gedanken und Praktiken beigetragen und betont Natürlichkeit, Spontaneität und Harmonie mit dem Tao.

Darüber hinaus hatte Zhuangzis Betonung der Relativität aller Dinge und der illusorischen Natur der Unterscheidung zwischen Gegensätzen einen Einfluss auf die Entwicklung der chinesischen Metaphysik und Erkenntnistheorie. Seine Lehren förderten eine ganzheitliche Weltanschauung, die Ausgewogenheit, Anpassungsfähigkeit und Akzeptanz von Veränderungen schätzt und die bis heute in Generationen chinesischer Denker und Gelehrter nachhallt. Darüber hinaus haben

Zhuangzis literarische Beiträge die chinesische Literatur geprägt. Sein geschickter Einsatz von Allegorien, Paradoxien und lebhaften Bildern hat nicht nur Leser gefesselt, sondern auch Generationen von Dichtern, Schriftstellern und Künstlern inspiriert. Sein Einfluss ist in der reichen Tradition chinesischer Poesie, Malerei und Kalligraphie erkennbar, wo seine Ideen oft durch symbolische Motive und lyrische Ausdrücke zum Ausdruck kommen.

Darüber hinaus haben Zhuangzis ethische Erkenntnisse weiterhin die moralische Reflexion und Charakterentwicklung in der chinesischen Gesellschaft geleitet. Sein Eintreten für Bescheidenheit, Einfachheit und innere Zufriedenheit hat den moralischen Diskurs und das ethische Verhalten beeinflusst und den ethischen Rahmen der traditionellen chinesischen Kultur geprägt. Darüber hinaus haben Zhuangzis spirituelle Lehren zur Entwicklung religiöser Praktiken und Rituale beigetragen, insbesondere im Daoismus.

Andererseits reicht die Wirkung von Zhuangzis philosophischem Denken weit über die Grenzen des alten China hinaus und findet Resonanz in den intellektuellen Traditionen verschiedener Kulturen auf der ganzen Welt. Ein bemerkenswerter Aspekt von Zhuangzis Einfluss liegt in seiner Betonung der Relativität menschlicher Perspektiven und der Natur der Realität, die bei Denkern aus unterschiedlichen kulturellen Hintergründen zu tiefgründiger Kontemplation und Debatte geführt hat. Von den Existenzphilosophen Europas bis zu den Transzendentalisten Amerikas lassen sich Spuren von Zhuangzis Ideen in ihren Überlegungen zur menschlichen Verfassung und zum Universum erkennen.

Darüber hinaus findet das von Zhuangzi vertretene Konzept von Spontaneität und Natürlichkeit in Praktiken wie dem Zen-Buddhismus und daoistisch beeinflussten Kampfkünsten Anklang, was den tiefgreifenden Einfluss seiner Lehren auf spirituelle und körperliche Disziplinen über Chinas Grenzen hinaus verdeutlicht. Darüber hinaus hat Zhuangzis Skepsis gegenüber starren sozialen Konventionen und autoritären Strukturen in den Werken von politischen Theoretikern und Aktivisten Widerhall gefunden, die sich auf verschiedenen Kontinenten und in verschiedenen Epochen für individuelle Autonomie und gesellschaftlichen Wandel einsetzen.

Kapitel I
DIE ZEIT DER STREITENDEN REICHE

Während der Zeit der Streitenden Reiche im alten China war die geopolitische Landschaft durch fragmentierte Territorien und ein komplexes Netz von Machtkämpfen zwischen verschiedenen Staaten gekennzeichnet. Zu den wichtigsten Staaten dieser turbulenten Ära gehörten Qin, Qi, Chu, Yan, Han, Wei, Zhao und Qi. Jeder Staat wetteiferte um die Vorherrschaft und versuchte, seinen Einfluss auszuweiten, was zu unerbittlichen Konflikten und diplomatischen Manövern führte.

Bemerkenswerte Kriege, Verträge und wechselnde Allianzen waren in dieser Zeit ausschlaggebend für die politische Macht. Die Schlacht von Changping zwischen Qin und Zhao, die Feldzüge von Lord Mengchang und der Kampf zwischen Qi und Lu sind nur einige Beispiele für die intensiven militärischen Auseinandersetzungen, die diese Ära prägten. Verträge wie der Vertrag von Shanyang und die Koalition gegen Qin zeigten das Kräfteverhältnis und die sich ständig ändernde Dynamik der Allianzbildung zwischen den Staaten.

Fortschritte in Militärstrategie, Philosophie und Technologie waren Schlüsselaspekte der Zeit der Streitenden Reiche. Die Entwicklung von Eisenwaffen und Verteidigungsanlagen revolutionierte die Kriegsführung und führte zu innovativen Taktiken und Strategien, die den Lauf der Geschichte entscheidend prägten. Darüber hinaus gewannen auch die philosophischen Ideen des Legalismus, Konfuzianismus und Daoismus an Bedeutung und übten tiefgreifenden Einfluss auf Staatskunst und Regierungsführung aus.

Diese Zeit war geprägt von heftigen Machtkämpfen zwischen verschiedenen Staaten, die um die Vorherrschaft und

Kontrolle über wichtige Gebiete wetteiferten. Eines der entscheidenden Ereignisse dieser Zeit war die Schlacht von Changping, ein langwieriger Konflikt zwischen den Staaten Qin und Zhao, der zu beispiellosem Blutvergießen und strategischen Manövern führte. Diese Schlacht demonstrierte nicht nur die Rücksichtslosigkeit des staatlichen Wettbewerbs, sondern offenbarte auch, wie weit die Herrscher bereit waren zu gehen, um ihre Ambitionen zu erreichen.

Ein weiteres bedeutendes Ereignis war der Aufstieg von Strategen wie Sun Tzu, dessen bahnbrechendes Werk „Die Kunst des Krieges" als Zeugnis der sich entwickelnden militärischen Taktiken und Philosophien der Ära gilt. Die in dieser Zeit gebildeten Allianzen spielten ebenfalls eine entscheidende Rolle bei der Gestaltung des Ausgangs verschiedener Konflikte. Staaten wie Qi und Chu strebten strategische Partnerschaften an, um ihre Positionen zu stärken und ihre Interessen inmitten des Aufruhrs zu sichern. Diese Allianzen führten oft zu einem Netz aus Diplomatie und Intrigen, da die Staaten versuchten, ihre Macht und ihren Einfluss aufrechtzuerhalten.

Während sich das Kräfteverhältnis ständig verschob, entstanden neue Allianzen, während alte sich auflösten, was zu einem dynamischen und unbeständigen geopolitischen Umfeld führte. In diesem Geflecht aus Konflikten und Zusammenarbeit wurden die Samen der chinesischen imperialen Vereinigung gesät und damit die Bühne für den späteren Aufstieg der Qin-Dynastie bereitet. Infolgedessen war diese Periode eine Zeit intensiver intellektueller Gärung, in der zahlreiche Denkschulen entstanden und in der sich ständig verändernden politischen Landschaft um Einfluss wetteiferten.

Eine der tiefgreifendsten kulturellen Entwicklungen war die Blüte des philosophischen Denkens, wie sie beispielsweise in den Lehren von Konfuzius, Menzius, Laozi und Zhuangzi zum Ausdruck kommt. Ihre philosophischen Untersuchungen befassten sich nicht nur mit Regierungsführung und gesellschaftlicher Ordnung, sondern befassten sich auch mit grundlegenden Fragen zur menschlichen Natur, Ethik und dem Kosmos. Darüber hinaus legten diese Denker den Grundstein für ethische und politische Philosophien, die die chinesische Zivilisation in den kommenden Jahrhunderten stark beeinflussen sollten.

Neben philosophischen Entwicklungen erlebte die Zeit der Streitenden Reiche auch bemerkenswerte Fortschritte in den Bereichen Literatur, Kunst und Handwerk. Die Verbreitung geschriebener Texte und die Verbreitung der Lese- und Schreibfähigkeit unter der herrschenden Elite förderten eine reiche literarische Tradition, aus der klassische Werke wie das bereits erwähnte „Die Kunst des Krieges" von Sun Tzu oder „Das Buch der Lieder" hervorgingen. Künstlerische Bestrebungen blühten auf, wie Bronzeguss-, Jadeschnitz- und Lacktechniken belegen, die exquisite Artefakte hervorbrachten, die die ästhetischen Vorlieben der Epoche widerspiegelten.

Darüber hinaus kam es in dieser Zeit zu bedeutenden technologischen Innovationen in der Landwirtschaft, der Metallurgie und im Bauwesen. Die Einführung von Eisenwerkzeugen revolutionierte die landwirtschaftlichen Praktiken und führte zu einer erhöhten landwirtschaftlichen Produktivität und einer Ausweitung des Ackerlandes. Innovationen in der Metallurgie trugen zur Entwicklung besserer Waffen und Rüstungen bei und heizten den militärischen Wettbewerb zwischen den kriegführenden Staaten an. Architektonische Errungenschaften wie monumentale Stadtmauern und große Paläste zeigten die Ingenieursleistung und organisatorischen Fähigkeiten dieser Zeit.

Neben konkreten kulturellen Entwicklungen kam es in der Zeit der Streitenden Reiche auch zur Kodifizierung moralischer und rechtlicher Vorschriften, die den ethischen Rahmen der chinesischen Gesellschaft prägten. Prinzipientreues Verhalten und kindliche Pietät wurden betont, was zur Entwicklung eines gemeinsamen moralischen Bewusstseins und sozialen Zusammenhalts innerhalb der unterschiedlichen Staaten beitrug. Rechtsreformen zur Standardisierung von Rechtsverfahren und Regierungspraktiken sollten Ordnung und Gerechtigkeit in ein turbulentes Zeitalter der Konflikte und Unruhen bringen.

Kapitel II
PRAKTIKEN UND GLAUBENSSÄTZE IM ALTEN CHINA

Im alten China spielten die Erforschung schamanistischer Praktiken, Wahrsagemethoden und der Bedeutung der Natur eine entscheidende Rolle bei der Gestaltung der religiösen Aktivitäten der Zeit. Schamanismus, eine Praxis, bei der eine bestimmte Person im Namen der Gemeinschaft mit der Geisterwelt kommuniziert, hatte in den alten chinesischen religiösen Ritualen eine enorme Bedeutung. Schamanen fungierten oft als Vermittler zwischen der menschlichen und der spirituellen Welt, führten die Gemeinschaft durch verschiedene Zeremonien und gewährten Einblicke in die Geheimnisse der natürlichen und übernatürlichen Welt. Wahrsagemethoden wie Orakelknocheninschriften und die Interpretation natürlicher Phänomene waren wesentlich, um Führung durch das Göttliche zu suchen und die kosmische Ordnung zu verstehen. Die Verwendung von Schafgarbenstängeln oder Schildpatt zu Wahrsagerzwecken spiegelte den tiefen Glauben an die Verbundenheit von Mensch und Universum wider. Darüber hinaus durchdrang die Ehrfurcht vor der Natur die alten chinesischen religiösen Aktivitäten. Die Zyklen der Jahreszeiten, himmlischen Muster und die Elemente wurden als Manifestationen göttlicher Kräfte verehrt.

Andererseits war die Ahnenverehrung tief in dem Glauben verwurzelt, dass verstorbene Familienmitglieder das Leben ihrer lebenden Nachkommen weiterhin beeinflussen. Die Geister der Ahnen galten als Wächter und Beschützer der Familienlinie, und ihre Gunst war für den Wohlstand und das Wohlergehen der Lebenden von entscheidender Bedeutung. Diese tiefe Verehrung der Ahnen durchdrang alle Aspekte des chinesischen Lebens, von privaten Familienzeremonien bis hin zu großen Staatsritualen.

Im Mittelpunkt der Ahnenverehrung standen die Rituale und Opfergaben zu Ehren der Verstorbenen. Familien pflegten in ihren Häusern sorgfältig Ahnenaltäre und Schreine, an denen sie regelmäßig Zeremonien abhielten, um ihren Vorfahren Respekt und Dankbarkeit zu zeigen. Diese Rituale beinhalteten oft das Abbrennen von Weihrauch, das Anbieten von Speisen und Getränken sowie das Aufsagen von Gebeten und Stammbäumen der Vorfahren. Ahnentafeln mit den Namen und Titeln verstorbener Verwandter wurden während dieser Rituale prominent ausgestellt und symbolisierten die fortwährende Anwesenheit und den Einfluss der Vorfahren im Haushalt.

Über den familiären Bereich hinaus erstreckte sich die Ahnenverehrung auch auf kommunale und staatliche Angelegenheiten, mit aufwendigen Zeremonien und Festen zur Verehrung legendärer Vorfahren und kaiserlicher Familien. Die Ausübung von Ahnenritualen war mit der hierarchischen Struktur der chinesischen Gesellschaft verbunden, was die Bedeutung der kindlichen Pietät und der Ahnentugenden unterstrich. Darüber hinaus glaubte man, dass die Durchführung dieser Rituale die Harmonie zwischen den Lebenden und den Toten sicherstellte und ein Gefühl der Kontinuität und kollektiven Identität über Generationen hinweg förderte.

Die Rolle der Ahnenverehrung und -rituale geht über die bloße Einhaltung hinaus; sie stellten eine Form des sozialen Zusammenhalts und der moralischen Führung dar. Indem sie die Werte und Traditionen ihrer Vorfahren aufrechterhielten, versuchten die Menschen, das vorbildliche Verhalten und die Leistungen ihrer Vorfahren nachzuahmen und so ein starkes Gefühl kultureller Identität und gemeinsamen Erbes zu schaffen. Darüber hinaus vermittelte die Ehrfurcht vor der Weisheit und Güte der Vorfahren ein Gefühl ethischer Verantwortung und Rechenschaftspflicht gegenüber zukünftigen Generationen.

Ein weiterer wichtiger Aspekt ist das Pantheon der Gottheiten, das das komplexe Zusammenspiel von Spiritualität, Kosmologie und der natürlichen Welt durch die Verehrung himmlischer Wesen, Naturgeister und Ahnenfiguren widerspiegelte, von denen jeder eine besondere Rolle im Leben der Menschen spielte.

Die himmlische Hierarchie im chinesischen Glauben umfasste eine Vielzahl von Göttern und Göttinnen, die oft mit verschiedenen Himmelskörpern, Naturelementen und Phänomenen in Verbindung gebracht wurden. Diese Gottheiten wurden für ihre Herrschaft über Aspekte der Natur wie Sonne, Mond, Regen und Fruchtbarkeit verehrt, und ihre Anbetung war von zentraler Bedeutung für landwirtschaftliche Praktiken und saisonale Rituale. Darüber hinaus wurden himmlische Gottheiten auch in Angelegenheiten des Schicksals, des Glücks und des Schutzes angerufen, was den tiefgreifenden Einfluss kosmischer Kräfte auf menschliche Angelegenheiten widerspiegelt.

Naturgeister wurden in den spirituellen Glaubensvorstellungen des alten Chinas besonders verehrt, da sie die Essenz der natürlichen Welt und ihrer sich wandelnden Zyklen verkörperten. Berge, Flüsse, Wälder und andere Naturdenkmäler wurden von Schutzgeistern namens Shen bewohnt, die als göttliche Beschützer verehrt wurden. Diese Geister waren eng mit der lokalen Folklore, den Traditionen und der mythischen Landschaft verwoben, und ihre Verehrung war ein wesentlicher Bestandteil religiöser Zeremonien und Übergangsriten.

Die Ahnenverehrung war ein wesentlicher Bestandteil des spirituellen Glaubens im alten China und symbolisierte die Verbindung zwischen den Lebenden und den Toten. Die Verehrung der Ahnen als verehrte Geister, Vermittler zwischen der Welt der Sterblichen und dem Jenseits, war eine etablierte Praxis, die in kindlicher Pietät und gesellschaftlicher Harmonie wurzelte. Ahnenriten und Opfergaben wurden durchgeführt, um die Geister der Verstorbenen zu ehren und ihre Führung, ihren Segen und Wohlstand für die lebende Generation zu erbitten.

Darüber hinaus umfassten die spirituellen Glaubensvorstellungen eine Fülle mythischer Figuren, legendärer Helden und Volksgottheiten, die alle mit einzigartigen Eigenschaften und Tugenden ausgestattet waren. Geschichten über diese göttlichen Wesen regten die Fantasie der Menschen an und dienten als moralische Parabeln, die Tugend, Widerstandskraft und Rechtschaffenheit inspirierten.

Kapitel III
PHILOSOPHISCHE LANDSCHAFT

Die philosophische Landschaft vor Zhuangzi war geprägt von den tiefgreifenden Beiträgen bedeutender Denker, insbesondere Konfuzius und Laozi. Konfuzius, der Vater des Konfuzianismus, betonte die Bedeutung von Anstand, ethischem Verhalten und der Korrektur sozialer Institutionen. Seine Lehren drehten sich um moralische Führung, kindliche Pietät und die Pflege von Tugend, um Harmonie in der Gesellschaft zu fördern. Laozi hingegen, der als Begründer des Daoismus gilt, erläuterte das Konzept des Dao und plädierte für natürliche Spontaneität und Nichteinmischung in die Angelegenheiten der Welt. Sein philosophisches Traktat, das Daodejing, fasste die Essenz des daoistischen Denkens zusammen und konzentrierte sich auf das Zusammenspiel von Yin und Yang und die Fluidität der Existenz.

Darüber hinaus trugen zwei bedeutende konfuzianische Denker, wenn auch voneinander abweichend, wichtige Theorien zum vielschichtigen Verständnis von Ethik und Regierungsführung bei. Mencius brachte die angeborene Güte der menschlichen Natur zum Ausdruck und betonte die Bedeutung moralischer Bildung und die Verantwortung des gütigen Herrschers gegenüber seinen Untertanen. Im Gegensatz dazu positionierte Xunzi die menschliche Natur als von Natur aus egoistisch und argumentierte für die Notwendigkeit strenger Erziehung und ritueller Praktiken zur Entwicklung ethischen Verhaltens.

Eine weitere prominente Persönlichkeit ist Mozi, der Begründer des Mohismus, der für sein Eintreten für universelle Liebe und utilitaristische Ethik bekannt ist. Er bietet einen interessanten Vergleichspunkt zu Zhuangzis Darstellung von Natürlichkeit und Loslösung von gesellschaftlichen Konstrukten.

Han Feizi hingegen, einer der größten Rechtsdenker des alten China, steht in scharfem Kontrast zu Zhuangzi, indem er strenge Gesetze, eine zentralisierte Autorität und die Verwendung von Anreizen und Strafen zur Regierungsführung des Staates befürwortet. Dieser starke Kontrast in den philosophischen Ansätzen spiegelt die reiche Vielfalt des Denkens wider, das in dieser Zeit florierte.

Darüber hinaus unterstreicht der bedeutende Einfluss dieser Zeitgenossen auf Zhuangzis philosophische Entwicklung die Vernetzung der Ideen und die dynamische Natur des intellektuellen Austauschs, die die alten chinesischen philosophischen Kreise kennzeichnete. Innerhalb dieser dynamischen Landschaft führte Zhuangzi Dialoge mit all diesen philosophischen Schulen.

Kapitel IV
DIE ENTSTEHUNG DES DAO

Der Daoismus, auch Taoismus genannt, ist eine der ältesten und einflussreichsten philosophischen Traditionen der chinesischen Kultur. Seine Ursprünge gehen zurück bis in die prähistorische Zeit. Seine frühe Entwicklung war oft mit schamanischen Praktiken, animistischen Glaubensvorstellungen und Volkstraditionen verknüpft, die die natürliche Welt verehrten. Im Laufe der Zeit entwickelte sich der Daoismus zu einem umfassenden philosophischen System, das sich durch seine Betonung von Harmonie, Gleichgewicht und der grundlegenden Verbundenheit aller Dinge auszeichnet.

In seinen Anfangsstadien umfasste das daoistische Denken grundlegende Konzepte wie Yin und Yang, die die Dualität und die komplementäre Natur gegensätzlicher Kräfte im Universum symbolisieren. Dieses Konzept ist nach wie vor ein wesentlicher Bestandteil der daoistischen Kosmologie und Ethik und stellt dar, wie scheinbar widersprüchliche Elemente voneinander abhängig und in ständigem Wandel sind. Das Dao oder der Weg dient als zentrales, schwer fassbares Konzept innerhalb der daoistischen Philosophie. Es lässt sich nicht präzise und konkret definieren und verkörpert eine immaterielle Kraft, die alle Aspekte der Existenz durchdringt. Zhuangzi, eine prominente Figur im daoistischen Denken, stellt das Dao als von Natur aus mysteriös und jenseits rationalen Verständnisses dar und fordert die Menschen dazu auf, ihre Fixierung auf logisches Denken aufzugeben und sich intuitiven Erkenntnissen zuzuwenden.

Darüber hinaus wird angenommen, dass sich das Dao in natürlichen Prozessen und Ökosystemen manifestiert und die zyklischen Rhythmen und die spontane Ordnung widerspiegelt, die in der natürlichen Welt beobachtet werden. Im

Kontext des menschlichen Lebens plädiert der Daoismus für Einfachheit, Bescheidenheit und harmonisches Zusammenleben mit der Natur, im Gegensatz zum gesellschaftlichen und hierarchischen Fokus des Konfuzianismus und den autoritären Grundlagen des Legalismus. Diese Gegenüberstellung unterstreicht das daoistische Ideal, sich an der natürlichen Ordnung auszurichten und gleichzeitig künstliche soziale Konstrukte zu meiden.

Philosophische Grundlagen des Dao:

Die philosophischen Grundlagen des Dao stellen ein komplexes Geflecht von Ideen dar, die sich über Jahrhunderte entwickelt haben und eng mit der chinesischen Kosmologie, Metaphysik und Ethik verflochten sind. Im Kern basiert die daoistische Philosophie auf dem Konzept des Dao als dem ultimativen Prinzip, das dem Universum zugrunde liegt. Bei der Erforschung der philosophischen Grundlagen des Dao ist es unerlässlich, sich mit verschiedenen Aspekten zu befassen, darunter Ontologie, Epistemologie und Ethik. Ontologisch wird das Dao als die unbenennbare und undefinierbare Quelle verstanden, aus der alle Dinge entstehen. Diese unbeschreibliche Essenz übersteigt das menschliche Verständnis und existiert jenseits des Bereichs der Konzeptualisierung oder sprachlichen Darstellung.

Epistemologisch betrachtet betont der daoistische Ansatz intuitives Wissen und direkte Erfahrung gegenüber strukturiertem Wissen und rationaler Analyse. Der Schwerpunkt liegt darauf, sich auf die Rhythmen der Natur einzustimmen und sich mit dem spontanen Fluss der Existenz in Einklang zu bringen. Diese erkenntnistheoretische Haltung erkennt die Grenzen von Sprache und Intellekt bei der Erfassung der Essenz des Dao an und führt zu einer Verschiebung hin zu erfahrungsbasierter Erkenntnis und ganzheitlichem Bewusstsein.

Ethisch gesehen erläutern die philosophischen Grundlagen des Dao das Prinzip von Wu Wei, das oft als „Nichthandeln" oder „müheloses Handeln" übersetzt wird. Wu Wei steht für eine Ausrichtung auf die natürliche Ordnung des Universums und plädiert für eine harmonische Lebensweise, die willkürliche Einmischung und gekünstelte Anstrengungen vermeidet. Diese ethische Einstellung unterstreicht die Bedeutung eines Lebens im Einklang mit dem Dao, der Akzeptanz von Spontaneität und des Verzichts auf das egogetriebene Streben nach Kontrolle und Dominanz.

Grundprinzipien und Grundsätze:

In seiner Essenz verkörpert das Dao das grundlegende Prinzip oder die Kraft, die dem Universum und aller Existenz zugrunde liegt. Es ist nicht nur eine philosophische Abstraktion, sondern umfasst eine ganzheitliche Weltanschauung, die jeden Aspekt des Lebens durchdringt. Das Dao wird als Quelle aller Schöpfung und als ultimative Realität verstanden, die das menschliche Verständnis übersteigt.

Zentral für das Verständnis des Dao sind seine Grundprinzipien, insbesondere Harmonie und Gleichgewicht. Das Dao lehrt, dass die natürliche Ordnung des Universums durch Harmonie gekennzeichnet ist, und betont, wie wichtig es ist, sich auf dieses angeborene Gleichgewicht auszurichten. Indem man die Verbundenheit aller Dinge und die zyklische Natur der Existenz erkennt, kann sich der Einzelne auf den Fluss des Dao einstimmen, was zu einem Zustand des Gleichgewichts und der Ruhe führt.

Darüber hinaus ist das Konzept der Spontaneität und des Nichthandelns, bekannt als „Wu Wei", ein wesentlicher Bestandteil des daoistischen Ethos. Wu Wei betont die Idee mühelosen Handelns und plädiert dafür, im Einklang mit dem natürlichen Lauf der Dinge zu handeln, ohne nach Ergebnissen zu streben oder sie zu erzwingen. Dieses Prinzip stellt herkömmliche Vorstellungen von Durchsetzungsvermögen und Kontrolle in Frage und schlägt stattdessen eine Lebensweise vor, die es organischen Prozessen ermöglicht, sich auf natürliche Weise zu entfalten.

Ein weiterer zentraler Grundsatz des Dao ist die Anerkennung der Relativität aller Phänomene. Die daoistische Philosophie geht davon aus, dass die Realität subjektiv und abhängig von der eigenen Perspektive ist. Sie ermutigt den Einzelnen, mehrere Standpunkte zu akzeptieren und für unterschiedliche Interpretationen der Wahrheit offen zu bleiben. Dieses Verständnis der Relativität fördert ein Gefühl von Demut und Offenheit, löst starre Überzeugungen auf und fördert eine flexible, anpassungsfähige Denkweise.

Darüber hinaus ist das Dao durch die Akzeptanz der Vergänglichkeit und Flüchtigkeit des Lebens gekennzeichnet. Es erkennt die zyklische Natur der Existenz an, in der auf Momente des Wachstums Perioden des Niedergangs folgen und umgekehrt. Die Akzeptanz von Veränderungen und dem Auf und Ab der Lebensrhythmen ist entscheidend für ein Leben im Einklang mit dem Dao, da es Widerstandsfähigkeit und eine Wertschätzung für die sich ständig verändernde Natur der Realität fördert.

Das Geheimnis des Dao:

Das Konzept des Dao umfasst eine rätselhafte Essenz, die über das bloße menschliche Verständnis hinausgeht. Während sich das Dao als grundlegendes Prinzip präsentiert, das das Universum und alles Sein darin regiert, bleibt seine wahre Natur in Mysterium und Transzendenz gehüllt. Die Unfassbarkeit des Dao ist untrennbar mit seiner wahrgenommenen Essenz verbunden und entzieht sich kategorischer Definition oder detaillierter Erklärung. Der Versuch, die Essenz des Dao durch rationale Diskurse oder empirische Untersuchungen zu erfassen, führt zu einer Erkenntnis der inhärenten Grenzen der menschlichen Wahrnehmung angesichts der grenzenlosen Tiefe des Dao.

Die schwer fassbare Natur des Dao lädt zum Nachdenken, zur Selbstreflexion und zur Selbstbesinnung ein und zwingt den Einzelnen, Demut an den Tag zu legen und die inhärenten Grenzen des menschlichen Wissens und Verstehens zu erkennen. Diese Erkenntnis dient als Weg zu größerer Erleuchtung und spirituellem Erwachen und ermutigt den Einzelnen, die Grenzen des konventionellen Denkens aufzugeben und eine ganzheitlichere, intuitivere Art der Wahrnehmung der Welt anzunehmen. Das Mysterium des Dao weckt auch ein Gefühl von Ehrfurcht und Staunen und lädt den Einzelnen ein, die unbeschreibliche Schönheit und Komplexität der Existenz zu bestaunen und die Beschränkungen alltäglicher Perspektiven und intellektueller Rahmenbedingungen zu überwinden. Es ermutigt den Einzelnen, das Leben mit einem tiefen Gefühl der Ehrfurcht und Offenheit anzugehen und fördert eine tiefere Wertschätzung für die Verbundenheit aller Phänomene innerhalb des kosmischen Gewebes des Dao.

Durch die Anerkennung der geheimnisvollen Natur des Dao werden Menschen ermutigt, die Tiefen ihres Bewusstseins zu erforschen und sich auf subtile Nuancen und unaussprechliche Wahrheiten einzustimmen, die jenseits des Verständnisses gewöhnlicher Vernunft liegen. Diese kontemplative Reise zur Entschlüsselung der Geheimnisse des Dao erzeugt ein tiefes Gefühl spiritueller Erfüllung und existentieller Bestimmung und bietet Menschen eine transformierende Erfahrung, die die Grenzen der weltlichen Existenz übersteigt. Das Annehmen des Mysteriums des Dao inspiriert Menschen dazu, ein Gefühl des Staunens, der Neugier und der Offenheit für die unendlichen Möglichkeiten zu entwickeln, die im rätselhaften Gewebe der Realität verborgen liegen, und führt sie zu einem tieferen Verständnis der grundlegenden Wahrheiten, die dem Universum zugrunde liegen.

Manifestationen des Dao in der Natur:

Die Natur in all ihrer herrlichen Pracht dient als tiefgreifende Manifestation des Dao – des zugrunde liegenden Prinzips und der Kraft, die das Universum regiert. In der daoistischen Tradition wird die Natur als grenzenlose Quelle der Weisheit und Harmonie verehrt, die das organische Zusammenspiel von Yin und Yang, das ewige Auf und Ab der Transformation und des Gleichgewichts widerspiegelt. Durch aufmerksame Beobachtung und Betrachtung natürlicher Phänomene offenbart sich das Dao auf unzählige Arten und bietet wertvolle Einblicke in die grundlegenden Rhythmen und Muster der Existenz. Die majestätischen Berge stehen hoch und unnachgiebig da und symbolisieren Widerstandsfähigkeit und Stärke, die in der unveränderlichen Essenz des Dao verwurzelt sind. Der sanfte, aber beständige Fluss des Wassers bahnt sich seinen Weg durch zerklüftetes Gelände und verkörpert die fließende Anpassungsfähigkeit und Ausdauer, die dem Dao innewohnt. Der anmutige Tanz des Windes durch die Bäume spiegelt das dynamische Zusammenspiel der Kräfte wider und veranschaulicht das harmonische Zusammenleben, das für die Lehren des Dao von zentraler Bedeutung ist. Darüber hinaus spiegelt das Netz des Lebens in einem blühenden Ökosystem die Verbundenheit und gegenseitige Abhängigkeit wider, die das Dao betont, wobei jedes Wesen eine wesentliche Rolle bei der Aufrechterhaltung des Gleichgewichts spielt. Von der flüchtigen Schönheit blühender Blumen bis zur ehrfurchtgebietenden Macht von Gewittern verkörpert die Natur die vielfältigen Ausdrucksformen des Dao und ruft Bewunderung, Ehrfurcht und Kontemplation hervor. Darüber hinaus veranschaulicht der zyklische Rhythmus der Jahreszeiten die unaufhörlichen Veränderungen, die das Dao orchestriert – Geburt, Wachstum, Reife, Verfall und Wiedergeburt – ein ewiger

Zyklus, der sich in den philosophischen Grundsätzen der Vergänglichkeit und Transformation widerspiegelt.

Das menschliche Leben und das Dao:

Das menschliche Leben ist aus der Sicht der daoistischen Philosophie untrennbar mit dem Konzept des Dao verbunden. Die Daoisten glauben an ein Leben im Einklang mit der natürlichen Ordnung und daran, die eigene Existenz mit dem spontanen Fluss des Dao in Einklang zu bringen. Dieses harmonische Zusammenleben geht über einen rein philosophischen Standpunkt hinaus und beeinflusst tiefgreifend menschliches Verhalten, Beziehungen und gesellschaftliche Strukturen.

Im Mittelpunkt der daoistischen Lehren steht die Betonung von Einfachheit, Bescheidenheit und Nichteinmischung. Zhuangzi und andere daoistische Denker plädieren für eine ausgewogene Lebenseinstellung und fordern die Menschen auf, übermäßige Wünsche und Ambitionen aufzugeben, die das natürliche Gleichgewicht stören. Durch die Anwendung von Wu Wei, der Kunst des Nichthandelns, können Menschen die Komplexität des Lebens mit Leichtigkeit erleben und sich von unnötigen Kämpfen und Konflikten lösen.

Darüber hinaus ist das Konzept des Gleichgewichts von größter Bedeutung für die Pflege einer harmonischen Existenz. Indem der Daoismus die zyklische Natur der Existenz anerkennt und das Zusammenspiel gegensätzlicher Kräfte erkennt, ermutigt er den Einzelnen, sowohl das Licht als auch den Schatten in sich selbst anzunehmen. Diese ganzheitliche Akzeptanz fördert inneren Frieden und emotionale Stabilität und ermöglicht es dem Einzelnen, ein erfülltes Leben zu führen, ohne extremen emotionalen Schwankungen zu erliegen.

Menschliche Beziehungen sind nach daoistischen Grundsätzen entscheidend für ein harmonisches Leben. Die Betonung von Mitgefühl, Empathie und Verständnis bildet den Eckpfeiler zwischenmenschlicher Interaktionen. Die Daoisten betonen die Bedeutung der Förderung echter Verbindungen, die auf gegenseitigem Respekt und Wertschätzung für den einzigartigen Weg jedes Einzelnen basieren. Durch die Förderung harmonischer Beziehungen versucht der Daoismus, ein kollektives Umfeld zu schaffen, das persönliches Wachstum und gemeinschaftliches Wohlbefinden fördert.

Um ein harmonisches Leben in gesellschaftlichen Strukturen zu führen, müssen traditionelle Machtdynamiken und Hierarchien neu definiert werden. Der Daoismus stellt starre soziale Konstrukte in Frage und plädiert für egalitäre Prinzipien, die auf Empathie und gemeinsamer Verantwortung basieren. Durch die Integration der daoistischen Werte der Mäßigung und Anpassungsfähigkeit können Gesellschaften Systeme schaffen, die das Wohlergehen aller Mitglieder in den Vordergrund stellen und so eine nachhaltige und harmonische Gemeinschaft fördern.

Kontraste zum Konfuzianismus und Legalismus:

Das Konzept des Dao, wie es in Zhuangzis Lehren erläutert wird, stellt einen starken Kontrast zu den vorherrschenden Philosophien des Konfuzianismus und Legalismus während der Zeit der Streitenden Reiche im alten China dar. Während der Konfuzianismus die Bedeutung moralischer Bildung, sozialer Harmonie und ethischen Verhaltens auf der Grundlage ritueller Anständigkeit betonte, plädierte der Legalismus für strenge Gesetze, zentralisierte Autorität und harte Strafen, um die Ordnung in der Gesellschaft aufrechtzuerhalten.

Im Gegensatz dazu weicht die von Zhuangzi verkörperte daoistische Perspektive von diesen Grundsätzen ab, indem sie das Streben nach Spontaneität, Natürlichkeit und Nichteinmischung als Mittel zur Harmonie mit dem inhärenten Fluss des

Universums betont, anstatt Einzelpersonen und der Gesellschaft starre moralische oder gesetzliche Beschränkungen aufzuerlegen. Der daoistische Ansatz lehnt die Auferlegung externer Standards oder vorgeschriebenen moralischen Verhaltens ab und bevorzugt stattdessen die Ausrichtung auf die natürliche Entfaltung des Dao.

Die Betonung von Hierarchie, kindlicher Pietät und sozialen Rollen durch den Konfuzianismus steht in scharfem Kontrast zum daoistischen Denken, das individuelle Autonomie, Gleichheit aller Dinge und die Auflösung der Unterscheidung zwischen Gut und Böse befürwortet. In Zhuangzis Philosophie steht das Konzept von Wu Wei (Nichthandeln) im Gegensatz zur konfuzianischen Betonung ethischen Engagements und der aktiven Gestaltung des eigenen Charakters durch moralische Kultivierung. Die daoistische Sichtweise geht davon aus, dass übermäßiges Eingreifen und Streben zu Disharmonie führt, und plädiert stattdessen für einen Zustand mühelosen Handelns im Einklang mit dem Dao.

Darüber hinaus steht der Fokus des Legalismus auf einen autoritären Staat und die Durchsetzung strenger Gesetze im Widerspruch zum daoistischen Ideal einer spontanen, ungezwungenen Regierungsführung durch Einhaltung der natürlichen Ordnung. Zhuangzis Lehren fördern eine Vision von Führung, die von Bescheidenheit, Mitgefühl und nicht-zwanghaftem Einfluss geprägt ist, im krassen Gegensatz zur autoritären Natur der legalistischen Regierungsführung.

Das Daodejing und Zhuangzi:

Das Daodejing, das oft als grundlegender Text des Daoismus angesehen wird, umfasst 81 prägnante Kapitel, die die Natur des Dao und seine Erscheinungsformen in der Welt erläutern. Sein aphoristischer Stil und seine rätselhaften Verse haben im Laufe der Jahrhunderte zu unterschiedlichsten

Interpretationen geführt. Gelehrte betreiben sorgfältige philologische Studien, um die Nuancen des Textes zu erhellen, und untersuchen jedes Zeichen und jede Phrase sorgfältig auf Bedeutungsebenen. Die kryptische Natur des Daodejing lädt die Leser ein, über seine Lehren nachzudenken und die darin vermittelte Weisheit zu erkennen.

Ebenso bietet das dem Philosophen Tschuang-tse zugeschriebene Zhuangzi eine reiche Mischung aus Parabeln, Anekdoten und philosophischen Diskursen. Durch allegorisches Geschichtenerzählen und Reflexionen untersucht das Zhuangzi Themen wie Spontaneität, Relativismus und Transzendenz. Die Interpretation dieses Textes erfordert eine tiefe Wertschätzung für Zhuangzis unverwechselbaren literarischen Stil und seine Vorliebe, philosophische Wahrheiten durch narrative Mittel zu vermitteln. Das Eintauchen in das Zhuangzi enthüllt eine Welt der Fantasie und philosophischen Tiefe und veranlasst Gelehrte, seine Allegorien zu analysieren und über ihre Relevanz für die menschliche Existenz nachzudenken.

Die Interpretationsansätze zu diesen Texten umfassen ein Spektrum an Methoden, darunter historische, vergleichende und hermeneutische Analysen. Wissenschaftler untersuchen verschiedene Versionen und Kommentare der Texte, um die ursprüngliche Absicht der Autoren zu erkennen und gleichzeitig die sich im Laufe der Zeit und in verschiedenen Kulturen entwickelnden Interpretationen zu berücksichtigen. Darüber hinaus ermöglichen vergleichende Studien mit anderen philosophischen Traditionen ein differenziertes Verständnis der einzigartigen Erkenntnisse des Daodejing und Zhuangzi.

Anwendungen des Dao im zeitgenössischen Denken:

In der heutigen Zeit haben die im Daoismus dargelegten Philosophien und Prinzipien, insbesondere jene, die mit dem

Konzept des Dao in Zusammenhang stehen, vielfältige Anwendung in verschiedenen Bereichen menschlicher Bemühungen gefunden. Ein prominenter Bereich, in dem der Einfluss des daoistischen Denkens beobachtet werden kann, ist der Bereich ganzheitlicher Lebensführung und Achtsamkeitspraktiken. Die Betonung von Harmonie mit der Natur, Selbstbewusstsein und dem Annehmen des Flusses des Lebens steht in enger Verbindung mit den modernen Bewegungen, die Achtsamkeit, Meditation und nachhaltiges Leben fördern. Während die Menschen versuchen, sich dem digitalen Zeitalter zu stellen und Stress und Angst zu bekämpfen, bietet der daoistische Ansatz wertvolle Erkenntnisse, um inmitten des Chaos Gleichgewicht und Ruhe zu finden.

Darüber hinaus hat die daoistische Betonung des Nichthandelns (Wu Wei) Auswirkungen auf Führungs- und Managementstrategien. Das Konzept, Ziele durch müheloses Handeln zu erreichen, zu wissen, wann man eingreifen muss und wann man Ereignissen ihren natürlichen Lauf lassen sollte, wird zunehmend in Managementphilosophien und Führungspraktiken integriert. Durch die Übernahme des Prinzips von Wu Wei bemühen sich Organisationen und Führungskräfte, Widerstand und Zwang zu minimieren und einen organischeren und anpassungsfähigeren Ansatz bei Entscheidungsfindung und Problemlösung zu fördern.

Der daoistische Einfluss ist auch in den Bereichen Kunst, Design und Architektur erkennbar, wo die Wertschätzung für Einfachheit, Spontaneität und natürliche Formen die ästhetischen Ideale der daoistischen Philosophie widerspiegelt. Dies zeigt sich in minimalistischen Designprinzipien, bei denen der Fokus auf wesentliche Elemente und die Beseitigung von Übermaß mit dem daoistischen Streben nach Einfachheit und Authentizität übereinstimmen. Architekten und Designer lassen sich von der symbiotischen Beziehung zwischen Mensch und Natur inspirieren, die der Daoismus vertritt, und integrieren nachhaltige und umweltfreundliche Praktiken in ihre Kreationen, wodurch die Harmonie zwischen gebauter Umwelt und der natürlichen Welt gefördert wird.

Darüber hinaus stellt das daoistische Konzept der Relativität und Perspektive das traditionelle binäre Denken in Frage und fördert Aufgeschlossenheit und Anpassungsfähigkeit bei der Bewältigung komplexer gesellschaftlicher Probleme. Die Akzeptanz von Vielfalt und die Anerkennung der Verbundenheit aller Dinge, wie sie in den daoistischen Lehren vertreten wird, hat zu innovativen Ansätzen in Bereichen wie interkultureller Kommunikation, Konfliktlösung und globaler Diplomatie geführt. Die Anwendung daoistischer Prinzipien hat dazu beigetragen, Empathie, gegenseitiges Verständnis und gemeinsame Problemlösung in der heutigen vernetzten und multikulturellen Welt zu fördern.

Kapitel V
SCHLÜSSELTHEMEN IN ZHUANGZIS SCHRIFTEN

Der Weg (Dao) und die Natürlichkeit (Ziran):

Das Konzept des Weges (Dao) bildet den Kern von Zhuangzis Philosophie und betont das ultimative Prinzip, das die natürliche Ordnung des Universums bestimmt. Das Dao stellt die unfassbare Essenz dar, die allen Phänomenen zugrunde liegt und menschliches Verständnis und Manipulation übersteigt. Es verkörpert ein Verständnis, das sich starrer Konzeptualisierung oder Definition widersetzt und das Auf und Ab der Existenz betont, das sich einer Kategorisierung entzieht. Zhuangzis Konzept des Dao ermutigt den Einzelnen, sich dem natürlichen Lauf der Dinge anzupassen, anstatt der Realität künstliche Konstrukte aufzuerlegen.

Auf der anderen Seite betont das Konzept der Natürlichkeit (Ziran) die inhärente Spontaneität und Authentizität der Existenz, spricht die innewohnende Harmonie und Ausgeglichenheit der Natur an und plädiert für eine intuitive und ungekünstelte Seinsweise. Es stellt die Vorstellung künstlich konstruierter Handlungen in Frage und plädiert stattdessen für einen Zustand der Harmonie mit dem Dao. Laut Zhuangzi bedeutet das Annehmen der Natürlichkeit, gesellschaftliche Konditionierungen abzulegen und sich von den Rhythmen der natürlichen Welt leiten zu lassen.

Relativität der Dinge:

Das Konzept der Relativität in Zhuangzis Philosophie beschränkt sich nicht auf den physischen Bereich, sondern erstreckt sich auf die eigentliche Natur der Existenz und der menschlichen Erfahrung. Laut Zhuangzi ist alles relational und miteinander verbunden, und es gibt keine absoluten

Standards zum Vergleichen oder Bewerten verschiedener Phänomene. Diese relativistische Perspektive stellt herkömmliche Vorstellungen von Stabilität und Gewissheit in Frage und lädt die Leser ein, über die sich ständig verändernde und voneinander abhängige Natur der Realität nachzudenken.

Zentral für Zhuangzis Diskurs über die Relativität der Dinge ist die Idee, dass alle Phänomene voneinander abhängig sind und sich in einem Zustand ständigen Wandels befinden. Er verwendet anschauliche Anekdoten und Parabeln, um zu veranschaulichen, wie Wahrnehmungen von Wert, Schönheit und Zweck von Natur aus subjektiv und kontextabhängig sind. Mit diesen Erzählungen fordert Zhuangzi die Leser auf, ihr gewohntes Vertrauen in feste Kategorien und Dichotomien zu hinterfragen, und ermutigt sie, die Fluidität und Vielfalt der Perspektiven zu akzeptieren.

Darüber hinaus betont Zhuangzi die Relativität menschlicher Erfahrungen und Emotionen und hebt die flüchtige Natur von Freude und Leid, Gewinn und Verlust hervor. Indem er die transformative Kraft wechselnder Perspektiven darstellt, lädt er die Leser ein, eine Haltung der Offenheit und Anpassungsfähigkeit zu entwickeln und anzuerkennen, dass jede Situation mehrere Facetten und Möglichkeiten enthält.

Zhuangzis Erforschung der Relativität erstreckt sich auf den Bereich der Ethik und der sozialen Normen und fordert die Leser auf, ihre vorgefassten Meinungen über Richtig und Falsch zu überdenken. Er präsentiert zum Nachdenken anregende Szenarien, die etablierte moralische Konventionen untergraben und die Leser dazu anregen, über die sozial konstruierte Natur ethischer Standards und die Grenzen starrer moralischer Rahmenbedingungen nachzudenken.

Nichthandeln (Wu Wei) und Spontaneität:

Nichthandeln, in der chinesischen Philosophie als Wu wei bekannt, ist ein zentrales Konzept im Denken Zhuangzis. Es stellt einen Zustand harmonischer Übereinstimmung mit dem natürlichen Fluss der Welt dar, in dem man mühelos im Einklang mit dem Dao handelt. Der Begriff des Nichthandelns impliziert nicht Untätigkeit oder Passivität; vielmehr betont er die Entwicklung von Spontaneität und intuitiver Reaktionsfähigkeit auf die Situationen, denen man begegnet.

Zhuangzi kritisiert die allgemeine Vorstellung von Handeln als gewaltsames Eingreifen oder gekünstelte Anstrengung. Stattdessen plädiert er für eine Seinsweise, in der Handlungen auf natürliche Weise aus einer inneren Übereinstimmung mit den Rhythmen der Existenz entstehen. Zentral für Nichthandeln ist die Idee von „Ziran" oder „Selbst-so", die die Idee widerspiegelt, dass echtes Handeln spontan aus der eigenen innewohnenden Natur entsteht, unbelastet durch äußere Einflüsse oder künstliche Konstrukte.

Das Konzept des Nichthandelns stellt vorherrschende Einstellungen gegenüber Leistung und Erfolg in Frage und fordert den Einzelnen auf, den Kontroll- und Manipulationszwang aufzugeben. Durch die Akzeptanz des Nichthandelns gelangt man in einen Zustand der Fluidität und Anpassungsfähigkeit, der es ihm ermöglicht, dem Leben mit Leichtigkeit und Anmut entgegenzutreten.

Spontaneität, eine Folge von Nichthandeln, unterstreicht die Fähigkeit, auf Umstände ohne vorsätzliche Überlegung zu reagieren. Zhuangzi preist den Wert, im Einklang mit den eigenen angeborenen Impulsen und Instinkten zu sein, und behauptet, dass eine solche unmittelbare Reaktionsfähigkeit eine authentische Auseinandersetzung mit der Welt hervorbringt. Er betont die Befreiung, die entsteht, wenn man die

Zwänge bewusster Berechnungen überwindet und sich dem ungehinderten Ausdruck des eigenen wahren Selbst erlaubt.

Perspektiven auf Leben und Tod:

Zhuangzis Philosophie geht davon aus, dass Leben und Tod keine isolierten Ereignisse sind, sondern vielmehr miteinander verbundene Aspekte des universellen Flusses. Er betont die zyklische Natur der Existenz und plädiert für die Akzeptanz des natürlichen Rhythmus von Geburt und Verfall. Laut Zhuangzi führt die Akzeptanz der Vergänglichkeit des Lebens zu einer tieferen Wertschätzung seiner inneren Schönheit.

Darüber hinaus beschäftigen sich Zhuangzis Schriften mit der fließenden Grenze zwischen Leben und Tod und stellen den binären Gegensatz der beiden Zustände in Frage. Er präsentiert eine ganzheitliche Perspektive, die über die dualistische Sichtweise hinausgeht und die Leser dazu einlädt, die Verbundenheit aller Phänomene zu bedenken. Dabei ermutigt Zhuangzi die Menschen, sich ihrer Angst vor der Sterblichkeit zu stellen und die transformierende Reise vom Leben zum Tod anzunehmen.

Darüber hinaus bietet Zhuangzis Philosophie eine ergreifende Reflexion über menschliches Leiden und die Unvermeidlichkeit der Sterblichkeit. Durch allegorische Erzählungen und Einsichten hebt er die Vergänglichkeit der menschlichen Existenz hervor und fördert gleichzeitig ein Gefühl der Ruhe inmitten der existentiellen Unsicherheiten. Seine Lehren regen die Leser dazu an, ihre Beziehung zur Sterblichkeit zu überdenken und eine tiefe Akzeptanz des menschlichen Daseins zu entwickeln.

Traum und Wirklichkeit:

Zhuangzis lebendige Bilder und fesselnde Erzählkunst laden die Leser ein, über die flüchtige Natur der Existenz nachzudenken, indem er Parallelen zwischen Träumen und den flüchtigen Erfahrungen unseres Wachlebens zieht. Er verwendet allegorische Erzählungen, die die Grenzen zwischen Träumen und Realität verwischen und zur Selbstbetrachtung über die Natur der menschlichen Wahrnehmung und des Bewusstseins anregen. Indem er die Leser dazu auffordert, die Gültigkeit ihrer eigenen Sinneserfahrungen in Frage zu stellen, fördert Zhuangzi eine tiefe introspektive Erforschung des menschlichen Zustands. Darüber hinaus befasst sich dieses Kapitel mit den Auswirkungen von Zhuangzis Philosophie auf unser Verständnis der Natur der Realität, des Bewusstseins und des Selbst. Die Verflechtung von Träumen und Realität in Zhuangzis Schriften stellt herkömmliche Vorstellungen von Wahrheit in Frage und lädt uns ein, mehrere Ebenen der Existenz zu betrachten. Durch seine sorgfältige Dekonstruktion der Grenzen zwischen Traum und Realität regt Zhuangzi die Leser dazu an, über das Wesen ihrer eigenen Existenz und die Flüchtigkeit der Welt um sie herum nachzudenken.

Sprache und Paradox:

Sprache und Paradoxien spielen in Zhuangzis Philosophie eine bedeutende Rolle und stellen herkömmliche Vorstellungen von Kommunikation und Verständnis in Frage. Zhuangzis Erforschung der Sprache geht über die bloße Funktion der Bedeutungsvermittlung hinaus; er befasst sich mit den grundlegenden Paradoxien des sprachlichen Ausdrucks und den Grenzen des menschlichen Verständnisses.

Im Mittelpunkt von Zhuangzis Sichtweise auf Sprache steht die Idee, dass Wörter und Konzepte von Natur aus nur begrenzt in der Lage sind, die Komplexität und Flüchtigkeit der Realität zu erfassen. Er verwendet paradoxe Sprache und literarische Mittel, um beim Leser ein Gefühl des Staunens zu erzeugen und tiefe Selbstbetrachtung hervorzurufen. Anstatt zu versuchen, endgültige Antworten oder Vorschläge zu liefern, zielt Zhuangzis Sprachgebrauch darauf ab, starres Denken aufzubrechen und neue Wege zum Verständnis zu eröffnen.

Zhuangzis Umgang mit Sprache kann als eine Form philosophischer Kunstfertigkeit angesehen werden, die den Leser dazu einlädt, sich mit Paradoxien und Widersprüchen auseinanderzusetzen, um die Grenzen des konventionellen Denkens zu überwinden. Indem er die rätselhafte Natur der Sprache anerkennt, fordert Zhuangzi die Leser dazu auf, ihre vorgefassten Meinungen zu hinterfragen und über oberflächliche Bedeutungen hinauszublicken.

Eine der wichtigsten Illustrationen der paradoxen Natur der Sprache in Zhuangzis Text ist seine berühmte Behauptung, dass „das Benannte nicht das Reale ist". Diese Aussage fasst seine Skepsis gegenüber der Fähigkeit der Sprache zusammen, die Welt genau darzustellen, und betont die inhärente Distanz zwischen Wörtern und den Objekten, die sie zu beschreiben versuchen. Damit fordert Zhuangzi die Leser auf, über die tiefgreifenden Auswirkungen dieses sprachlichen Paradoxons und seine Auswirkungen auf unser Verständnis der Realität nachzudenken.

Darüber hinaus verwendet Zhuangzi allegorische Geschichten und Fabeln, um seine philosophischen Erkenntnisse zu vermitteln. Dabei verwendet er lebendige Bilder und symbolische Sprache, um tiefere Wahrheiten zu vermitteln, die über den konventionellen rationalen Diskurs hinausgehen. Diese Erzählungen dienen als Medium, durch das Zhuangzi seine Philosophie kommuniziert, und lädt die Leser ein, die Existenz durch fantasievolle und eindrucksvolle sprachliche Ausdrücke zu erkunden.

Kritik konventioneller Werte:

Zhuangzis Kritik an konventionellen Werten wurzelt in seiner Überzeugung, dass menschliche Vorstellungen von Erfolg, Reichtum und Status von Natur aus fehlerhaft sind. Er präsentiert ein überzeugendes Argument gegen das Streben nach materiellem Reichtum und sozialem Ansehen und argumentiert, dass diese Bestrebungen oft zu unnötigem Leid und Unzufriedenheit führen. Stattdessen ermutigt er die Leser, Einfachheit und Zufriedenheit anzunehmen, und betont die vergängliche Natur äußerer Anerkennung und Besitztümer.

Darüber hinaus stellt Zhuangzi die traditionellen hierarchischen Strukturen und Machtdynamiken in Frage, die die soziale Interaktion bestimmen. Er plädiert für einen egalitäreren und harmonischeren Ansatz in menschlichen Beziehungen, der oberflächliche Unterschiede überwindet und echtes Mitgefühl und Verständnis fördert. Indem er die Vorstellung von Überlegenheit und Unterlegenheit entlarvt, fordert Zhuangzi eine Neudefinition gesellschaftlicher Normen, die inklusiv und mitfühlend ist.

Im Mittelpunkt von Zhuangzis Kritik steht das Konzept der Spontaneität und Natürlichkeit (ziran), das er als Alternative zu den künstlichen Zwängen präsentiert, die durch gesellschaftliche Konventionen auferlegt werden. Er argumentiert, dass Individuen ihre angeborene Natur annehmen und ihren Handlungen freien Lauf lassen sollten, anstatt sich vorgeschriebenen Moralkodizes oder gesellschaftlichen Erwartungen anzupassen. Diese Betonung der Natürlichkeit stellt die starren Wertesysteme in Frage, die oft unangemessenen Druck auf Individuen ausüben, was zu inneren Konflikten und Dissonanzen führt.

Befreiung von Zwängen:

Nach Zhuangzis Lehren ist Loslösung kein bloßer physischer oder äußerer Akt, sondern ein zutiefst psychologisches und spirituelles Unterfangen. Die Befreiung von Zwängen erfordert einen Paradigmenwechsel im eigenen Verständnis von sich selbst und der Welt. Sie stellt tief verwurzelte Glaubenssysteme, kulturelle Konditionierungen und Denkrahmen in Frage und lädt den Einzelnen dazu ein, seine Beziehung zu seinem Ego, seinen Wünschen und gesellschaftlichen Erwartungen neu zu bewerten.

Darüber hinaus erfordern die psychologischen Dimensionen der Befreiung eine ganzheitliche Untersuchung der menschlichen Psyche, die Aspekte wie emotionale Belastbarkeit, kognitive Umstrukturierung und existentielle Sinngebung umfasst. Loslösung bietet eine Linse, durch die Individuen ihre Identitäten, Ambitionen und Bestrebungen neu definieren können, was den Weg für ein tieferes Gefühl innerer Freiheit und Zielstrebigkeit ebnet. Durch das Entwirren der Schichten konditionierter Reaktionen und gewohnheitsmäßiger Denkmuster können Individuen einen erhöhten Zustand psychologischer Befreiung erreichen und die Grenzen konventioneller Konstrukte und gesellschaftlicher Diktate überwinden.

Darüber hinaus befasst sich die psychologische Reise zur Befreiung mit dem Zusammenspiel von Glaubenssystemen und mentalen Konstrukten, die oft die Wahrnehmung der Realität durch einen Einzelnen prägen. Zhuangzis Philosophie unterstreicht, wie wichtig es ist, die illusionäre Natur gesellschaftlicher Konventionen und die Machtdynamik zwischenmenschlicher Beziehungen zu erkennen.

Kapitel VI
UNBESCHWERTES WANDERN

Zhuangzis Konzept des Wanderns:

Zhuangzi erläutert ein tiefgründiges Konzept des „Wanderns", das als Eckpfeiler seines philosophischen Ethos dient. Diese Idee geht über bloße körperliche Bewegung hinaus und taucht tief in die symbolische Darstellung von Freiheit und Befreiung in Zhuangzis Philosophie ein. „Wandern" verkörpert in diesem Zusammenhang das ungezügelte Streben nach der eigenen angeborenen Natur, unbeeinträchtigt von äußeren Einflüssen oder Zwängen.

Im Mittelpunkt von Zhuangzis Diskurs steht der Begriff der persönlichen Autonomie, der tief im Daoismus verwurzelt ist. Er vertritt die Idee, dass Individuen die Möglichkeit haben, ihren eigenen Weg zu bestimmen, unabhängig von gesellschaftlichen Erwartungen und Normen. Indem er für Autonomie plädiert, beruft sich Zhuangzi auf die Bedeutung der Selbstverwaltung und der Harmonisierung der eigenen Handlungen mit dem natürlichen Fluss der Existenz.

Losgelöstheit, ein weiteres hervorstechendes Merkmal von Zhuangzis Lehren, spielt eine zentrale Rolle bei der Gestaltung seines Konzepts des „Wanderns". Indem er die Loslösung von weltlichen Bindungen und Wünschen betont, beleuchtet Zhuangzi den Weg zu innerem Frieden und Erleuchtung. Durch Losgelöstheit können Menschen einen Zustand geistiger und emotionaler Befreiung erreichen, der es ihnen ermöglicht, sich dem Leben ohne materielle Fesseln zu stellen.

Der revolutionäre Aspekt von Zhuangzis Philosophie liegt in seinem Vorschlag, gesellschaftliche Erwartungen und

Normen zu überwinden. Indem er die Menschen dazu auffordert, sich der Konformität zu widersetzen und ihr wahres Ich anzunehmen, stellt Zhuangzi eine radikale Abkehr von herkömmlichen ethischen und moralischen Vorschriften dar. Der Akt des „Wanderns" wird zu einem Symbol des Widerstands gegen gesellschaftlichen Druck und befeuert die Suche nach echter Selbstdarstellung und Erfüllung.

Metaphorische Freiheit und ihre Implikationen

Das Konzept des „Wanderns" symbolisiert in Zhuangzis Philosophie einen Zustand, in dem man nicht durch gesellschaftliche Erwartungen belastet ist und der es dem Einzelnen ermöglicht, seinen eigenen Weg ohne Zwänge zu beschreiten. Metaphorische Freiheit, wie sie Zhuangzi erläutert, bezieht sich nicht nur auf körperliche Bewegung, sondern erstreckt sich auch auf die Freiheit des Denkens, Fühlens und ethischen Entscheidens. Dieses umfassende Verständnis regt zum Nachdenken über die Auswirkungen einer solchen Freiheit im Kontext der individuellen und gemeinschaftlichen Existenz an.

Die Annahme metaphorischer Freiheit steht im Einklang mit Zhuangzis Betonung der Nichteinmischung in den natürlichen Ablauf der Ereignisse und entspricht dem daoistischen Prinzip des Wu Wei (Nichthandeln). Es ermutigt den Einzelnen, mit dem Auf und Ab des Lebens zu harmonieren, ohne unangemessenen Widerstand oder übermäßige Kontrolle. Die Auswirkungen dieses Ansatzes zeigen sich in der Entwicklung von innerem Frieden, der Akzeptanz von Veränderungen und einer authentischen Auseinandersetzung mit der eigenen Umgebung. Metaphorische Freiheit fördert eine auf Spontaneität und Anpassungsfähigkeit ausgerichtete Denkweise und verleiht dem Einzelnen die Fähigkeit, kreativ auf die Unsicherheiten und Komplexitäten des Lebens zu reagieren.

Darüber hinaus stellt die metaphorische Freiheit, wie sie Zhuangzi vertritt, die vorherrschenden gesellschaftlichen Normen in Frage, die den Menschen oft starre Strukturen und Erwartungen auferlegen. Sie dient als tiefgreifende Kritik an gesellschaftlichen Konstrukten, die die Autonomie des Einzelnen unterdrücken und echten Selbstausdruck behindern. Indem er sich für metaphorische Freiheit einsetzt, lädt Zhuangzi dazu ein, über den Wert von Authentizität und Nonkonformität nachzudenken. Diese philosophische Haltung ermutigt den Einzelnen, sich von den Fesseln der Konformität zu befreien und eine Existenzweise anzunehmen, die von innerer Resonanz und ungehemmtem Ausdruck geprägt ist.

Im größeren gesellschaftlichen Rahmen lädt das Streben nach metaphorischer Freiheit dazu ein, über die Dynamiken von Regierungsführung, Machtstrukturen und sozialer Ordnung nachzudenken. Aus Zhuangzis Sicht geht diese Freiheit über die persönliche Befreiung hinaus und fordert eine Neubewertung etablierter Hierarchien und Systeme, die das Gedeihen von Einzelpersonen und Gemeinschaften behindern könnten. Sie fordert eine Neubetrachtung gesellschaftlicher Paradigmen und drängt auf einen Paradigmenwechsel hin zu Inklusivität, Gleichberechtigung und der Förderung vielfältiger Stimmen.

Autonomie im Kontext des Daoismus:

Autonomie steht im Einklang mit den übergeordneten Prinzipien der Nichteinmischung, Spontaneität und natürlichen Harmonie. Im Kontext von Zhuangzis Schriften wird Autonomie nicht nur als ein individualistisches Streben wahrgenommen, sondern bezeichnet die Fähigkeit, im Einklang mit den inneren Rhythmen der Natur und des Dao zu bleiben. Dieses Konzept der Autonomie betont die Selbstverwaltung in einer Weise, die mit der universellen Ordnung verflochten ist, wobei die eigenen Handlungen im Einklang mit dem spontanen Fluss der Existenz stehen.

Nach Zhuangzis Ansicht erwächst wahre Autonomie aus einem tiefen Verständnis der vergänglichen Natur der menschlichen Existenz und der sich ständig verändernden Dynamik der Welt. Sie beinhaltet das Überschreiten gesellschaftlicher Normen und konventioneller Erwartungen, um einen Seinszustand zu erreichen, der unbelastet von äußeren Einflüssen ist. Diese Vorstellung korreliert direkt mit dem daoistischen Prinzip des „Wu-Wei" (Nichthandeln), bei dem Individuen zulassen, dass sich Ereignisse auf natürliche Weise entfalten, ohne ihnen ihre Wünsche oder Absichten aufzuzwingen.

Darüber hinaus erkennt Autonomie, wie sie in Zhuangzis Philosophie dargestellt wird, die Relativität menschlicher Urteile und Entscheidungen an. Sie unterstreicht die Idee, dass die Handlungsfähigkeit des Einzelnen durch subjektive Perspektiven und kulturelle Konstrukte bedingt ist, die oft den authentischen Ausdruck der eigenen innewohnenden Natur verschleiern. Daher erfordert echte Autonomie einen kontinuierlichen Prozess der Selbsterforschung und Selbstbeobachtung, um verinnerlichte Vorurteile und Voreingenommenheiten zu erkennen und sich davon zu befreien.

Es ist wichtig zu beachten, dass Autonomie im Kontext des Daoismus nicht gleichbedeutend mit Isolation oder Loslösung von der Welt ist. Stattdessen plädiert er dafür, sich aus einer Position innerer Authentizität und Losgelöstheit mit der Welt auseinanderzusetzen, wobei Interaktionen und Entscheidungen eher aus einem Zustand des Selbstbewusstseins und Mitgefühls als aus egogetriebenen Motiven hervorgehen. Dieses differenzierte Verständnis von Autonomie fördert ein tiefes Gefühl der Verbundenheit mit allen Wesen und fördert ein harmonisches Zusammenleben und gegenseitigen Respekt.

Das Prinzip der Nicht-Anhaftung:

Losgelöstheit hat ihre Wurzeln im daoistischen Denken und bezeichnet einen Zustand, in dem man sich von äußeren Umständen oder weltlichen Versuchungen nicht beeinflussen lässt, wodurch man innere Freiheit und Ruhe erlangen kann. Wie Zhuangzi es ausdrückt, geht es über bloße Entsagung oder Gleichgültigkeit hinaus. Es beinhaltet eine aktive und bewusste Loslösung von den Bindungen, die den Menschen an vergängliche Aspekte des Lebens binden. Durch die Kultivierung von Losgelöstheit kann man sich vom unaufhörlichen Streben nach materiellem Besitz, gesellschaftlichem Ruhm und emotionalen Verstrickungen befreien und so einen Zustand tiefer Gelassenheit und spiritueller Befreiung erreichen. Zhuangzi betont die Sinnlosigkeit des Festhaltens an vergänglichen Phänomenen und ermutigt dazu, die Flüchtigkeit und Unbeständigkeit zu akzeptieren, die allen Dingen innewohnt.

Darüber hinaus umfasst Losgelöstheit ein differenziertes Verständnis des Selbst und seiner Beziehung zur Welt. Zhuangzi erläutert die Verbundenheit aller Phänomene und die illusorische Natur der individuellen Identität. Indem Individuen die Bindung an ein festes Selbstkonzept aufgeben, können sie egogebundene Beschränkungen überwinden und sich mit der grenzenlosen Essenz des Kosmos verbinden. Diese umfassende Perspektive erzeugt ein Gefühl der Einheit mit dem Universum und fördert einen tiefen Frieden, der die Grenzen persönlicher Wünsche und Ängste übersteigt.

Im Kontext des praktischen Lebens durchdringt das Prinzip der Losgelöstheit jeden Aspekt der menschlichen Erfahrung. Zhuangzi plädiert für Spontaneität und Anpassungsfähigkeit und drängt die Menschen, den Wechselfällen des Lebens mit unerschütterlicher Gelassenheit und Flexibilität zu begegnen. Indem Menschen ihre Anhaftung an bestimmte Ergebnisse

...ie Umstände zu kontrollieren, aufgeben, ...lauf der Ereignisse mit gelassener Akzep... und so den Stress, der oft durch Widerstand verursacht wird, wirksam lindern.

...ن ohne gesellschaftliche Zwänge führen:

In Zhuangzis Philosophie ist die Idee, ein Leben ohne gesellschaftliche Zwänge zu führen, eng mit dem umfassenderen Konzept von Freiheit und Selbstverwirklichung verknüpft. Gesellschaftliche Erwartungen hemmen oft die individuelle Autonomie und behindern das Streben nach echtem Glück und Erfüllung. Zhuangzi fordert die Menschen auf, sich von gesellschaftlichem Druck, normativen Standards und materiellen Wünschen zu lösen, die ihr eigentliches Wesen überschatten können. Stattdessen ermutigt er dazu, Spontaneität, Einfachheit und Nonkonformität als Wege zu wahrer Selbstfindung und Zufriedenheit anzunehmen. Diese Überwindung gesellschaftlicher Zwänge ist kein Aufruf zu rücksichtsloser Hingabe oder Anarchie, sondern vielmehr eine bewusste Entscheidung, das eigene Leben mit dem natürlichen Fluss des Dao in Einklang zu bringen. Es geht darum, Harmonie in sich selbst und mit der Welt zu finden und sich gleichzeitig von äußeren Einflüssen nicht beeinflussen zu lassen. Darüber hinaus befähigt ein Leben ohne gesellschaftliche Zwänge die Menschen, ihr wahres Selbst auszudrücken, ohne Angst vor Urteil oder Tadel zu haben. Es fördert ein Gefühl von Ermächtigung und Autonomie und ermöglicht es den Einzelnen, ihre eigenen Wertesysteme zu etablieren und Erfolg nach ihren Vorstellungen zu definieren, anstatt dem gesellschaftlichen Druck nachzugeben. Darüber hinaus geht Zhuangzi davon aus, dass Einzelpersonen durch die Befreiung von äußeren Zwängen authentischer zum Gedeihen der Gesellschaft als Ganzes beitragen können. Durch ihre befreite und aufgeklärte Präsenz können sie andere dazu inspirieren, sich von gesellschaftlichen Fesseln zu befreien und ihren einzigen Weg zur Selbstverwirklichung zu verfolgen.

Philosophische Vergleiche:

Wenn wir uns mit den philosophischen Überlegungen Zhuangzis befassen, ist es unerlässlich, seine Ideen in die breitere Landschaft der antiken chinesischen Philosophie einzuordnen und sie mit den Gedanken anderer bedeutender Denker seiner Zeit zu vergleichen. Einer der treffendsten Vergleiche liegt darin, Zhuangzis daoistische Philosophie mit der konfuzianischen Denkschule zu vergleichen, die von Persönlichkeiten wie Konfuzius und Mencius vertreten wird. Während der Konfuzianismus ethisches Verhalten, soziale Hierarchie und moralische Kultivierung durch rituelle Praxis betont, plädiert Zhuangzi für einen naturalistischen Ansatz, der individuelle Freiheit, Spontaneität und Harmonie mit der Natur über starre gesellschaftliche Normen stellt.

Darüber hinaus ergeben sich einige bemerkenswerte Parallelen, wenn man sie mit den Ideen von Laozi, dem legendären Begründer des Daoismus, vergleicht. Sowohl Zhuangzi als auch Laozi betonen das Konzept von Wu Wei oder „Nichthandeln" und betonen den Weg des geringsten Widerstands und müheloses Handeln im Einklang mit der natürlichen Ordnung. Zhuangzis Philosophie führt jedoch eine einzigartige Perspektive auf die Flüchtigkeit der Existenz ein und verwendet lebendige Parabeln und Erzählungen, um tiefe Einsichten zu vermitteln, anstatt sich ausschließlich auf aphoristische Weisheiten zu verlassen.

Im Gegensatz zu den rationalistischen Lehren des Mohismus, die der Philosoph Mozi vertrat, weist Zhuangzis Ansatz eine ausgeprägte Vorliebe für mystisches und intuitives Verständnis auf. Mozis Befürwortung unvoreingenommener Fürsorge und die Ablehnung extravaganter Wünsche steht in krassem

Gegensatz zu Zhuangzis Lob der inneren Zufriedenheit, die den unerschöpflichen Reichtum des Lebens annimmt, ohne strengen moralischen Dogmen zu erliegen.

Vergleicht man Zhuangzis philosophische Haltung mit der legalistischen Schule, die Han Feizi verkörpert, werden die Unterschiede noch deutlicher. Während der Legalismus strenge Gesetze, zentralisierte Autorität und den Einsatz von Strafmaßnahmen zur Aufrechterhaltung der Ordnung betont, fördert Zhuangzi eine organischere Regierungsform, die auf der natürlichen Spontaneität und der angeborenen Güte der Menschheit basiert, und plädiert für minimale Eingriffe und einen dezentralen Ansatz zur sozialen Organisation.

Praktische Anwendungen:

Während das Konzept des metaphorischen Wanderns abstrakt und philosophisch erscheinen mag, bieten seine praktischen Anwendungen greifbare Vorteile für Personen, die in ihrem Leben nach Harmonie, Erfüllung und Selbstfindung suchen. In der heutigen Gesellschaft steht die Idee des metaphorischen Wanderns im Einklang mit den Prinzipien der Achtsamkeit, des Selbstbewusstseins und des persönlichen Wachstums. Durch die Annahme dieses Ethos können Personen tägliche Herausforderungen mit einem Gefühl der Flexibilität, Belastbarkeit und Anpassungsfähigkeit erleben. Die transformative Kraft des metaphorischen Wanderns liegt in seiner Fähigkeit, eine aufgeschlossene Herangehensweise an das Leben zu ermöglichen und es Personen zu ermöglichen, unterschiedliche Perspektiven, Erfahrungen und Möglichkeiten anzunehmen, ohne von vorgefassten Meinungen oder starren Ideologien gefesselt zu sein. Durch metaphorisches Wandern können Personen eine Denkweise der Neugier, Erkundung und Aufnahmebereitschaft kultivieren, die für die persönliche Entwicklung und kreative Problemlösung unerlässlich ist. Darüber hinaus ermutigt die Praxis des metaphorischen Wanderns Personen, sich mit Unsicherheit und Veränderung auseinanderzusetzen, was emotionale Intelligenz und kognitive Beweglichkeit fördert. Indem Menschen das Streben nach strenger Kontrolle und Vorhersehbarkeit aufgeben, können sie ihre Fähigkeit zu spontaner Freude, zufälligen Begegnungen und echten Verbindungen mit anderen Menschen steigern. Das Annehmen metaphorischen Wanderns fördert auch eine Geisteshaltung der Losgelöstheit, die es den Menschen ermöglicht, sich von materiellem Besitz, gesellschaftlichen Erwartungen und oberflächlichen Bestätigungen zu lösen. Diese Befreiung von Bindungen fördert ein tiefes Gefühl der Zufriedenheit, bei dem das eigene Selbstwertgefühl nicht von äußeren Faktoren abhängt, sondern in innerem Frieden und Authentizität verwurzelt ist. Darüber hinaus befähigt metaphorisches Wandern den Menschen, seinen einzigartigen Lebenszweck und -sinn zu entdecken, unbelastet von gesellschaftlichem Druck oder normativen Konstrukten. Es fördert eine Neubewertung des Erfolgs und betont persönliches Wachstum, ethisches Verhalten und ganzheitliches Wohlbefinden als vorrangige Bestrebungen. Wenn Menschen metaphorisches Wandern in ihr Leben integrieren, erfahren sie ein tiefes Gefühl der Verbundenheit mit der Welt. Dieses gesteigerte Bewusstsein führt zu einem harmonischen Zusammenleben mit der Natur, den Mitmenschen und sich selbst und fördert Mitgefühl, Empathie und Altruismus.

Kritische Interpretationen und Debatten:

Eine der zentralen Debatten über „Wandern" dreht sich um seine Interpretation als Metapher für ein freies Leben ohne gesellschaftliche Konventionen. Einige Wissenschaftler argumentieren, dass Zhuangzis Konzept des Wanderns über körperliche Bewegung hinausgeht und einen geistigen Zustand umfasst, der durch Spontaneität und Nichteinmischung gekennzeichnet ist. Andere behaupten, dass „Wandern"

Ziellosigkeit und Sinnlosigkeit impliziert, was zu unterschiedlichen Ansichten über seine philosophischen Implikationen führt.

Ein weiterer wichtiger Streitpunkt liegt in der Anwendung des „Wanderns" auf ethische und moralische Überlegungen. Kritiker führen einen lebhaften Diskurs über die ethische Gültigkeit der Annahme eines Wanderlebensstils. Während einige behaupten, dass dieser Lebensstil individuelle Autonomie und Authentizität fördert, warnen andere vor einem möglichen moralischen Relativismus und einer Loslösung von gesellschaftlichen Verantwortlichkeiten. Darüber hinaus gibt es einen laufenden Dialog über die Relevanz des „Wanderns" in der heutigen Gesellschaft. Skeptiker stellen die praktische Anwendbarkeit von Zhuangzis Begriff des Wanderns im Kontext des modernen Lebens in Frage und betonen die Notwendigkeit von Struktur und Verantwortung in den heutigen komplexen sozialen Systemen. Befürworter argumentieren jedoch, dass die Integration von Aspekten des Wanderns die persönliche Befreiung und das ganzheitliche Wohlbefinden inmitten der Starrheit moderner gesellschaftlicher Normen fördern kann. Darüber hinaus erkennen zahlreiche Interpretationen die nuancierte Beziehung zwischen „Wandern" und anderen wichtigen daoistischen Prinzipien wie Spontaneität, Nichthandeln und Natürlichkeit.

Kapitel VII
ÜBER DIE GLEICHHEIT DER DINGE

Die Relativität des Wissens:

Nach Zhuangzis Ansicht sind unsere Wahrnehmungen und Urteile untrennbar mit unseren subjektiven Erfahrungen und unserem kulturellen Umfeld verbunden. Was aus einer Perspektive als unveränderliche Wahrheit erscheinen mag, kann aus einer anderen Perspektive völlig anders aussehen. Diese relativistische Haltung veranlasst uns, die Grundlagen unserer erkenntnistheoretischen Behauptungen kritisch zu prüfen und die Veränderlichkeit des Wissens in unterschiedlichen Kontexten und Zeiträumen anzuerkennen.

Darüber hinaus verdeutlicht Tschuang-tse die Flüchtigkeit des Wissens, indem er die Rolle von Perspektive und Interpretation bei der Gestaltung unseres Verständnisses der Welt betont. Er präsentiert aufschlussreiche Parabeln und Anekdoten, die den begrenzten Umfang des menschlichen Verständnisses und die Vielzahl von Interpretationen unterstreichen, die in der Realität koexistieren. Durch diese aufschlussreichen Erzählungen hebt Zhuangzi die inhärente Subjektivität hervor, die dem Erkenntnisprozess innewohnt, und zwingt uns, eine differenziertere und bescheidenere Haltung gegenüber dem einzunehmen, was wir als Wissen wahrnehmen.

Darüber hinaus ergibt sich aus der Relativität des Wissens ein ethischer Imperativ, Empathie und Offenheit gegenüber alternativen Perspektiven zu entwickeln. Indem Zhuangzi die Vielfalt der Standpunkte und die sich ständig verändernde Natur unserer kognitiven Horizonte anerkennt, ermutigt er uns, starre erkenntnistheoretische Grenzen zu überschreiten und den Reichtum der Erfahrungsvielfalt anzunehmen. Diese Hinwendung zur Inklusivität fördert intellektuelle Bescheidenheit und eine Kultur des gegenseitigen Lernens und Respekts, die für ein harmonisches Zusammenleben in einer pluralistischen Welt unerlässlich ist.

In einem breiteren intellektuellen Kontext stehen Zhuangzis Erkenntnisse im Einklang mit zeitgenössischen Diskursen über Postmodernismus und Kulturrelativismus. Seine tiefgründigen Überlegungen zur Flüchtigkeit des Wissens laden dazu ein, fest verwurzelte epistemische Gewissheiten neu zu bewerten und so eine dynamischere und einfühlsamere Auseinandersetzung mit dem menschlichen Verständnis zu fördern.

Jenseits der Dichotomien:

Tschuang-tses Philosophie fordert uns auf, über vereinfachende Dualitäten hinauszugehen und den Reichtum zu erkennen, der in der Vielfalt der Perspektiven liegt. Indem wir unser Verständnis erweitern, öffnen wir uns einer Welt der Möglichkeiten, in der Nuancen und Bedeutungsschattierungen zu einem reichhaltigeren Gefüge aus Wissen und Weisheit beitragen. Dieser Begriff der Inklusivität geht über bloße Toleranz hinaus; er umfasst eine echte Wertschätzung für die Verbundenheit aller Ideen und Erfahrungen.

Im Mittelpunkt dieser Untersuchung steht die Anerkennung der Verbundenheit gegensätzlicher Konzepte wie Gut und Böse, Richtig und Falsch. Die Akzeptanz der gleichzeitigen Existenz und gegenseitigen Abhängigkeit dieser scheinbar widersprüchlichen Begriffe ermöglicht es uns, ihre kontextuelle Relevanz und Fluidität zu erkennen. Indem wir Inklusivität annehmen, werten wir die menschliche Erfahrung auf, anstatt sie in starre Kategorisierungen einzuschließen.

Zhuangzis Lehren regen uns dazu an, unsere tief verwurzelten Annahmen über die Natur der Wahrheit und die Vielfalt menschlicher Werte zu überprüfen. Seine Philosophie verkörpert die Vielfalt der Perspektiven und regt einen intellektuellen Diskurs an, der uns ermutigt, verschiedene erkenntnistheoretische Ansätze zu schätzen, ohne diejenigen zu disqualifizieren, die sich von unseren eigenen unterscheiden. Durch die Entwicklung einer integrativen Denkweise können sich Einzelpersonen mit gegensätzlichen Überzeugungen, Traditionen und Kulturen auseinandersetzen, ein tieferes Verständnis der menschlichen Verfassung fördern und unsere kollektive Weisheit bereichern.

Darüber hinaus ebnet die Akzeptanz von Inklusivität den Weg für Innovation und Kreativität, indem sie sich von konventionellen Rahmenbedingungen löst. Sie ermöglicht die Integration unterschiedlicher Ideen und die Neubetrachtung etablierter Paradigmen. Durch diesen Prozess entwickeln wir nicht nur ein umfassenderes Verständnis der Welt, sondern verbessern auch unsere Fähigkeit zu empathischem Engagement und gemeinsamer Problemlösung.

Philosophische Grundlagen der Wertbeurteilung:

Der Begriff des Wertes ist in seinem Kern schwer fassbar und überschreitet die Grenzen fester Definitionen und kategorische Grenzen. Zhuangzi stellt herkömmliche Wertvorstellungen in Frage, indem er deren subjektive Natur erläutert, die in Wahrnehmungsunterschieden und kontextuellen Zufälligkeiten wurzelt. Im Gegensatz zu den in der Gesellschaft vorherrschenden deterministischen Wertungen plädiert Zhuangzi dafür, den Wandel und die Vergänglichkeit zu akzeptieren, die der Wertzuschreibung innewohnen. Dieser Aufruf, starre Hierarchien und binäre Kategorisierungen zu überwinden, führt zu einem Ansatz, der die sich entfaltende Dynamik der natürlichen Welt widerspiegelt. Darüber hinaus betont er das Zusammenspiel zwischen individuellen Perspektiven und dem Wandel der Existenz und bringt die Synchronizität subjektiver

Bewertungen und der sich ständig verändernden Außenwelt zum Ausdruck. Zhuangzi vermittelt die Fluidität und Zufälligkeit, die das Wertegefüge durchdringt, und fördert ein Paradigma, das die Relativität und Fluidität von Bewertungen unterstreicht.

Ontologische Implikationen des Denkens von Tschuang-tse:

Indem wir Zhuangzis Perspektive auf die Ontologie anwenden, setzen wir uns mit dem Begriff des Selbst und der Identität auseinander. Zhuangzi schlägt vor, dass das Selbst keine feste Entität ist, sondern vielmehr ein dynamisches Zusammenspiel relationaler Kräfte im größeren Kontext der natürlichen Welt. Dies führt zu einer Neubewertung des Platzes des Individuums im Universum, wobei Verbundenheit und Fluidität gegenüber starren Seinsdefinitionen betont werden.

Darüber hinaus laden uns Zhuangzis Gedanken zum ontologischen Pluralismus dazu ein, mehrere Ebenen der Realität zu berücksichtigen, und plädieren für einen integrativen Ansatz, der unterschiedliche Perspektiven und Erfahrungen einbezieht. Seine Philosophie ermutigt dazu, von der Tendenz zur Kategorisierung und Klassifizierung abzuweichen und stattdessen eine Wertschätzung für den Reichtum und die Komplexität zu fördern, die allen Existenzformen innewohnen.

Ein wesentlicher Aspekt von Zhuangzis ontologischem Diskurs ist die Betonung der Einheit mit der Natur. Er formuliert eine Verbundenheit zwischen der Menschheit und der natürlichen Welt und löst künstliche Grenzen auf, die das Selbst von seiner Umwelt trennen. Dieser ganzheitliche Standpunkt bietet eine überzeugende Alternative zu anthropozentrischen Paradigmen und regt uns dazu an, unsere Beziehung zur Natur als eine Beziehung gegenseitiger Beeinflussung und Koexistenz neu zu begreifen.

Darüber hinaus unterstreicht Zhuangzis Ontologie das transformative Potenzial, das in der Akzeptanz von Veränderung und Vergänglichkeit liegt. Indem er für eine harmonische Ausrichtung auf die sich ständig ändernden Gezeiten der Existenz plädiert, plädiert er für eine dynamische Seinsweise, die Wandel und Transformation zulässt. Dies steht im Einklang mit dem zeitgenössischen philosophischen Diskurs über existenzialistische Themen und stellt eine Erforschung der Natur des Seins dar.

Behandelte Kritik und Gegenargumente:

Bei der Auseinandersetzung mit den Kritikpunkten und Gegenargumenten, die sich gegen Tschuang-tses erkenntnistheoretischen Rahmen richten, ist es wichtig, die Vielfalt der philosophischen Perspektiven anzuerkennen und die potenziellen Herausforderungen, die sich für seine Ideen ergeben, gründlich zu untersuchen. Eine weit verbreitete Kritik betrifft den wahrgenommenen Relativismus von Zhuangzis Ansichten, wobei einige Wissenschaftler argumentieren, dass eine rein relative Haltung die Möglichkeit objektiven Wissens und der Wahrheit untergräbt. Eine eingehende Analyse zeigt jedoch, dass Zhuangzis Ansatz nicht für wahllose Subjektivität eintritt, sondern vielmehr die dynamische Natur der Wahrnehmung und die kontextuelle Gestaltung von Wissen betont. Indem Zhuangzi die kontextuellen Faktoren anerkennt, die unser Verständnis beeinflussen, fördert er eine differenziertere Bewertung von Wissen, die unterschiedliche Standpunkte berücksichtigt und gleichzeitig die Grenzen absoluter Gewissheit anerkennt. Ein weiteres Gegenargument betrifft die praktischen Auswirkungen einer umfassenden Perspektive, wobei Kritiker die Durchführbarkeit und Kohärenz dieses Ansatzes in realen Szenarien in Frage stellen. Kritiker könnten argumentieren, dass gesellschaftliche Entscheidungen und moralische Urteile ohne klare Kriterien zur Bewertung widersprüchlicher Einschätzungen unhaltbar seien. Eine gründliche Untersuchung zeigt jedoch, dass Zhuangzis Philosophie nicht für eine Auflösung von Bewertungsrahmen plädiert, sondern stattdessen die Notwendigkeit einer ausgewogenen Integration mehrerer Perspektiven hervorhebt. Dies fördert ein tieferes Verständnis der Komplexität von Wertbeurteilungen und fördert Empathie und Verständnis angesichts unterschiedlicher Standpunkte. Darüber hinaus steht Zhuangzis Betonung von Flexibilität und Anpassung im Einklang mit der Anerkennung situativer Nuancen und fördert einen pragmatischen Ansatz zur Behandlung vielschichtiger Probleme.

Kapitel VIII
WICHTIGE DINGE FÜR DIE PFLEGE DES LEBENS

Die daoistische Perspektive zur Selbsterhaltung:

In Zhuangzis Erforschung der Selbsterhaltung betont die daoistische Perspektive eine harmonische Beziehung zwischen dem Individuum und der natürlichen Welt. Im Gegensatz zu modernen Ansätzen, die oft aggressive Selbstverbesserung in den Vordergrund stellen, plädiert Zhuangzi für eine organische Ausrichtung auf das Auf und Ab des Lebens. Das daoistische Konzept von „Ziran" fasst diese Philosophie zusammen und fördert einen Zustand natürlicher Spontaneität und Authentizität. Anstatt danach zu streben, äußere Kräfte zu besiegen oder zu kontrollieren, werden Individuen ermutigt, sich anzupassen und im Einklang mit den Rhythmen der Existenz zu fließen. Dieser Ansatz betrachtet Selbsterhaltung als einen Prozess unaufdringlicher Pflege und nicht als gewaltsamen Durchsetzungswillen.

Im Mittelpunkt der daoistischen Sichtweise auf Selbsterhaltung steht das Konzept des „Wu Wei" oder mühelosen Handelns. Wu Wei bedeutet Handeln ohne unnötige Anstrengung oder Zwang, ähnlich der Art und Weise, wie natürliche Elemente nahtlos ihrem innewohnenden Lauf folgen. Durch die Integration des Wu Wei-Prinzips in die tägliche Praxis können Menschen Herausforderungen mit Leichtigkeit meistern und so die Belastung von Körper und Geist verringern. Durch die Kultivierung von Wu Wei entdeckt man, dass der Weg zu wahrem Wohlbefinden nicht in unermüdlicher Anstrengung, sondern in gelassener Übereinstimmung mit dem Universum liegt.

Darüber hinaus betont die daoistische Perspektive die Verbundenheit der physischen, mentalen und spirituellen

Aspekte des Wohlbefindens. Zhuangzi geht davon aus, dass die Priorisierung eines Aspekts auf Kosten eines anderen das für eine echte Selbsterhaltung erforderliche Gleichgewicht stört. Indem man die Harmonie in sich selbst aufrechterhält, kann man das Leben mit Widerstandskraft und Klarheit erleben. In Übereinstimmung mit daoistischen Prinzipien erkennt dieser ganzheitliche Ansatz die gegenseitige Abhängigkeit aller Aspekte des Lebens an und fördert ein ausgewogenes und integriertes Streben nach Wohlbefinden.

Ein zentraler Aspekt der daoistischen Sichtweise auf Selbsterhaltung ist der Glaube an die angeborene Weisheit des Körpers. Anstatt starre Regime oder dogmatische Praktiken aufzuerlegen, ermutigt Zhuangzi die Menschen, ihrem intuitiven Verständnis dessen zu vertrauen, was sie nährt und am Leben erhält. Indem man sich auf die Signale des Körpers einstellt und seiner angeborenen Intelligenz Beachtung schenkt, kann man einen nachhaltigen Ansatz zur persönlichen Pflege und Erhaltung entwickeln. Diese Einstimmung befähigt die Menschen, eine mitfühlende Partnerschaft mit ihrem Körper zu entwickeln und ein Gefühl der Selbstwahrnehmung zu fördern, das über die bloße körperliche Erhaltung hinausgeht.

Körperliche Gesundheit:

In Zhuangzis Philosophie geht das Konzept der körperlichen Gesundheit über das bloße körperliche Wohlbefinden hinaus und umfasst eine harmonische Integration des Körpers in die Natur und den Kosmos. Das Streben nach körperlicher Gesundheit wird nicht als ein von spirituellem Wachstum oder geistiger Ruhe getrenntes Unterfangen betrachtet; vielmehr wird es als wesentlicher Bestandteil einer ganzheitlichen und vernetzten Existenz betrachtet. Zhuangzi betont, dass der Körper nicht als isolierte Einheit, sondern als integraler Bestandteil des größeren Ganzen gepflegt und versorgt werden sollte.

Zentral für Zhuangzis Ansatz ist das Verständnis, dass körperliche Gesundheit in natürlichen Rhythmen und der Ausrichtung auf das Dao wurzelt. Dies beinhaltet, sich auf das Auf und Ab der natürlichen Welt einzustimmen und Praktiken anzuwenden, die Gleichgewicht und Vitalität fördern. Achtsame Bewegung wie Tai Chi und Qigong werden für ihre Fähigkeit gelobt, den Körper zu beleben und den Menschen gleichzeitig auf die subtilen Energien der Umgebung einzustimmen. Darüber hinaus wird der Verzehr nahrhafter, unverarbeiteter Lebensmittel gemäß den Grundsätzen der chinesischen Ernährungstherapie zur Erhaltung und Stärkung des Körpers empfohlen.

Zhuangzi plädiert auch für eine Neubewertung der vorherrschenden kulturellen Einstellungen zur körperlichen Gesundheit. Anstatt den Körper als eine Maschine zu betrachten, die bis an ihre Grenzen gebracht werden muss, plädiert er für einen Paradigmenwechsel hin zu sanfter Pflege und Respekt für seine angeborene Weisheit. Diese Perspektive plädiert für Mäßigung bei körperlicher Anstrengung, Vermeidung übermäßiger Kraft oder Belastung und Anerkennung der inhärenten Fähigkeit des Körpers, sich selbst zu regenerieren und zu heilen, wenn ihm der Raum und die Bedingungen dafür gegeben sind.

Darüber hinaus legt Zhuangzi großen Wert auf die Wechselwirkung zwischen körperlicher Gesundheit und emotionalem Wohlbefinden. Er vertritt die Ansicht, dass Körper und Geist untrennbar miteinander verbunden sind und die Pflege des emotionalen Gleichgewichts wesentlich zur Aufrechterhaltung der körperlichen Vitalität ist. Dies beinhaltet die Ausübung von Selbstwahrnehmung, emotionaler Regulierung und die Pflege eines friedlichen inneren Zustands. Indem Zhuangzi den tiefgreifenden Einfluss von Emotionen auf den Körper anerkennt, unterstreicht er die Bedeutung der Pflege einer ruhigen inneren Landschaft als Vorstufe zum körperlichen Wohlbefinden.

Seelenfrieden:

Das Streben nach geistigem Frieden, wie es Zhuangzi darlegt, beinhaltet die Ausrichtung der eigenen inneren Einstellung auf den natürlichen Fluss der Existenz – was die Daoisten als „den Weg" oder Dao bezeichnen. Es beinhaltet die Anerkennung der Vergänglichkeit und Unvorhersehbarkeit des Lebens und die Annahme einer widerstandslosen Einstellung, die es den Ereignissen ermöglicht, sich natürlich zu entfalten. Diese Anerkennung führt keineswegs zu Passivität, sondern befähigt den Einzelnen, sich proaktiv mit dem Leben auseinanderzusetzen, unbeeinflusst von flüchtigen Emotionen oder äußerem Druck.

Zhuangzi betont die Bedeutung von Selbstbewusstsein und Achtsamkeit für die Förderung des geistigen Friedens. Durch die Schärfung der Achtsamkeit gewinnen Menschen Einblick in die flüchtige Natur von Wünschen und Abneigungen und befreien sich so von Zyklen der Angst und Unzufriedenheit. Die Entwicklung des geistigen Friedens erfordert daher den Prozess des Verlernens konditionierter Reaktionen und das Annehmen eines Zustands dynamischer Ruhe, losgelöst von Ergebnissen und verwurzelt in Selbstbewusstsein.

Darüber hinaus ermutigt Zhuangzi dazu, geistigen Frieden zu entwickeln, indem man sich von übermäßigen gesellschaftlichen Sorgen und übertriebener Selbstidentifikation löst. Diese Loslösung umfasst die Distanzierung vom unaufhörlichen Streben nach externer Bestätigung und gesellschaftlichen Konstrukten, was zu einer inneren Freiheit führt, die über gesellschaftliche Normen und Erwartungen hinausgeht. Auf diese Weise können Individuen die Kontrolle über ihre geistige Landschaft zurückgewinnen und mit dem Auf und Ab der Erfahrungen harmonieren, ohne von ihnen gefesselt zu werden.

Der Weg zum geistigen Frieden beinhaltet auch das Erkennen und Annehmen von Paradoxien, Unsicherheiten und Widersprüchen, die der menschlichen Existenz innewohnen. Zhuangzis Erzählungen enthalten oft Anekdoten und Allegorien, die die tiefe Weisheit, die sich aus der Akzeptanz der rätselhaften Dimensionen des Lebens ergibt, eindringlich illustrieren und so kognitive Flexibilität und emotionale Belastbarkeit fördern.

Spirituelle Erfüllung durch Losgelöstheit:

Zhuangzi lenkt die Aufmerksamkeit auf die flüchtige und vergängliche Natur materieller Besitztümer und weltlicher Bestrebungen und ermutigt die Menschen, sich von der Illusion der Beständigkeit zu lösen. Indem man die Anhaftung an materiellen Reichtum, Status und Beziehungen aufgibt, kann man einen Zustand innerer Ruhe erreichen, der nicht durch äußere Einflüsse eingeschränkt wird. Diese Befreiung von der Anhaftung fördert eine tiefe Verbindung mit der innewohnenden Spontaneität des Lebens und nährt ein tiefes Gefühl spirituellen Wohlbefindens.

Losgelöstheit erstreckt sich auch auf den Bereich der Emotionen und mentalen Konstrukte. Tschuang-tse betont, wie wichtig es ist, starre Überzeugungen, Erwartungen und Urteile loszulassen, da er erkennt, dass diese Bindungen innere Unruhe erzeugen und den Einzelnen vom harmonischen Fluss der Existenz entfernen. Indem man Bindungen an vorgefasste Meinungen und egogetriebene Wünsche aufgibt, kann man eine Geisteshaltung der Offenheit und Empfänglichkeit entwickeln, die es den natürlichen Rhythmen des Universums ermöglicht, sich ohne Widerstand zu entfalten.

Darüber hinaus betont Zhuangzi die transformative Kraft der Losgelöstheit bei der Förderung von Empathie und Mitgefühl gegenüber anderen. Frei von egozentrischen Vorurteilen und Anhaftungen können sich Menschen mit der Welt aus einer Position des echten Verständnisses und bedingungslosen Wohlwollens auseinandersetzen und so ihre spirituellen Erfahrungen und zwischenmenschlichen Beziehungen bereichern. Diese selbstlose Herangehensweise an die menschliche Interaktion veranschaulicht die Verbundenheit und gegenseitige Abhängigkeit, die den daoistischen Lehren innewohnt, und erhebt Menschen durch harmonisches Zusammenleben in einen höheren Zustand spiritueller Erfüllung.

Überwindung interner und externer Störungen:

Interne und externe Störungen sind in der menschlichen Erfahrung allgegenwärtig. Interne Störungen umfassen den Tumult in unseren Gedanken und Emotionen, der oft durch gesellschaftlichen Druck, widersprüchliche Wünsche und psychisches Unbehagen verschlimmert wird. Externe Störungen hingegen manifestieren sich als Umweltstressoren, zwischenmenschliche Konflikte und unvorhergesehene Widrigkeiten.

Zentral für Zhuangzis Philosophie ist die Erkenntnis der Vergänglichkeit und der illusorischen Natur dieser Störungen. Durch die Annahme des Konzepts von Wu Wei oder mühelosem Handeln können Menschen lernen, anmutig auf innere Unruhe und äußeres Chaos zu reagieren, ohne reaktionären Impulsen zu erliegen. Dies beinhaltet die Entwicklung eines Zustands innerer Ruhe und Urteilskraft, der einen harmonischen Umgang mit dem Auf und Ab des Lebens ermöglicht. Durch die Anerkennung der vorübergehenden Natur von Störungen können Menschen eine Geisteshaltung der Anpassungsfähigkeit und Akzeptanz entwickeln und so ihre störenden Auswirkungen abmildern.

Darüber hinaus plädiert Zhuangzi für die Praxis der Selbstreflexion und Introspektion als wirksame Werkzeuge zur Überwindung innerer Unruhen. Durch die Beobachtung der eigenen Gedanken und Emotionen mit distanziertem Bewusstsein können Menschen Klarheit und Einsicht in die Grundursachen innerer Unruhe gewinnen und so emotionales Gleichgewicht und innere Stabilität entwickeln. Dieser Prozess fördert eine verbesserte Fähigkeit, innere Unruhen zu konfrontieren und zu überwinden, fördert das psychische Wohlbefinden und die Übereinstimmung mit dem daoistischen Ideal der Gleichmut.

Äußerlich betont Zhuangzi, wie wichtig es ist, sich von weltlichen Verstrickungen und gesellschaftlichen Erwartungen zu lösen, und plädiert für einen minimalistischen und unbeschwerten Lebensstil. Durch die Vereinfachung der materiellen Bedürfnisse und die Verringerung der Abhängigkeit von externer Bestätigung können sich Einzelpersonen vor den destabilisierenden Auswirkungen externer Störungen schützen. Die Pflege einer Haltung der Zufriedenheit und Dankbarkeit ermöglicht es einem, äußeren Umwälzungen mit unerschütterlicher Gelassenheit zu widerstehen und ein Gefühl der Freiheit von den Wechselfällen der Außenwelt zu entwickeln.

Darüber hinaus ermutigt Zhuangzi die Menschen, die Verbundenheit aller Dinge zu akzeptieren, und fördert eine Perspektive, die dichotomes Denken übersteigt. Dies führt zu einem Verständnis der Wechselbeziehung zwischen internen und externen Störungen und betont ihre vorübergehende und zufällige Natur innerhalb des großen Gefüges der Existenz. Durch die Integration dieser ganzheitlichen Weltanschauung in das tägliche Leben entwickeln Menschen eine belastbare und anpassungsfähige Denkweise, die Störungen mit Gleichmut und Stärke begegnen kann.

Rolle von Einfachheit und Zufriedenheit:

Das Konzept der Einfachheit verkörpert das daoistische Prinzip, den natürlichen Fluss der Existenz anzunehmen, frei von unnötigen Komplexitäten, künstlichen Wünschen und materiellem Überfluss. Tschuang-tse ermutigt Menschen, ein Leben in Minimalismus und Ruhe zu führen und die gesellschaftliche Obsession mit Anhäufung und Extravaganz abzulehnen. Dieses Ethos der Einfachheit ist eng mit dem Begriff der Zufriedenheit verknüpft und betont die tiefe Befriedigung, die entsteht, wenn man sein authentisches Selbst annimmt und Freude an der inhärenten Einfachheit des Lebens findet. Zufriedenheit im daoistischen Sinne geht über vorübergehende Befriedigung hinaus und dient als nachhaltige Quelle inneren Friedens und Erfüllung. Zhuangzis Lehren fordern Menschen auf, Zufriedenheit nicht durch äußere Errungenschaften oder gesellschaftliche Anerkennung zu suchen, sondern vielmehr dadurch, dass sie sich dem spontanen Rhythmus der Natur anpassen und den Wert innerer Tugenden gegenüber äußeren Besitztümern anerkennen. Indem er für eine bescheidene und anspruchslose Lebensweise eintritt, die frei ist von der Last übermäßigen Ehrgeizes und materieller Bestrebungen, unterstreicht Zhuangzi die befreiende Kraft der Zufriedenheit und ihre zentrale Rolle bei der Förderung ganzheitlichen Wohlbefindens. Darüber hinaus dient die Betonung von Einfachheit und Zufriedenheit als scharfe Kritik an dem unermüdlichen Streben nach Reichtum, Status und oberflächlichen Vergnügungen, die viele Aspekte der heutigen Gesellschaft charakterisieren. Die Kultivierung von Einfachheit und Zufriedenheit beinhaltet auch eine bewusste Hinwendung zur Wertschätzung des gegenwärtigen Augenblicks und das Aufgeben von Bindungen an vergangene Reue oder Zukunftsängste. Die Annahme der daoistischen Perspektive ermutigt den Einzelnen, in seinem Leben ein Gleichgewicht zu finden, indem er sich auf die Kultivierung eines harmonischen inneren Zustands konzentriert.

Kapitel IX
DIE MENSCHLICHE WELT

Die Herausforderung der Authentizität:

Im Kontext menschlicher Interaktionen und gesellschaftlicher Erwartungen kommt dem Konzept der Authentizität höchste Bedeutung zu. Die Herausforderung der Authentizität ergibt sich aus dem nuancierten Zusammenspiel zwischen individueller Identität und äußerem Druck. Sie erfordert eine tiefgreifende Selbstbetrachtung der Übereinstimmung zwischen dem eigenen wahren Selbst und der Persona, die in sozialen Bereichen projiziert wird. Wie Zhuang Zi erläutert, erfordert die Suche nach Authentizität eine radikale Neubewertung konventioneller Normen und eine Ablehnung oberflächlicher Fassaden. Dieser Prozess erfordert Mut und Belastbarkeit, da die Menschen die Spannung zwischen Selbstdarstellung und sozialer Assimilation erleben. Darüber hinaus geht die Herausforderung der Authentizität über die individuelle Autonomie hinaus; sie umfasst die ethische Dimension zwischenmenschlicher Beziehungen. Die Authentizität aufrechtzuerhalten und gleichzeitig die Autonomie anderer zu respektieren, erfordert eine Balance, die Empathie, Bescheidenheit und Urteilsvermögen erfordert. In der heutigen Gesellschaft, in der externe Bestätigungen oft innere Werte überschatten, bleibt die Herausforderung der Authentizität ein ergreifendes Dilemma. Die Verbreitung von Social-Media-Plattformen und die Glorifizierung kuratierter Identitäten verschärfen dieses Dilemma und schaffen ein paradoxes Umfeld, das gleichzeitig Konnektivität und Entfremdung fördert. In diesem Zusammenhang bieten Zhuang Zis Erkenntnisse unschätzbare Orientierung und plädieren für eine Rückkehr zur Echtheit und Verwurzelung in der eigenen angeborenen Natur. Authentizität anzunehmen bedeutet nicht Isolation oder Widerspruchsgeist; vielmehr bedeutet es eine Ausrichtung auf den universellen Fluss des Dao, die Künstlichkeit überwindet und Spontaneität annimmt. Wenn Menschen mit der Herausforderung der Authentizität konfrontiert werden, werden sie dazu angehalten, Selbstbewusstsein, Selbstbeobachtung und eine tiefere Verbindung mit ihrer inneren Wahrheit zu entwickeln. Diese Metamorphose beinhaltet das Ablegen gesellschaftlicher Konditionierung und die Wiederentdeckung der angeborenen Weisheit, die in ihnen schlummert. Indem sie die Herausforderung der Authentizität überwinden, befreien sich Menschen nicht nur von den Fesseln der Konformität, sondern inspirieren auch andere, sich auf eine ähnliche Reise der Selbstverwirklichung zu begeben.

Zwischenmenschliche Harmonie in einer komplexen Welt:

Zwischenmenschliche Harmonie, wie sie Tschuang-tse vorschwebt, geht über bloßes Zusammenleben hinaus; sie verkörpert einen Zustand gegenseitigen Verständnisses, Mitgefühls und echter Verbundenheit. Dieses Kapitel beginnt mit einer Erkundung der vielschichtigen Dynamiken, die zwischenmenschlicher Harmonie zugrunde liegen, und taucht ein in das nuancierte Zusammenspiel von Emotionen, Erwartungen und individuellen Identitäten. Es beleuchtet die grundlegenden Prinzipien, die harmonische Beziehungen fördern können, und erkennt die inhärenten Herausforderungen an, die sich aus unterschiedlichen Perspektiven und widersprüchlichen Wünschen ergeben. Die Akzeptanz von Verletzlichkeit erweist sich als zentrale Komponente bei der Herstellung authentischer Verbindungen, da Tschuang-tse eloquent für aufrichtige, unbefangene Interaktionen ohne Vortäuschung oder Künstlichkeit plädiert. Losgelöstheit, ein wiederkehrendes Thema in Zhuangzis Philosophie, gewinnt an Bedeutung bei der Pflege zwischenmenschlicher Harmonie, indem sie Besitzgier abschwächt und emotionales Gleichgewicht fördert. Das Kapitel beschäftigt sich mit der Balance zwischen Selbstdarstellung und empathischem Zuhören, unterstrichen durch die tiefe Erkenntnis, dass wahre Harmonie aus gegenseitigem Respekt und der Anerkennung des inneren Wertes jedes Einzelnen entsteht. Darüber hinaus untersucht es die Auswirkungen gesellschaftlicher Normen auf zwischenmenschliche Dynamiken und beleuchtet die subtilen Wege, auf denen externe Konstrukte die Kommunikation, Erwartungen und die Wahrnehmung von sich selbst und anderen beeinflussen können.

Die Rolle der Losgelöstheit in Beziehungen:

Das Konzept der Losgelöstheit stellt herkömmliche Vorstellungen von Besitzgier und Abhängigkeit in Frage und plädiert für einen ausgewogenen Umgang mit emotionalen Bindungen. Losgelöstheit in Beziehungen bedeutet nicht Gleichgültigkeit oder Distanz, sondern vielmehr ein Verständnis, das es Individuen ermöglicht, ihre Autonomie zu bewahren und gleichzeitig authentisch mit anderen zu interagieren. Es fördert eine Denkweise, in der man die Vergänglichkeit aller Erfahrungen, einschließlich Beziehungen, schätzt und ein Gefühl der Gelassenheit inmitten des Wandels kultiviert.

Die Akzeptanz von Losgelöstheit ebnet den Weg für gesündere und nachhaltigere Beziehungen. Indem Menschen die Unbeständigkeit äußerer Bedingungen anerkennen, sind sie weniger anfällig dafür, unnötiges Leid zu erfahren, wenn sich die Umstände ändern. Dieser Ansatz befreit Partner auch von unrealistischen Erwartungen und ermöglicht es ihnen, die dynamische Natur von Liebe und Kameradschaft zu akzeptieren. Losgelöstheit befähigt Menschen, Momente zu schätzen, ohne an ihnen zu haften, und fördert so eine tiefere und erfüllendere Verbindung, die auf gegenseitigem Respekt und Verständnis beruht.

Darüber hinaus vermittelt die Praxis der Losgelöstheit ein tiefes Gefühl von Freiheit in Beziehungen. Wenn Menschen nicht von Verlustängsten oder Besitzgier getrieben werden, sind ihre Interaktionen von Authentizität und echter Fürsorge geprägt. Jeder Partner kann sich frei und ohne Angst vor Verurteilung ehrlich ausdrücken, wodurch eine Umgebung entsteht, in der Vertrauen und Intimität gedeihen können. Losgelöstheit ermutigt Menschen, das individuelle Wachstum und die Entwicklung ihrer Partner zu feiern und anzuerkennen, dass echte Liebe bedeutet, den persönlichen Weg des anderen zu unterstützen, ohne ihm Beschränkungen aufzuerlegen.

Darüber hinaus betonen Zhuangzis Lehren zur Losgelöstheit das harmonische Zusammenleben individueller Wünsche und kollektiver Bedürfnisse innerhalb von Beziehungen. Indem Individuen die Anhaftung an bestimmte Ergebnisse aufgeben, können sie Unterschiede und Konflikte mit größerer Weisheit und Empathie erleben. Dieser Ansatz fördert einen kooperativen Geist, in dem die Partner ihre Bestrebungen aufeinander abstimmen und gleichzeitig die Autonomie des anderen respektieren können. Losgelöstheit ermöglicht es den Individuen, das Wohlergehen der Partnerschaft in den Vordergrund zu stellen, egogetriebene Impulse zu überwinden und eine gemeinsame Vision zu fördern, die sowohl individuelle Erfüllung als auch die kollektive Harmonie der Beziehung umfasst.

Überwindung sozialer Normen durch daoistische Prinzipien:

Wu Wei ermutigt Menschen, den Drang nach übermäßiger Kontrolle und Manipulation im Umgang mit anderen aufzugeben und befürwortet stattdessen einen natürlichen, spontanen Verhaltensfluss. Indem man sich an das Prinzip von Wu Wei hält, kann man die durch gesellschaftliche Erwartungen auferlegten Zwänge überwinden und einen authentischen Ausdruck des Selbst annehmen. Dies impliziert keine Passivität, sondern vielmehr eine intuitive Reaktion auf Situationen, die auf erzwungene Eingriffe verzichtet. Es fördert ein tiefes Verständnis dafür, dass echte Harmonie entsteht, wenn

Menschen darauf verzichten, anderen ihren Willen aufzuzwingen. Darüber hinaus unterstreicht das daoistische Konzept von Ziran den Glauben, dass wahre Authentizität entsteht, wenn Menschen ihre Handlungen mit den angeborenen Rhythmen der Existenz in Einklang bringen, frei von künstlichen Konstrukten und Vortäuschungen. Das Streben nach Ziran ermutigt Menschen, gesellschaftliche Masken abzulegen und eine echte, ungekünstelte Art des Seins zu kultivieren und Verbindungen zu fördern, die auf Aufrichtigkeit und Spontaneität basieren. Darüber hinaus ermutigt die daoistische Ehrfurcht vor Einfachheit und Bescheidenheit den Einzelnen, auf Prahlerei und egozentrisches Verhalten zu verzichten und so egalitäre Beziehungen ohne hierarchischen Anstrich zu fördern.

Die Macht der Spontaneität in menschlichen Interaktionen:

Spontaneität, wie sie Tschuang-tse vertritt, bedeutet nicht rücksichtslose Impulsivität, sondern vielmehr eine harmonische Übereinstimmung mit dem natürlichen Fluss des Lebens. Sie entspringt einem tief verwurzelten Verständnis der Verbundenheit aller Dinge und einem ungehinderten Ausdruck echter Gefühle und Absichten. Wenn Menschen Spontaneität in ihren Interaktionen annehmen, befreien sie sich von den Zwängen künstlicher sozialer Konstrukte und ermöglichen es, dass authentische Verbindungen gedeihen. Durch Spontaneität geht man über kalkulierte Reaktionen hinaus, die von gesellschaftlichen Erwartungen getrieben werden, und beteiligt sich stattdessen an bedeutungsvollen und ungefilterten Austauschen. Dieser Ansatz fördert ein tiefes Gefühl von Präsenz und Unmittelbarkeit und ermöglicht es den Menschen, sich auf einer tieferen Ebene jenseits bloßer Oberflächlichkeiten zu verbinden. Darüber hinaus lädt Spontaneität zu einem erfrischenden Gefühl von Offenheit und Verletzlichkeit ein und schafft eine Umgebung, in der Ehrlichkeit und Empathie gedeihen. Indem wir starre Kontrolle aufgeben und

Spontaneität unsere Interaktionen leiten lassen, werden wir auf die subtilen Nuancen menschlicher Kommunikation eingestimmt und fördern gegenseitiges Verständnis und Mitgefühl. Darüber hinaus fördert Spontaneität die Anerkennung und Wertschätzung individueller Einzigartigkeit innerhalb sozialer Dynamiken. Sie feiert die vielfältigen Ausdrucksformen von Persönlichkeit, Gedanken und Emotionen und fördert so ein integratives und akzeptierendes soziales Umfeld. Die Kraft der Spontaneität liegt in ihrer Fähigkeit, Barrieren und Vorwände aufzulösen und den Weg für echte Verbindungen zu ebnen, die Wurzeln schlagen und gedeihen können.

Kapitel X
SYMBOLE DER INTEGRITÄT ERFÜLLT

Tugend als Verkörperung des Dao:

Tugend oder „De" umfasst die Manifestation innerer Harmonie und Übereinstimmung mit der natürlichen Ordnung. Es geht dabei um die Fähigkeit eines Individuums, seine Handlungen mit dem Fluss des Dao in Einklang zu bringen, was ein Gleichgewicht zwischen seinen Prinzipien und seinem Verhalten widerspiegelt. Dieser ganzheitliche Ansatz zur Tugend steht in scharfem Kontrast zum westlichen Begriff von Moral und Rechtschaffenheit, da er über vorgeschriebene Regeln hinausgehen will und stattdessen eine intuitive Abstimmung auf die zugrunde liegenden Rhythmen der Existenz betont.

Im Mittelpunkt des daoistischen Glaubens steht die Idee, dass wahre Tugend aus einem tiefen Verständnis und der Akzeptanz der gegenseitigen Abhängigkeit aller Dinge entsteht. Das Dao zu verkörpern bedeutet, die inhärente Verbundenheit der Welt zu erkennen und im Einklang mit dieser Erkenntnis zu handeln. Tugend wird dann zu einer Lebensweise, die über persönlichen Gewinn oder externe Bestätigung hinausgeht und stattdessen in tiefer Demut und Akzeptanz des ständigen Flusses der Existenz verwurzelt ist. Der daoistische Weise verkörpert Tugend nicht durch absichtliches Handeln oder die Einhaltung strenger ethischer Vorschriften, sondern durch eine natürliche Übereinstimmung mit der spontanen Entfaltung des Dao.

Darüber hinaus unterstreicht das Konzept der Tugend als Verkörperung des Dao die Bedeutung der inneren Transformation als Grundlage für ethisches Verhalten. Der Daoismus plädiert für die Entwicklung innerer Tugenden wie Mitgefühl,

Einfachheit und Bescheidenheit und erkennt an, dass sich diese Eigenschaften ganz natürlich auf die Interaktionen mit anderen und der Welt im Allgemeinen erstrecken. Auf diese Weise dient die Tugend als direkte Widerspiegelung des eigenen inneren Zustands und demonstriert die Untrennbarkeit von persönlicher Entwicklung und ethischem Verhalten.

Wenn wir uns mit der Tugend im Daoismus befassen, wird deutlich, dass die Harmonisierung von Handlungen und Prinzipien kein statischer oder absoluter Zustand ist, sondern ein kontinuierlicher Prozess der Verfeinerung und Anpassung. Anstatt moralische Vorschriften von außen aufzuerlegen, betrachtet der daoistische Ansatz die Tugend als organisches Ergebnis des sich entwickelnden Verständnisses des Dao eines Individuums. Durch fortwährende Selbstbeobachtung, Selbstkultivierung und Einstimmung auf die Rhythmen der Natur verfeinert man den Ausdruck der Tugend im täglichen Leben und versucht ständig, sich stärker an der ungezwungenen Spontaneität des Dao auszurichten.

Die Weisen und ihr Verhalten:

Im Laufe der Geschichte wurden die daoistischen Weisen dafür verehrt, dass sie die Prinzipien der daoistischen Integrität in ihrem Leben verkörperten. Ihr Verhalten dient als Vorbild der Tugend und Weisheit und inspiriert Generationen mit ihrem vorbildlichen Verhalten und ihrer unerschütterlichen Hingabe an das Dao.

Laozi, einer der berühmtesten Weisen, wird für seine Einfachheit, Bescheidenheit und sein tiefes Verständnis des Weges gefeiert. Seine Lehren betonen die Entwicklung innerer Harmonie, Selbstlosigkeit und Loslösung von weltlichen Wünschen und demonstrieren die transformative Kraft der Annahme daoistischer Tugenden. In ähnlicher Weise verkörpert Zhuangzi mit seinen tiefen Einsichten und unorthodoxen

Perspektiven das daoistische Prinzip der Spontaneität und Nicht-Handelns sowohl in seinen Schriften als auch in seiner Lebensweise.

Diese Weisen vertraten nicht nur theoretische Konzepte; sie lebten ihren Glauben und demonstrierten in der Praxis ein mitfühlendes Leben, ein harmonisches Zusammenleben und ethische Regierungsführung. Ihr Umgang mit anderen zeugte von tiefem Respekt für alle Lebensformen und einem echten Engagement für die Schaffung einer friedlichen und ausgeglichenen Gesellschaft.

Die Geschichten und Anekdoten rund um diese Weisen zeigen, wie sie sich der menschlichen Existenz stellten und dabei im Dao verwurzelt blieben. Ob bei ihren Begegnungen mit Herrschern oder im Umgang mit einfachen Menschen verkörperten die Weisen stets Güte, Empathie und Weisheit. Diese Anekdoten bieten unschätzbare Einblicke in die Anwendung daoistischer Tugenden in verschiedenen sozialen Kontexten und bieten Lektionen zu ethischer Führung und zwischenmenschlichen Beziehungen.

Egalitäre Perspektiven zur moralischen Erfüllung:

In der daoistischen Tradition ist moralische Erfüllung nicht nur ein hierarchisches Streben, das auf einige wenige Privilegierte beschränkt ist, sondern vielmehr ein egalitäres Streben, das allen Menschen zugänglich ist, unabhängig von sozialem Status oder materiellem Reichtum. Dieses Ethos steht im Einklang mit dem Grundsatz der Relativität im Dao, der besagt, dass ethische Prinzipien nicht absolut und unveränderlich sind, sondern von Kontext und Perspektive abhängen. Das Konzept der Relativität in der Ethik stellt traditionelle Vorstellungen von moralischer Objektivität in Frage und lädt zu einer tieferen Untersuchung der Verbundenheit aller Lebewesen und ihrer gemeinsamen moralischen Handlungsfähigkeit ein. Durch die Annahme eines egalitären Ansatzes plädiert der Daoismus für die Entwicklung von Tugenden wie Mitgefühl, Bescheidenheit und Spontaneität, die gesellschaftliche Hierarchien überwinden und Harmonie innerhalb der menschlichen Gemeinschaft fördern. Im Mittelpunkt dieser egalitären Perspektive steht die Betonung der Selbstentwicklung und der inneren Transformation, wobei die Fähigkeit eines Individuums betont wird, durch Selbstbeobachtung und bewusstes Handeln moralische Erfüllung zu erlangen. Dieser Ansatz dient als Brücke zwischen Relativität und Ethik, da er die inhärente Flüchtigkeit moralischer Werte anerkennt und gleichzeitig ethisches Verhalten in den gelebten Erfahrungen des Einzelnen verankert. Indem dieser Ansatz den inneren Wert jedes Wesens unabhängig von äußeren Zeichen von Erfolg oder Status priorisiert, erzeugt er außerdem ein tiefes Gefühl von Verbundenheit und Empathie und löst Barrieren für moralisches Verständnis und Zusammenarbeit auf. Egalitäre daoistische Perspektiven auf moralische Erfüllung unterstreichen die dynamische Natur ethischer Überlegungen und den relationalen Aspekt menschlicher Interaktionen und fördern ein kollektives Ethos des gegenseitigen Respekts und Mitgefühls. Durch die Pflege einer inklusiven und empathischen Weltanschauung werden die Einzelnen ermutigt, die gegenseitige Abhängigkeit ihrer ethischen Entscheidungen und ihre Auswirkungen auf das breitere Ökosystem der Existenz zu erkennen und enge Moralvorstellungen zu überwinden, die auf Exklusivität und Privilegien beruhen. Um eine Brücke zwischen Relativität und Ethik aus egalitärer Perspektive zu schlagen, ist ein Paradigmenwechsel hin zu einem differenzierteren, mitfühlenderen und ganzheitlicheren Ansatz bei der ethischen Untersuchung erforderlich, der die Vielfalt menschlicher Erfahrungen würdigt und die Komplexität ethischer Entscheidungsfindung in einer pluralistischen Welt anerkennt.

Spontaneität versus Überlegung:

Kapitel XI
DIE ROLLE DES GROßEN AHNENLEHRERS

Der Kosmos als Manifestation des Dao:

Laut Zhuangzi funktioniert das Universum in perfekter Harmonie und Spontaneität und ist ein Beispiel für den natürlichen Ausdruck des Dao. Diese Darstellung unterstreicht die Verbundenheit und gegenseitige Abhängigkeit aller Phänomene im Kosmos und stellt sie als integrale Bestandteile des universellen Flusses dar. Zhuangzi erläutert die Vorstellung, dass der Kosmos nicht nur von festen Gesetzen oder Prinzipien regiert wird, sondern vielmehr nach einem dynamischen und fließenden Muster funktioniert – eine Verkörperung der sich ständig verändernden Natur des Dao. Diese Fluidität spiegelt sich im konstanten Fluss wider, der in natürlichen Prozessen beobachtet wird und die der kosmischen Ordnung innewohnende fortwährende Transformation symbolisiert. Indem Zhuangzi das natürliche Auf und Ab als Manifestationen des Dao erkennt, plädiert er dafür, Veränderungen anzunehmen und die inhärente Weisheit der Anpassungsfähigkeit innerhalb des kosmischen Gewebes zu schätzen.

Darüber hinaus dient die Konzeptualisierung des Kosmos als Manifestation des Dao als Grundlage für Zhuangzis ganzheitliche Weltanschauung. Sie unterstreicht die der Natur zugrunde liegende Einheit und Kohärenz und ermutigt den Einzelnen, sich mit den organischen Rhythmen des Universums in Einklang zu bringen. Sich mit dem kosmischen Rhythmus in Einklang zu bringen, bedeutet, das innere Gleichgewicht und die Ausgeglichenheit anzuerkennen, die den Kosmos durchdringen, und ein Gefühl der Einheit und Verbundenheit mit allen Lebensformen zu fördern. Das Annehmen dieser Verbundenheit ermöglicht es dem Einzelnen, seine individualistischen Perspektiven zu überwinden und sich als integralen

Bestandteil des großen Ganzen wahrzunehmen, wodurch eine tiefe Ehrfurcht vor der inhärenten Weisheit und Spontaneität entsteht, die in der natürlichen Welt allgegenwärtig ist.

Spontaneität in der Natur:

Der organische Ablauf von Ereignissen in der Natur ist ein Präzedenzfall für das Konzept mühelosen Handelns. Die Spontaneität, die man im Rascheln des Windes in den Bäumen beobachtet, der unvorhersehbare Tanz der Flammen, wenn Feuer Holz verzehrt, und das Auf und Ab der Gezeiten des Ozeans veranschaulichen die innere Harmonie und den Mangel an Künstlichkeit, die natürliche Prozesse charakterisieren. Im Kern dieser Spontaneität liegt eine beredte Einfachheit – eine ungezwungene, unvorhergesehene Eleganz, die das Verhalten aller Elemente im Kosmos leitet. Zhuangzi lädt uns ein, über die Abwesenheit bewusster Anstrengung bei diesen Phänomenen nachzudenken, und regt uns an, darüber nachzudenken, wie echte Spontaneität mit der natürlichen Ordnung der Existenz übereinstimmt. Darüber hinaus geht das Konzept der Spontaneität über bloßes Handeln hinaus; es umfasst eine Haltung der Nicht-Zwangsausübung und die Abwesenheit künstlicher Zwänge. Wenn wir die mühelose Anmut eines schwebenden Vogels oder die mühelose Kraft eines fließenden Flusses erleben, werden wir an die tiefe Weisheit erinnert, die darin liegt, Ereignissen zu erlauben, sich auf natürliche Weise und ohne unangemessene Einmischung zu entfalten. Diese thematische Erkundung unterstreicht den Wert der Spontaneität als Weg zur Harmonie mit den Rhythmen der Welt. Indem wir die Lehren der natürlichen Welt beherzigen, erkennen wir die potenziellen Vorteile, die sich ergeben, wenn wir unsere Neigung zu Kontrolle und Manipulation aufgeben. Stattdessen entdecken wir die transformative Kraft, die darin liegt, sich dem organischen Fluss des Lebens hinzugeben, sowohl metaphorisch als auch praktisch.

Lehren aus den Elementen:

Betrachtet man die Natur als Quelle der Weisheit, kann man die tiefgreifenden Lehren nicht übersehen, die man aus den Grundelementen unserer Umwelt ziehen kann. Jedes Element – Erde, Wasser, Feuer und Luft – verkörpert einzigartige Eigenschaften und symbolische Bedeutungen, die wertvolle Erkenntnisse für menschliches Verhalten und spirituelles Wachstum bieten. Erde symbolisiert Stabilität, Erdung und Pflege und lehrt uns, wie wichtig es ist, in unseren Werten verwurzelt zu bleiben und eine solide Grundlage für die persönliche Entwicklung zu schaffen. Wasser mit seiner Anpassungsfähigkeit, Fließfähigkeit und Beständigkeit vermittelt die Weisheit der Widerstandsfähigkeit, die Fähigkeit, Hindernissen entgegenzutreten, und die Notwendigkeit, Veränderungen anzunehmen. Feuer steht für Transformation, Leidenschaft und Erleuchtung und drängt uns, die Flammen der Kreativität zu entzünden, entschlossen voranzuschreiten und in unseren Bemühungen Erleuchtung zu suchen. Schließlich verkörpert Luft Freiheit, Kommunikation und Intellekt und inspiriert uns, Aufgeschlossenheit anzunehmen, uns klar auszudrücken und unsere Gedanken zu erweitern, um größere Perspektiven zu erfassen. Durch die Betrachtung dieser Elemente fordert uns Tschuang-tse dazu auf, das harmonische Zusammenspiel und die Verbundenheit der Natur zu erkennen und ermutigt den Einzelnen, seine inneren Tugenden mit dem großen Plan des Kosmos in Einklang zu bringen.

Verbundenheit aller Wesen:

In seiner Erforschung der Verbundenheit aller Wesen bringt Zhuangzi mit Leidenschaft die Idee zum Ausdruck, dass alle Wesen in der Natur voneinander abhängig und untrennbar miteinander verbunden sind. Er präsentiert eine Weltanschauung, in der jedes Lebewesen, vom kleinsten Insekt bis zum größten Baum, eine wesentliche Rolle in der kosmischen

Symphonie spielt. Diese Verbundenheit ist nicht nur ein physisches oder ökologisches Konzept, sondern eine tiefgreifende spirituelle und metaphysische Realität, die jeden Aspekt der Existenz durchdringt. Sie spiegelt die Einheit und Harmonie wider, die der Vielfalt und Komplexität des Lebens auf der Erde zugrunde liegen. Zhuangzi erklärt, dass Individuen durch das Erkennen und Annehmen dieser Verbundenheit eine tiefere Wertschätzung ihres Platzes im größeren Netz der Existenz erlangen können. Darüber hinaus fördert sie Empathie, Mitgefühl und ein Verantwortungsbewusstsein gegenüber anderen und der Natur.

Ausgehend vom daoistischen Prinzip der „Einheit der Gegensätze" betont Zhuangzi, dass Verbundenheit nicht nur Lebewesen, sondern auch das dynamische Zusammenspiel aller Phänomene umfasst. Jedes Wesen und Phänomen ist Teil eines Wandteppichs, in dem sich die Grenzen zwischen dem Selbst und dem Anderen, Subjekt und Objekt in ein nahtloses Kontinuum auflösen. Diese Verbundenheit überschreitet zeitliche und räumliche Grenzen und umfasst Vergangenheit, Gegenwart und Zukunft sowie ferne Länder und unterschiedliche Kulturen. Durch die Annahme dieser Perspektive können Individuen ein tiefes Gefühl der Zugehörigkeit und Verbundenheit mit dem gesamten Kosmos entwickeln, was zu einer Bewusstseinsveränderung führt, die ein größeres Gefühl von Harmonie und Ausgeglichenheit fördert.

Darüber hinaus geht Zhuangzis Erläuterung der Verbundenheit über den menschlichen Bereich hinaus und umfasst die Beziehung zwischen der Menschheit und der natürlichen Umwelt. Er fördert eine ganzheitliche und ehrfürchtige Haltung gegenüber der Natur und plädiert für ein symbiotisches Zusammenleben statt einer Beherrschung der natürlichen Welt. Durch die Anerkennung der inhärenten Verbundenheit mit der Natur werden die Menschen dazu inspiriert, nachhaltige Praktiken und ökologische Verantwortung zu pflegen und so das

Wohlergehen des Planeten zu fördern und seine Artenvielfalt zu schützen. Diese Verbundenheit unterstreicht auch die Bedeutung von Demut und erkennt an, dass die Menschen ein untrennbarer Teil eines riesigen Ökosystems sind und nicht dessen Herrscher. Sie veranlasst die Menschen, eine Haltung der Gegenseitigkeit und des Respekts anzunehmen und eine tiefe Verbindung mit der Erde und ihren unzähligen Bewohnern aufzubauen.

Den Rhythmus der Natur nachahmen:

Wenn wir das Auf und Ab der Natur beobachten, können wir erkennen, dass sich alle Dinge ohne Zwang oder Zwang nach ihrer eigenen, innewohnenden Logik entfalten. Ebenso können Menschen davon profitieren, eine Denkweise zu entwickeln, die Anpassung und Flexibilität umfasst und die Widerstandsfähigkeit der Elemente widerspiegelt. Darüber hinaus dienen die in der Natur beobachteten saisonalen Zyklen als ergreifende Erinnerung an die Vergänglichkeit aller Phänomene. Indem Menschen die vergängliche Natur der Existenz erkennen, können sie eine Akzeptanz von Veränderung und Unvollkommenheit entwickeln und so inneren Frieden und Zufriedenheit fördern.

Die Ehrfurcht vor den Rhythmen der Natur lädt auch dazu ein, über die Zusammenhänge nachzudenken. Jedes Element des Ökosystems spielt eine wichtige Rolle und trägt zur allgemeinen Harmonie und Ausgeglichenheit der Umwelt bei. Die Anerkennung dieser voneinander abhängigen Beziehungen inspiriert uns, denselben Ethos auf unsere Interaktionen mit anderen auszudehnen und Empathie, Mitgefühl und ein Gefühl universeller Verbundenheit zu entwickeln.

Indem wir uns auf die zyklischen Muster der Natur einstellen, entwickeln wir außerdem ein ausgeprägtes Bewusstsein für Zeitpunkt und Tempo unserer eigenen Bemühungen. So wie jede Jahreszeit sich in ihrem vorgegebenen Tempo entfaltet, lernen wir, die günstigen Momente zu erkennen, um Samen der Absicht zu säen, Bestrebungen zu nähren und die Früchte unserer Arbeit zu ernten. Auf diese Weise richten wir uns nach dem universellen Rhythmus aus und treiben uns in Richtung einer harmonischeren und erfüllteren Existenz.

Philosophische Implikationen für die Gesellschaft:

Die Integration kosmischer Weisheit in soziale Strukturen erfordert einen Paradigmenwechsel von offener Kontrolle hin zum Verständnis und zur Harmonisierung mit der natürlichen Ordnung. Eine der wichtigsten philosophischen Implikationen ist die Förderung der Nichteinmischung, was bedeutet, dass Gesellschaften danach streben sollten, die Spontaneität und Anpassungsfähigkeit der natürlichen Welt nachzuahmen, anstatt starre Strukturen und Vorschriften aufzuerlegen. Dieses Ethos fördert ein Gleichgewicht zwischen Ordnung und Chaos und erkennt das organische Auf und Ab an, das allen Aspekten des Lebens innewohnt. Darüber hinaus unterstreicht die Verbundenheit aller Wesen die Bedeutung der Förderung von Empathie und Mitgefühl innerhalb gesellschaftlicher Konstrukte. Durch die Anerkennung der inneren Einheit von Mensch und Natur fördern die philosophischen Grundlagen Inklusivität, ökologische Bewahrung und einen ganzheitlichen Ansatz zur Regierungsführung. Die bewusste Ausrichtung auf kosmische Weisheit lädt Gesellschaften dazu ein, Nachhaltigkeit, nachhaltige Entwicklung und Umweltschutz zu priorisieren. Die Annahme der daoistischen Ehrfurcht vor natürlichen Rhythmen führt auch zu einer Hinwendung zu einem nachhaltigen und bewussten Leben und stellt vorherrschende Vorstellungen von zügellosem Konsumismus und ausbeuterischen Praktiken in Frage. Darüber hinaus sprechen diese philosophischen Implikationen für eine Neubewertung von Erfolg und Fortschritt, was zu einer Abkehr von materialistischen Bestrebungen und einer Hinwendung zu

Werten wie Zufriedenheit, Einfachheit und spiritueller Erfüllung führt. Indem sie oberflächliche Erfolgsindikatoren ablehnen und sich der inneren Harmonie zuwenden, können Gesellschaften eine kollektive Orientierung auf persönliche Integrität und gemeinschaftliches Wohlergehen kultivieren. Darüber hinaus fördert die fließende und anpassungsfähige Natur der kosmischen Weisheit innovative Ansätze in der Regierungsführung und ermutigt die Führer, dogmatische Kontrolle zu meiden und stattdessen ein Umfeld zu schaffen, das individuelles Wachstum und Selbstverwirklichung fördert.

Kapitel XII
ANTWORTEN FÜR HERRSCHENDE MÄCHTE

Der Charakter eines daoistischen Herrschers:

Die dem Charakter eines daoistischen Herrschers innewohnenden Prinzipien und Eigenschaften spiegeln einen Führungsansatz wider, der von herkömmlichen Paradigmen abweicht. Ein daoistischer Herrscher verkörpert eine einzigartige Kombination von Eigenschaften, die eine effektive und harmonische Regierungsführung ermöglichen. Im Mittelpunkt dieser Charakterisierung steht die Betonung der Verkörperung von Demut, Weisheit und Anpassungsfähigkeit anstelle von autoritärer Kontrolle und Dominanz. Die Persönlichkeit des daoistischen Herrschers ist geprägt von einem tiefen Gefühl von Empathie, Verständnis und einer tiefen Verbindung mit der natürlichen Ordnung. Diese Person wird als Verwalter des Volkes gesehen, dessen Hauptziel es ist, ein harmonisches Zusammenleben innerhalb des Reiches zu fördern. Die daoistische Regierungsführung legt großen Wert auf die Fähigkeit, mit Integrität zu führen und in allen Handlungen Aufrichtigkeit und Transparenz zu verkörpern. Integrität bildet das Fundament, auf dem die gesamte Regierungsstruktur steht, und fördert Vertrauen und Respekt sowohl unter den Herrschern als auch unter den Beherrschten. Der daoistische Herrscher versucht, eine integrative und gerechte Gesellschaft zu schaffen, in der sich jedes Mitglied gehört und geschätzt fühlt und soziale Spaltungen und Ungleichheiten überwunden werden.

Darüber hinaus betrachtet der daoistische Herrscher Flexibilität und Anpassungsfähigkeit als wesentliche Tugenden und begegnet der Regierung mit der Bereitschaft, sich weiterzuentwickeln und Veränderungen als Reaktion auf die sich entwickelnden Bedürfnisse der Bevölkerung anzunehmen.

Durch den Einsatz von Anpassungsfähigkeit kann der Herrscher gesellschaftliche Probleme effektiv angehen und nachhaltigen Fortschritt fördern, während er gleichzeitig in der unveränderlichen Weisheit des Tao verwurzelt bleibt. Darüber hinaus geht die Einsicht eines daoistischen Herrschers über die oberflächlichen Aspekte der Regierung hinaus und befasst sich mit dem Zusammenspiel zwischen Mensch und Natur. Diese Person erkennt die Verbundenheit allen Lebens an und versteht, dass Entscheidungen ökologisches Bewusstsein widerspiegeln müssen, um das Gleichgewicht der natürlichen Welt zu bewahren. In Übereinstimmung mit diesem Verständnis zielt der Herrscher darauf ab, zu regieren, indem er die inhärenten Rhythmen und Muster der Natur respektiert und sich an ihnen orientiert, anstatt künstliche Strukturen aufzuzwingen. Ein daoistischer Herrscher, der Umweltbewusstsein und Nachhaltigkeit annimmt, geht mit einer Vision für das langfristige Wohlergehen der Umwelt an die Regierung heran und stellt sicher, dass das hinterlassene Erbe ein harmonisches Zusammenleben mit der Natur ist.

Wu Wei in der Führung:

Im Gegensatz zum herkömmlichen Verständnis von „Handeln" bedeutet Wu Wei nicht Passivität oder Untätigkeit. Es verkörpert vielmehr einen Zustand mühelosen Handelns, in dem sich der Herrscher dem natürlichen Lauf der Ereignisse anpasst und ohne unnötige Eingriffe regiert. Im Bereich der Führung weist Wu Wei den Herrscher an, authentisch und spontan zu handeln, unbelastet durch übermäßige Überlegung oder künstliche Manipulation.

Um Wu Wei zu akzeptieren, ist ein tiefes Verständnis der zyklischen Muster und Rhythmen erforderlich, die der natürlichen Ordnung innewohnen. Dadurch kann der Herrscher Entscheidungen treffen, die im Einklang mit dem spontanen Ablauf der Ereignisse stehen. Diese Weisheit erkennt an, dass das

Erzwingen von Ergebnissen durch übermäßige Kontrolle das organische Gleichgewicht der Gesellschaft stören und das Gedeihen ihrer Mitglieder behindern kann. Daher übt ein daoistischer Herrscher Urteilsvermögen und Zurückhaltung aus und handelt im Einklang mit dem Auf und Ab der Umstände, anstatt zu versuchen, starre Anweisungen durchzusetzen.

Wu Wei beinhaltet auch die Entwicklung eines Führungsstils, der von Bescheidenheit und Intuition geprägt ist und von einem ausgeprägten Bewusstsein dafür geprägt ist, wann man von Handlungen Abstand nehmen sollte. Es betont die transformative Kraft, die darin liegt, mit gutem Beispiel voranzugehen und ein Umfeld zu schaffen, in dem Individuen ihr Potenzial ohne unangemessene Einmischung verwirklichen können. Indem der Herrscher die Essenz der Untätigkeit verkörpert, kann er Vertrauen wecken und ein Gefühl der Ermächtigung unter den Regierten hervorrufen und so eine harmonische Gesellschaft fördern, die sich auf natürliche Weise im Einklang mit dem Weg entwickelt.

Darüber hinaus erfordert die Ausübung von Wu Wei, die Grenzen menschlicher Handlungsfähigkeit anzuerkennen und zu erkennen, dass sich bestimmte Phänomene am besten spontan entfalten. Anstatt externe Konstrukte aufzuzwingen, erkennt und respektiert der weise Herrscher die selbstregulierenden Dynamiken innerhalb des sozialen Gefüges und ermöglicht so organisches Wachstum und Anpassung. Dieser Ansatz betont den Wert, Lösungen auf natürliche Weise entstehen zu lassen, anstatt vordefinierte Agenden aufzuzwingen, und fördert so ein nachhaltigeres und widerstandsfähigeres Regierungsmodell.

Im Einklang mit der natürlichen Ordnung:

Tschuang-tses Lehren betonen, dass effektive Herrschaft eine Ausrichtung auf die spontanen und miteinander verbundenen Rhythmen des Universums erfordert. Diese Ausrichtung erfordert ein tiefes Verständnis für das Auf und Ab der Existenz, gepaart mit der Bereitschaft, den Impuls aufzugeben, jedes Ergebnis kontrollieren zu wollen. Im Kern bedeutet die Harmonie mit der natürlichen Ordnung, sich dem organischen Ablauf der Ereignisse hinzugeben, anstatt der gesellschaftlichen Dynamik starre Richtlinien oder künstliche Konstrukte aufzuerlegen.

Im Mittelpunkt dieses Prinzips steht der daoistische Glaube an die inhärente Intelligenz der Natur, in der sich alle Phänomene im Einklang mit dem Dao, dem Weg, manifestieren. Indem sie diese Perspektive annehmen, können Herrscher auf einen tiefen Wissensschatz zurückgreifen, der über menschliche Erfindungen hinausgeht. Ein solcher Ansatz fördert ein Umfeld der Anpassungsfähigkeit und Belastbarkeit, sodass die Regierung im Rhythmus des komplexen Lebensgefüges fließen kann. Darüber hinaus können Herrscher, indem sie sich auf die Zyklen der Natur einstellen, fundierte Entscheidungen treffen, die das größere Netzwerk der gegenseitigen Abhängigkeiten innerhalb der Gesellschaft berücksichtigen.

Die Harmonie mit der natürlichen Ordnung beinhaltet auch die Erkenntnis, dass es sinnlos ist, die Naturgewalten zu beherrschen oder zu unterdrücken. Stattdessen ermutigt es die Führer, eine Haltung der Ehrfurcht und Ehrfurcht gegenüber dem Netz der Existenz einzunehmen. Indem sie die Grenzen des menschlichen Handelns anerkennen, können Herrscher eine Demut kultivieren, die Respekt für ökologische, soziale und kosmische Systeme hervorruft. Diese Demut wird zur Grundlage, auf der eine nachhaltige und ausgewogene Führung gedeihen kann, die in einer Wertschätzung für die Verbundenheit aller Wesen und Phänomene wurzelt.

Darüber hinaus zwingt die Harmonie mit der natürlichen Ordnung die Herrscher dazu, eine Ethik der Verwaltung statt der

Herrschaft zu verkörpern. Sie sind aufgerufen, als Hüter der Erde und Bewahrer des Gemeinwohls zu handeln und ihre Regierungsführung an den in der Natur zu beobachtenden Rhythmen von Wachstum, Verfall und Erneuerung auszurichten. Diese Perspektive veranlasst die Herrscher, Maßnahmen zu priorisieren, die ökologische Nachhaltigkeit, soziale Harmonie und langfristiges Wohlergehen fördern und so den Erhalt der natürlichen Ordnung für künftige Generationen sicherstellen.

Innere Tugend:

Zhuangzis Erkenntnisse zur Entwicklung innerer Tugend drehen sich um die Idee der Selbstentwicklung als Eckpfeiler effektiver Führung. Zentral für dieses Konzept ist die Überzeugung, dass der persönliche Charakter eines Herrschers dessen Verhalten und Entscheidungsfindung direkt beeinflusst und sich auf die Regierungsführung einer Gesellschaft auswirkt. Anstatt sich ausschließlich auf externe Richtlinien und Verordnungen zu konzentrieren, betont Zhuangzi die Bedeutung der Förderung moralischer Vortrefflichkeit, mitfühlender Empathie und ethischer Urteilskraft im Wesen des Herrschers. Dieser Ansatz versucht, die individuelle moralische Entwicklung des Herrschers mit dem Wohlergehen des Staates und seines Volkes zu integrieren. Inspiriert von natürlichen Prozessen erläutert Zhuangzi, wie das harmonische Funktionieren eines Ökosystems als Metapher für die ausgewogene Regierungsführung eines Reiches dient. Die Entwicklung innerer Tugend durch einen Herrscher entspricht dem ökologischen Gleichgewicht in der Natur, wo jede Komponente ihre Rolle erfüllt, ohne Grenzen zu überschreiten oder andere zu dominieren. Die Tugenden Demut, Aufrichtigkeit und Güte sind bei der Entwicklung innerer Tugend von größter Bedeutung, da sie die Grundlage für eine rechtschaffene Regierungsführung bilden, die sich an ethischen Grundsätzen orientiert.

Zhuangzi schlägt vor, dass das Verhalten eines tugendhaften Herrschers von Demut bei der Anerkennung seiner Grenzen, Aufrichtigkeit bei der Verfolgung echter Absichten und Güte bei der Förderung von Mitgefühl für die Bevölkerung geprägt sein sollte. Indem der Herrscher diese Eigenschaften verkörpert, schafft er eine harmonische Atmosphäre, die den Regierten Vertrauen und Stabilität einflößt. Die Pflege innerer Tugend beinhaltet auch, den persönlichen Ehrgeiz mit dem Gemeinwohl des Reiches in Einklang zu bringen und selbstsüchtige Wünsche zugunsten des Wohls der Bevölkerung zurückzustellen. Zhuangzi plädiert für die Integration von Selbstlosigkeit und wohlwollender Regierungsführung und betont, dass die Handlungen eines Herrschers aus einem Pflichtgefühl und einer Verantwortung gegenüber dem Wohl des Volkes hervorgehen sollten. Darüber hinaus unterstreicht Zhuangzi die Bedeutung von Mäßigung und Ausgewogenheit und warnt vor dem Streben nach übermäßiger Macht oder Reichtum, das zu Ungleichheit, Unruhe und Tyrannei führen kann. Durch die Kultivierung innerer Tugenden können Herrscher einen Zustand moralischer Klarheit und Scharfsinn erreichen, der es ihnen ermöglicht, mit Weisheit, Mitgefühl und Integrität zu regieren.

Kraft und Mitgefühl:

Zentral für den daoistischen Ansatz ist die Idee, dass wahre Macht aus Bescheidenheit und nicht aus Zwang erwächst. Anstatt Gehorsam mit Gewalt zu fordern, wird einem Herrscher geraten, mit gutem Beispiel voranzugehen, tugendhafte Eigenschaften zu verkörpern und Empathie gegenüber seinen Untertanen zu zeigen. Dieser Ansatz zielt darauf ab, eine harmonische Beziehung zu schaffen, in der das Wohlergehen des Volkes eine organische Erweiterung der wohlwollenden Führung des Herrschers wird. Dieses Prinzip definiert Macht als Mittel zum Schutz und zur Pflege, anstatt zu dominieren und zu kontrollieren. Es plädiert dafür, Macht zu nutzen, um das Leben der Bürger zu verbessern, soziale Harmonie zu fördern und ein Umfeld zu schaffen, das individuelles Gedeihen fördert.

Um dieses Gleichgewicht zwischen Macht und Mitgefühl zu wahren, bedarf es jedoch Urteilsvermögen und Weisheit. Der umsichtige Einsatz von Macht muss von einem ausgeprägten Bewusstsein für die möglichen Konsequenzen geleitet sein. Herrscher werden dazu angehalten, Zurückhaltung zu üben und ihre Autorität mit einem ausgeprägten Gefühl von Empathie und Verständnis zu mäßigen. Auf diese Weise können sie Vertrauen und Solidarität in der Bevölkerung schaffen und so ein Gefühl kollektiver Ziele und Zusammenhalt innerhalb der Gesellschaft fördern. Eine solche transformative Führung betont die gemeinschaftliche Ermächtigung der Menschen und unterstreicht die Bedeutung gemeinsamer Verantwortung und gegenseitigen Respekts.

Im Kern bedeutet das Gleichgewicht zwischen Macht und Mitgefühl eine grundlegende Veränderung des traditionellen Paradigmas der Regierungsführung. Es fordert die Herrscher auf, autoritäre Neigungen zu überwinden und eine dienende Führungsmentalität anzunehmen, die das Wohl der Bevölkerung in den Mittelpunkt aller Entscheidungsprozesse stellt. Dieses Ethos fördert einen ethischen Rahmen, der Menschlichkeit über Hegemonie stellt und sicherstellt, dass die Ausübung von Macht mit der inhärenten Würde und dem Wert jedes Einzelnen im Bereich der Regierungsführung im Einklang steht. Letztendlich ermöglicht dieses Gleichgewicht einem Herrscher, seine Autorität umsichtig und verantwortungsbewusst auszuüben und nicht nur danach zu streben, zu herrschen, sondern dem Gemeinwohl zu dienen und es zu steigern.

Die Rolle von Einfachheit und Bescheidenheit:

Im Kontext der Regierungsführung betont Einfachheit die Vermeidung von Extravaganz und Prahlerei und fördert ein Klima der Genügsamkeit und Mäßigung. Dieser bescheidene Ansatz dient als starkes Symbol für Integrität und Authentizität, findet bei der Bevölkerung Anklang und schafft Vertrauen. Indem ein Herrscher, der Einfachheit an den Tag legt, mit gutem Beispiel vorangeht, weckt er bei den Bürgern ein Gefühl kollektiver Disziplin und Verantwortung.

Bescheidenheit spielt im Führungsparadigma des Daoismus eine ebenso zentrale Rolle. Ein bescheidener Führer erkennt die Grenzen des individuellen Wissens und der Autorität an und vertritt stattdessen eine empfängliche und aufgeschlossene Haltung. Indem der Herrscher die Beiträge und Perspektiven anderer anerkennt, schafft er ein Umfeld der Einbeziehung und des Respekts. Folglich fühlen sich die Untertanen wertgeschätzt und befähigt, zur Verbesserung des Staates beizutragen, was ein harmonisches und kooperatives soziales Gefüge fördert.

Darüber hinaus steigert Bescheidenheit die Fähigkeit eines Herrschers zur Selbstreflexion und Selbstbesinnung, die entscheidende Elemente in Entscheidungsprozessen sind. Indem er sich von Hybris und Vortäuschung befreit, kann ein Führer mit Beratern und Untergebenen interagieren, ohne dass die Wolke des Egos das Verständnis behindert. Diese Steigerung der introspektiven Weisheit stellt sicher, dass Regierungsentscheidungen aus Klarheit und Deutlichkeit heraus getroffen werden, frei von Vorurteilen und Eigeninteressen, die ein effektives Urteil behindern.

Wunsch und Ehrgeiz:

Wünsche führen laut Zhuangzi oft zu Anhänglichkeit und Konflikten und behindern die Fähigkeit, klar und unparteiisch zu regieren. Indem ein Herrscher persönliche Ambitionen und Wünsche meidet, kann er im gegenwärtigen Moment verwurzelt bleiben und Entscheidungen auf der Grundlage von Weisheit und dem Gemeinwohl statt auf der Grundlage von Eigeninteresse treffen. Aus der Sicht der Führung bedeutet dies, mit einem Gefühl der Distanz zu regieren und Handlungen organisch aus dem Kontext entstehen zu lassen, anstatt von persönlichen Wünschen getrieben zu werden. Darüber hinaus warnt Zhuangzi vor dem Streben nach Macht und Anerkennung, da diese Ambitionen das Urteilsvermögen trüben und zu Zwietracht innerhalb des Herrschaftsbereichs eines Herrschers führen können. Stattdessen plädiert er für Demut und Zufriedenheit und betont die Tugend, dem Volk und dem Land selbstlos und gleichmütig zu dienen. Indem ein Herrscher das Streben nach persönlichem Ruhm aufgibt, kann er das Ideal der selbstlosen Führung verkörpern und das Wohl der Regierten über den persönlichen Gewinn stellen. Darüber hinaus gehen Zhuangzis Lehren zur Vermeidung von Begierde und Ehrgeiz über einzelne Herrscher hinaus und umfassen den breiteren Kontext des gesellschaftlichen Fortschritts. Er vertritt die Ansicht, dass eine Gesellschaft, die von ungezügeltem Ehrgeiz und materiellem Streben geprägt ist, zu Zwietracht und Disharmonie verurteilt ist, und fordert die Führer auf, ihre Untertanen zu einem ausgeglichenen Leben zu führen. Durch die Förderung eines Ethos der Einfachheit und Mäßigung können Führer ein harmonisches Zusammenleben ihrer Wähler fördern und ein kollektives Wohlergehen fördern, das von moralischer Tugend und nicht von unerbittlichem Ehrgeiz geleitet wird.

Kapitel XIII
NICHTKONFORMITÄT

Nonkonformität ist ein Konzept, das tief in der Menschheitsgeschichte und -philosophie verwurzelt ist und sowohl als Akt der Rebellion als auch als Mittel des kulturellen Fortschritts dient. Sie stellt die etablierten Normen, Ideologien und gesellschaftlichen Erwartungen in Frage und fordert die Menschen auf, ihr Verständnis von sich selbst und der Gesellschaft zu hinterfragen und neu zu definieren. Im Laufe der Jahrhunderte, von antiken philosophischen Abhandlungen bis hin zu modernen sozialen Bewegungen, war Nonkonformität eine treibende Kraft hinter individuellem Ausdruck, Innovation und gesellschaftlichem Wandel. Die Wurzeln der Nonkonformität lassen sich auf die Grundprinzipien verschiedener philosophischer Traditionen wie Taoismus, Stoizismus und Existenzialismus zurückführen. Diese Denkschulen betonen die Bedeutung von Authentizität, Selbstprüfung und der Ablehnung gesellschaftlichen Drucks bei der Gestaltung der eigenen Identität und Werte.

Schwimmhäute zwischen den Zehen als Metapher für Devianz:

Zhuangzi verwendet die Metapher der „Schwimmhäute" zur Darstellung von Abweichungen von der Norm und Nonkonformität. Dieses kraftvolle Symbol dient als ergreifende Analogie für Personen, die von gesellschaftlichen Erwartungen abweichen und vorherrschende Überzeugungen und Bräuche in Frage stellen. Im Wesentlichen verkörpert das Bild der Schwimmhäute die Idee, in einer Welt, in der Konformität und Uniformität oft belohnt werden, „anders" zu sein. Mit dieser Metapher lädt Zhuangzi uns ein, über die Natur der Abweichung und ihren inneren Wert nachzudenken. Anstatt Abweichung als bloße Rebellion oder Trotz darzustellen, fordert uns das Konzept der Schwimmhäute dazu auf, Nonkonformität als einzigartiges Attribut zu betrachten, das alternative Perspektiven und Wahrheiten bietet. Die Symbolik der Schwimmhäute ermutigt uns, Vielfalt anzunehmen und den Reichtum zu schätzen, der aus der bunten Vielfalt menschlicher Erfahrungen entsteht. Sie fordert uns auf, unsere vorgefassten Meinungen über Abweichungen zu überdenken und lädt uns ein, die Schönheit der Individualität zu feiern. Darüber hinaus regt die Metapher zu einer tieferen Betrachtung gesellschaftlicher Normen und Konstrukte an. Sie veranlasst uns, die Ursprünge dieser Normen und die Folgen ihrer strikten Einhaltung zu hinterfragen. Darüber hinaus lenkt sie die Aufmerksamkeit auf die Rolle gesellschaftlicher Erwartungen bei der Gestaltung unserer Interaktionen und Verhaltensweisen. Durch die Allegorie der Schwimmhäute zwingt uns Zhuangzi, unsere eigenen Vorurteile und Neigungen gegenüber jenen zu untersuchen, die sich den Konventionen widersetzen. Letztlich beleuchtet diese Metapher das komplexe Zusammenspiel zwischen Konformität und Abweichung und unterstreicht die Notwendigkeit einer ausgewogenen und integrativen Gesellschaft. Wenn wir uns mit dem Thema der „Schwimmhäute" befassen, werden wir ermutigt, den Wert, den wir der Einstimmigkeit beimessen, zu überdenken und die Vorzüge der Divergenz anzuerkennen. Sie fördert einen Geist der Aufgeschlossenheit und kultiviert ein Umfeld, das unterschiedliche Standpunkte und unkonventionelle Wege begrüßt. In einer Welt, in der Konformität oft das Maß aller Dinge ist, dient die Metapher der Schwimmhäute zwischen den Zehen als eindringliche Erinnerung an die Vitalität der Nonkonformität und die Bereicherung, die sie für die Menschheit mit sich bringt.

Kulturelle Auswirkungen von Konformität und Devianz:

Kulturelle Vorstellungen von Konformität und Abweichung prägen Gesellschaften zutiefst und spiegeln die Werte, Normen und Erwartungen wider, die das Verhalten bestimmen.

Diese kulturellen Konstrukte beeinflussen alles, von der individuellen Selbstdarstellung bis hin zu gesellschaftlichen Strukturen, und sind entscheidend für das Verständnis menschlicher Interaktion. In vielen Kulturen wird Konformität als Tugend hochgehalten, die Zusammenhalt, Stabilität und kollektive Identität fördert. Umgekehrt wird Abweichung oft stigmatisiert, stellt etablierte Paradigmen in Frage und stört die soziale Harmonie. Das Zusammenspiel dieser gegensätzlichen Kräfte schafft ein dynamisches Geflecht sozialer Dynamiken, das in verschiedenen kulturellen Kontexten unterschiedlich ausgeprägt ist.

In manchen Gesellschaften steht Konformität für die Einhaltung von Traditionen und den Respekt vor Autoritäten, während Abweichungen als Bedrohung für die überlieferten Bräuche oder das Gemeinwohl wahrgenommen werden können. In anderen Kulturen hingegen wird Abweichung als Symbol für Kreativität, Innovation und Differenzierung gefeiert. Das Verständnis dieser kulturellen Perspektiven auf Konformität und Abweichung wirft Licht auf die Beziehung zwischen individueller Handlungsfähigkeit und gesellschaftlichen Normen. Darüber hinaus wird die zentrale Rolle kultureller Erzählungen, Folklore und Mythen bei der Verstärkung oder Infragestellung vorherrschender Normen in Bezug auf Konformität und Abweichung hervorgehoben.

Die Rolle von Einschränkungen bei der Identitätsbildung:

Während traditionelle gesellschaftliche Normen und Erwartungen als Einschränkungen betrachtet werden können, tragen sie unbeabsichtigt zur Bildung der eigenen einzigartigen Identität bei. Bei der Untersuchung des Themas Nonkonformität wird deutlich, dass Menschen unterschiedlich auf diese Einschränkungen reagieren: Sie akzeptieren sie entweder oder stellen ihre Gültigkeit in Frage.

Im Kern umfasst das Konzept der Einschränkung verschiedene externe und interne Faktoren, die die Selbstwahrnehmung eines Individuums prägen. Externe Einschränkungen können kulturelle, gesellschaftliche und familiäre Erwartungen umfassen, während interne Einschränkungen durch persönliche Werte, Überzeugungen und Erfahrungen geprägt sind. Oft befinden sich Individuen an der Schnittstelle dieser Kräfte und stehen vor der Herausforderung, sich an gesellschaftliche Normen anzupassen und gleichzeitig ihr authentisches Selbst auszudrücken. Dieses Gleichgewicht hat erhebliche Auswirkungen auf die Identitätsentwicklung, da Individuen bestimmen, wie sie diese internen und externen Einflüsse in Einklang bringen.

Darüber hinaus können Zwänge auch als Katalysatoren für Selbstfindung und Selbstreflexion wirken. Wenn Menschen mit gesellschaftlichem Druck oder widersprüchlichen Glaubenssystemen konfrontiert sind, sind sie gezwungen, ihre Werte und Bestrebungen zu überprüfen. Dieser Prozess der Selbstreflexion ist wesentlich für die Bildung einer robusten und echten Identität. Durch die kritische Prüfung der sie umgebenden Zwänge gewinnen Menschen Einblick in ihre tiefsten Überzeugungen und Wünsche, was zur Entwicklung eines authentischeren Selbstgefühls führt.

Darüber hinaus fördert die Auseinandersetzung mit Zwängen die Widerstandsfähigkeit und Stärke des Einzelnen. Wer Nonkonformität erlebt, stößt in seinem Umfeld häufig auf Widerstand und Skepsis. Trotz dieser Herausforderungen entwickeln die Menschen ein gesteigertes Gefühl von Entschlossenheit und Selbstsicherheit. Indem sie sich aktiv mit Zwängen auseinandersetzen, entwickeln sie ein unerschütterliches Verständnis ihrer eigenen Identität, gestärkt durch den Mut, ihre Individualität angesichts von Widrigkeiten zu behaupten.

Nonkonformität und persönliche Freiheit:

Nonkonformität ist oft untrennbar mit dem Konzept der persönlichen Freiheit verbunden. Im Kontext von Zhuangzis philosophischem Diskurs stellt Nonkonformität eine Behauptung individueller Autonomie und eine Ablehnung äußerer Einflüsse dar, die darauf abzielen, dem Selbst Grenzen aufzuerlegen. Sie verkörpert die Befreiung von gesellschaftlichen Normen, Erwartungen und Konventionen und ermöglicht es dem Einzelnen, seinen eigenen Weg im Einklang mit seiner wahren Natur zu beschreiten. Diese Abweichung vom kollektiven Bewusstsein fördert ein Gefühl der Ermächtigung und ermöglicht es dem Einzelnen, sein Leben selbst in die Hand zu nehmen und Entscheidungen zu treffen, die im Einklang mit seinem inneren Wesen stehen.

Das Streben nach persönlicher Freiheit durch Nonkonformität ist eng mit dem Streben nach Selbstverwirklichung verknüpft. Indem Menschen von außen auferlegte Grenzen überschreiten und ihre inhärente Nonkonformität akzeptieren, können sie ihr angeborenes Potenzial ausschöpfen und ihre eigene Identität ohne Hemmungen manifestieren. Dieser Prozess der Selbstverwirklichung fördert nicht nur ein tiefes Gefühl der Erfüllung, sondern führt auch zu einem gesteigerten Bewusstsein für den eigenen Platz in der Welt und legt damit den Grundstein für echten Selbstausdruck und eine sinnvolle Existenz.

Darüber hinaus geht die symbiotische Beziehung zwischen Nonkonformität und persönlicher Freiheit über den Bereich individueller Erfahrungen hinaus und durchdringt das breitere Gefüge der Gesellschaft. Indem Vorreiter sich über fest verwurzelte Normen hinwegsetzen und Status quos in Frage stellen, fördern sie die Ausweitung gesellschaftlicher Paradigmen und schaffen Raum für Vielfalt, Innovation und progressiven Wandel. Die transformative Wirkung von Individuen, die ihre persönliche Freiheit durch Nonkonformität ausüben, hallt in allen Gemeinschaften wider, inspiriert andere, ihre Einzigartigkeit anzunehmen, und stärkt den kollektiven Ethos der Inklusivität und Aufgeschlossenheit.

Es ist wichtig zu verstehen, dass die Erzählung von persönlicher Freiheit, die durch Nonkonformität zum Ausdruck kommt, nicht für rücksichtslose Hingabe oder Anarchie plädiert. Vielmehr plädiert sie für eine bewusste Kultivierung von Bewusstsein, kritischer Hinterfragung und ethischer Urteilskraft. Indem Einzelpersonen ihre persönliche Freiheit verantwortungsvoll und umsichtig nutzen, können sie Nonkonformität erfahren und gleichzeitig den Respekt für die Freiheiten anderer und die Heiligkeit der gesellschaftlichen Harmonie wahren. Dieser achtsame Ansatz ist ein Beweis für die inhärente Reifung der persönlichen Freiheit und untermauert ihre Übereinstimmung mit tugendhaften Prinzipien und moralischer Gewissenhaftigkeit.

Moderne Interpretationen klassischer Nonkonformität:

In unserer zunehmend vernetzten Welt ist das Konzept der Nonkonformität zum Brennpunkt von Diskussionen über Individualismus, gesellschaftliche Erwartungen und das Streben nach Authentizität geworden. Wissenschaftler und Denker aus unterschiedlichsten Bereichen haben sich mit dem Thema befasst und Erkenntnisse aus Zhuangzi und anderen wegweisenden Werken auf aktuelle Probleme angewendet.

Eine bemerkenswerte moderne Interpretation dreht sich um die Schnittstelle zwischen Nonkonformität und Identitätspolitik. Befürworter argumentieren, dass das Annehmen der eigenen einzigartigen Erzählung und der Widerstand gegen die Konformität mit dominanten kulturellen Erzählungen ein Akt der Selbstermächtigung und des Widerstands gegen Marginalisierung ist. Diese Perspektive findet Resonanz in Bewegungen, die sich für Inklusivität, Vielfalt und

Gleichberechtigung einsetzen, wo die Feier der Unterschiede und die Ablehnung von Homogenität wesentlich für die Förderung einer gerechteren und mitfühlenderen Gesellschaft sind.

Darüber hinaus haben technologisch vermittelte Umgebungen die Dynamik der Nonkonformität im digitalen Zeitalter neu gestaltet. Social-Media-Plattformen haben sich zu Arenen der Selbstdarstellung entwickelt, in denen Einzelpersonen Mainstream-Ideen in Frage stellen und alternative Narrative konstruieren können. Die virtuelle Landschaft fungiert als Katalysator für die Verbreitung nonkonformistischer Ideologien, die Gestaltung des Diskurses und die Mobilisierung von Gemeinschaften. Kritiker warnen jedoch davor, dass die digitale Welt auch Echokammern hervorbringt, die abweichende Stimmen unterdrücken und oberflächliche Formen der Nonkonformität auf der Grundlage flüchtiger Trends aufrechterhalten können.

Zeitgenössische Kunst, Literatur und Kino bieten einen fruchtbaren Boden für die Vorstellung von Nonkonformität in ästhetischen und thematischen Dimensionen. Künstler und Kreative haben ihre Medien genutzt, um Geschichten von Rebellion, Individualismus und existentiellem Widerstand darzustellen und so Gespräche über die Grenzen zwischen Kreativität und sozialer Subversion anzuregen. Darüber hinaus bieten fiktionale und nicht-fiktionale Werke differenzierte Porträts von Charakteren, die gesellschaftliche Normen in Frage stellen, und inspirieren das Publikum, über die Komplexität und die Auswirkungen einer Abweichung vom Status quo nachzudenken.

Psychologen und Soziologen haben sich der Nonkonformität aus interdisziplinärer Perspektive genähert und ihre psychologischen Grundlagen und soziokulturellen Auswirkungen erforscht. Die Forschung in diesem Bereich beleuchtet die

Vielschichtigkeit nonkonformistischen Verhaltens und wirft Licht auf sein Zusammenspiel mit Persönlichkeitsmerkmalen, Umweltfaktoren und kollektiven Einstellungen. Diese ganzheitliche Untersuchung zielt darauf ab, unser Verständnis von Nonkonformität über philosophische Abstraktionen hinaus zu vertiefen und es in gelebten Erfahrungen und empirischen Beobachtungen zu verankern.

Vergleichende Analyse mit anderen philosophischen Werken:

Wenn wir versuchen, das Wesen der Nonkonformität im philosophischen Bereich zu verstehen, ist es wichtig, eine vergleichende Analyse mit anderen bedeutenden philosophischen Werken durchzuführen. Ein bemerkenswerter Vergleich besteht in der Gegenüberstellung der Prinzipien der Nonkonformität mit existenzialistischen Philosophien, insbesondere den Werken von Friedrich Nietzsche und Jean-Paul Sartre. Während Zhuangzi für eine Loslösung von gesellschaftlichen Normen und vorgeschriebenen Werten plädiert, postuliert Nietzsche das Konzept der „ewigen Wiederkehr" als Mittel, um individuelle Handlungsfähigkeit zu akzeptieren und gesellschaftliche Zwänge zu überwinden. Sartre hingegen erläutert die Idee radikaler Freiheit und Selbstverantwortung, was mit Zhuangzis Betonung persönlicher Autonomie und der Befreiung von äußeren Einflüssen übereinstimmt.

Darüber hinaus führt eine Untersuchung der Nonkonformität in Bezug auf westliche philosophische Traditionen wie Stoizismus und Epikureismus zu überzeugenden Parallelen und Abweichungen. Das stoische Bekenntnis zu innerer Tugend und Gleichgültigkeit gegenüber äußeren Umständen spiegelt Zhuangzis Streben nach innerer Harmonie inmitten äußeren Chaos wider. Umgekehrt stellen epikureische Lehren, die Ruhe und Vergnügen durch Mäßigung betonen, einen faszinierenden Kontrast zu Zhuangzis Ansicht dar und spiegeln unterschiedliche Vorstellungen vom guten Leben und die Ablehnung gesellschaftlicher Standards wider.

Wenn wir uns der östlichen Philosophie zuwenden, bieten die Lehren von Laozi im Daodejing einen fruchtbaren Boden für vergleichende Untersuchungen. Sowohl Laozi als auch Zhuangzi befürworten ein intuitives Leben und eine natürliche und spontane Lebensweise. Allerdings gibt es Unterschiede in ihren Ansätzen: Laozi betont passive Aufnahmebereitschaft und Nachgiebigkeit, während Zhuangzi eine aktive Auseinandersetzung mit der eigenen angeborenen Natur und der Welt im Allgemeinen fördert.

Kapitel XIV
DIE NATUR VON FREIHEIT UND ZWANG

Einführung in die Pferdesymbolik:

Im Laufe der Geschichte haben Pferde die menschliche Vorstellungskraft beflügelt und kommen in mythologischen, literarischen und philosophischen Texten häufig vor. Als Symbol für Freiheit, Stärke und Anmut nehmen Pferde einen besonderen Platz ein. Sie zeichnen sich durch ihre majestätische Präsenz und ihren ungezähmten Geist aus und verkörpern den Reiz der weiten Ebenen und das ungezügelte Potenzial der Natur. Philosophen und Denker haben das Pferd oft als Metapher für verschiedene Konzepte wie Freiheit, Macht und Transzendenz verwendet. In den Werken von Platon, Aristoteles und Nietzsche erscheint das Pferd als Sinnbild edler Tugenden und innerer Schönheit und spiegelt das menschliche Verlangen nach unbegrenzten Möglichkeiten und ungezügeltem Ausdruck wider. Darüber hinaus geht die symbolische Bedeutung von Pferden über westliche Traditionen hinaus und durchdringt östliche Philosophien und religiöse Erzählungen. In taoistischen und buddhistischen Lehren vermittelt die Symbolik des Pferdes Vorstellungen von Erleuchtung, spiritueller Reise und der Harmonie zwischen Mensch und Natur. Diese universelle Anziehungskraft des Pferdearchetyps unterstreicht seinen tiefgreifenden Einfluss auf unser Verständnis der menschlichen Existenz und kultureller Ideale.

Natürliche Instinkte versus menschliche Kontrolle:

Im Laufe der Geschichte war die Beziehung zwischen Mensch und Tier ein komplexes Wechselspiel aus Dominanz, Koexistenz und Abhängigkeit. Bei der Untersuchung der Natur von Freiheit und Zwang ist es unerlässlich, die Dichotomie zwischen natürlichen Instinkten und menschlicher Kontrolle genau zu untersuchen, insbesondere im Zusammenhang mit domestizierten Tieren wie Pferden.

Im Mittelpunkt dieser Debatte stehen die angeborenen Instinkte der Tiere und die menschliche Einflussnahme. Domestizierung wird oft als Mittel zur Nutzbarmachung von Tieren für verschiedene Zwecke angesehen, wirft aber tiefgreifende Fragen hinsichtlich der Unterdrückung der natürlichen Neigungen eines Tieres auf. Pferde mit ihrer von Natur aus wilden und freigeistigen Natur dienen in diesem Diskurs als ergreifendes Beispiel. Wenn man sich mit der Evolutionsgeschichte der Pferde als ungezähmte Kreaturen befasst und sie ihrer Assimilation in die menschliche Gesellschaft gegenüberstellt, kann man den subtilen Kampf zwischen ihren angeborenen Instinkten und den Beschränkungen erkennen, die ihnen durch menschliche Eingriffe auferlegt werden.

Wenn man sich mit den psychologischen Auswirkungen der Domestizierung befasst, stellt man fest, dass viele Tiere, darunter auch Pferde, eine spürbare Veränderung ihres Verhaltens und ihrer Haltung erfahren, wenn sie sich an die menschliche Führung anpassen. Diese Transformation von instinktiver Autonomie zu konditionierter Unterwerfung enthüllt eine fesselnde Geschichte von Unterwerfung und Anpassung. Der innere Konflikt zwischen ihren Urinstinkten und ihrer erlernten Zustimmung enthüllt das Gleichgewicht zwischen Freiheit und Knechtschaft – ein Thema, das in das Gefüge der Mensch-Tier-Beziehungen verwoben ist.

Darüber hinaus wirft die Erläuterung der ethischen Dimensionen der menschlichen Kontrolle über Tiere relevante Fragen über die Moralität auf, Wesen mit von Natur aus autonomen Instinkten Beschränkungen aufzuerlegen. Diese Untersuchung entfaltet ein reiches Spektrum philosophischer und ethischer Dilemmata und zwingt uns, uns mit dem Wesen von Freiheit und Autonomie auseinanderzusetzen, nicht nur im

Bereich der Pferde, sondern in unseren breiteren gesellschaftlichen und moralischen Rahmenbedingungen. Die starke Symbolik, die dem Kampf um Freiheit inmitten menschlicher Herrschaft innewohnt, trifft den Kern der existenziellen Selbstbetrachtung und stellt unsere Verantwortung als Verwalter der natürlichen Welt in Frage.

Philosophische Interpretationen der Freiheit:

Das Wesen der Freiheit wurde von Denkern aus verschiedenen Epochen und kulturellen Kontexten leidenschaftlich diskutiert, und jeder von ihnen bot differenzierte Einblicke in diesen komplexen Begriff. Philosophische Interpretationen der Freiheit befassen sich oft mit der grundlegenden Frage, was wahre Autonomie und Unabhängigkeit ausmacht. Von den klassischen Begriffen der positiven und negativen Freiheit bis hin zur existenzialistischen Betonung der individuellen Handlungsfähigkeit haben philosophische Untersuchungen zur Freiheit eine Blütezeit erlebt. Im Rahmen dieser Untersuchungen stoßen wir auf unterschiedliche Ansichten über die Natur des menschlichen Willens, die durch gesellschaftliche Strukturen auferlegten Zwänge und die existenziellen Bedingungen der menschlichen Existenz. Die griechische Philosophie mit ihrer tiefgründigen Betrachtung der menschlichen Verfassung löste Diskussionen über die Natur der Freiheit und ihr Zusammenspiel mit bürgerlichen Pflichten aus.

Die gegensätzlichen Ansichten von Platon und Aristoteles legten den Grundstein für das Verständnis der Dichotomie zwischen individueller Freiheit und gesellschaftlicher Harmonie. Im weiteren Verlauf der Geschichte erlebte das Zeitalter der Aufklärung ein Wiederaufleben des Interesses an der Freiheit, als Philosophen wie John Locke und Jean-Jacques Rousseau ihre Theorien über natürliche Rechte und Gesellschaftsverträge formulierten und damit die modernen Vorstellungen von Freiheit und Herrschaft stark beeinflussten.

Darüber hinaus befassten sich Existenzphilosophen wie Jean-Paul Sartre und Simone de Beauvoir eingehend mit den existenziellen Dimensionen der Freiheit und setzten sich mit der Last der individuellen Wahl und der Bürde der Authentizität auseinander.

Auch in östlichen philosophischen Traditionen finden Freiheitskonzepte ihren Ausdruck in unterschiedlichen Formen. Von der daoistischen Vorstellung spontanen Handelns und harmonischen Daseins bis hin zum buddhistischen Verständnis der Befreiung vom Leiden durch Erleuchtung bieten diese Perspektiven alternative Rahmen für die Betrachtung der Natur der Freiheit. Darüber hinaus haben zeitgenössische kritische Theoretiker wie Michel Foucault und Judith Butler die Machtdynamiken untersucht, die gesellschaftlichen Normen und Diskursen zugrunde liegen, und dabei Licht auf die Art und Weise geworfen, wie Freiheit innerhalb institutioneller Strukturen sowohl ausgeübt als auch eingeschränkt werden kann.

Einschränkungen in historischen Erzählungen:

Beschränkungen in historischen Erzählungen werfen Licht auf das Zusammenspiel zwischen gesellschaftlichen Strukturen und individueller Autonomie. Die Berichte verschiedener Zivilisationen zeigen unterschiedliche Muster der Einschränkung persönlicher Freiheiten, die oft auf Machtdynamiken und kulturelle Normen zurückzuführen sind. Durch eine umfassende Untersuchung historischer Aufzeichnungen wird deutlich, dass Beschränkungen in verschiedenen Epochen und geografischen Regionen weit verbreitet waren. Diese Beschränkungen manifestierten sich in institutionellen Rahmenbedingungen, religiösen Lehren und hierarchischen Systemen und prägten das Leben der Individuen in diesen Gesellschaften. Darüber hinaus heben historische Erzählungen Fälle hervor, in denen Widerstand gegen Beschränkungen aufkam, der zu entscheidenden Bewegungen führte, die sich für mehr Freiheit und Autonomie einsetzten.

Durch die Untersuchung verschiedener historischer Kontexte kann man erkennen, wie Zwänge in die Regierungsführung und die gesellschaftliche Dynamik integriert wurden. Ob durch Klassenunterschiede, geschlechtsspezifische Einschränkungen oder ideologische Zwänge – historische Erzählungen zeigen die Vielschichtigkeit von Zwängen. Darüber hinaus verdeutlichen diese Erzählungen die Entwicklung gesellschaftlicher Einstellungen zur Autonomie und unterstreichen die Veränderungen in der Wahrnehmung individueller Handlungsfähigkeit und Selbstbestimmung im Laufe der Zeit. Die Analyse dieser Zwänge liefert wichtige Erkenntnisse über den Kampf um Befreiung und Ermächtigung innerhalb menschlicher Gesellschaften.

Darüber hinaus bieten historische Erzählungen die Möglichkeit, die Folgen auferlegter Beschränkungen für kollektiven Fortschritt und gesellschaftlichen Zusammenhalt zu untersuchen. Durch detaillierte Untersuchungen bestimmter Epochen und Zivilisationen kann man die Auswirkungen der Einschränkung individueller Freiheiten aufdecken, wie unterdrückte Innovation, kulturelle Stagnation und interne Zwietracht. Umgekehrt bieten Momente relativer Freiheit in historischen Perioden Einblicke in das transformative Potenzial der Autonomie und demonstrieren die Fähigkeit zu gesellschaftlichem Fortschritt und intellektueller Blüte.

Kulturelle Perspektiven auf Autonomie:

Kulturelle Normen, Glaubenssysteme und historisches Erbe tragen alle dazu bei, wie Autonomie definiert und praktiziert wird. Verschiedene Gesellschaften haben unterschiedliche Vorstellungen von Autonomie, von äußerst unabhängigen

Kulturen bis hin zu solchen, die gemeinschaftliche Harmonie betonen.

Kulturelle Sichtweisen auf Autonomie sind oft tief in Traditionen und Bräuchen verwurzelt, die sich über Jahrhunderte entwickelt haben. In manchen Kulturen wird individuelle Autonomie hochgeschätzt, und Selbstdarstellung und persönliche Handlungsfähigkeit gelten als hochgeschätzte Tugenden. Umgekehrt können andere Kulturen kollektive Interessen über individuelle Freiheiten stellen und die Verbundenheit und gegenseitige Abhängigkeit der Mitglieder einer Gemeinschaft betonen. Diese unterschiedlichen Überzeugungen manifestieren sich in gesellschaftlichen Strukturen, rechtlichen Rahmenbedingungen und gesellschaftlichen Erwartungen und beeinflussen das Ausmaß, in dem Individuen Autonomie ausüben können.

Die Rolle kultureller Narrative kann bei der Untersuchung von Autonomie nicht übersehen werden. Über Generationen weitergegebene Geschichten, Mythen und Legenden prägen die Wahrnehmung von Freiheit und Zwang in einem kulturellen Kontext. Diese Narrative spiegeln oft die Werte und Normen einer Gesellschaft wider und bieten Vorlagen zum Verständnis der zulässigen Grenzen der Autonomie. Darüber hinaus dienen sie als Mechanismen zur Verstärkung oder Infragestellung von Machtdynamiken und beleuchten das komplexe Zusammenspiel zwischen Autonomie und sozialen Strukturen.

Auch religiöse und spirituelle Überzeugungen beeinflussen kulturelle Perspektiven der Autonomie. Verschiedene Glaubenstraditionen vertreten unterschiedliche Vorstellungen von freiem Willen, Schicksal und der Beziehung zwischen dem Individuum und dem Göttlichen. Diese theologischen Grundlagen prägen ethische Kodizes und moralische Prinzipien und prägen die Konturen der individuellen Autonomie innerhalb eines bestimmten kulturellen Milieus.

Die Schnittstelle zwischen Autonomie und Kultur lädt zu kritischen Überlegungen zu Machtdynamiken und systemischen Ungleichheiten ein. Marginalisierte Gruppen können mit kulturellen Normen zu kämpfen haben, die ihre Autonomie einschränken und so den Kreislauf von Unterwerfung und Unterdrückung aufrechterhalten. Diese Ungleichheiten unterstreichen die Bedeutung einer kritischen Prüfung kultureller Perspektiven, um sicherzustellen, dass das Recht auf Autonomie allgemein anerkannt und gewahrt wird.

Macht und Gehorsam:

Macht in ihren verschiedenen Formen manifestiert sich in der Fähigkeit, andere zu beeinflussen und zu kontrollieren, sei es durch körperliche Stärke, sozialen Status oder Zwangsautorität. In ähnlicher Weise bezeichnet Gehorsam den Akt der Befolgung von Anweisungen, der oft aus einem wahrgenommenen Machtgefälle resultiert. Bei der Analyse von Macht und Gehorsam im Zusammenhang mit Pferden kann man den Einfluss dominanter Pferdefiguren innerhalb einer Herde sowie den daraus resultierenden Gehorsam untergeordneter Mitglieder beobachten. Interessanterweise weist diese hierarchische Struktur Parallelen in der menschlichen Gesellschaft auf, in der Einzelpersonen und Gruppen um Macht und Gefolgschaft wetteifern. Es ist wichtig zu erkennen, dass die Dynamik von Macht und Gehorsam sowohl konstruktiv als auch schädlich sein kann. Konstruktiv fördert ein harmonisches Gleichgewicht von Macht und Gehorsam Stabilität, Zusammenarbeit und Gemeinschaftsfunktion. Wenn jedoch Macht missbraucht und Gehorsam erzwungen wird, führt dies zu Unterdrückung, Konflikten und Ungerechtigkeit.

Darüber hinaus führt die systematische Auferlegung von Gehorsam ohne triftigen Grund zur Ungleichheit und schränkt die individuelle Autonomie ein. Darüber hinaus wirft das Konzept des Gehorsams philosophische Fragen nach der Natur moralischer Handlungsfähigkeit und ethischer Verantwortung auf. Man muss über den Unterschied zwischen echtem Respekt und blinder Unterwerfung nachdenken sowie über die ethischen Auswirkungen der Anpassung an ungerechte Machtstrukturen. Ebenso relevant ist die Untersuchung der Machtdynamiken in menschlichen Interaktionen, Institutionen und Regierungsführungen. Ob in politischen Systemen, organisatorischen Hierarchien oder zwischenmenschlichen Beziehungen – die Ausübung von Macht und die Erwartung von Gehorsam prägen gesellschaftliche Normen, Normen und Werte. Das Verständnis der Nuancen von Macht und Gehorsam ist entscheidend für die Förderung gleichberechtigter und gerechter Gesellschaften.

Folgen aufgezwungener Abhängigkeit:

Wenn Menschen externen Kräften oder Strukturen ausgeliefert sind, wird ihre Autonomie beeinträchtigt, was zu einem Gefühl der Entmachtung und Desillusionierung führt. Die psychologischen Auswirkungen aufgezwungener Abhängigkeit können sich auf verschiedene Weise äußern, etwa in Gefühlen der Frustration, des Grolls und eines verminderten Selbstwertgefühls. In einem gesellschaftlichen Kontext kann eine Kultur aufgezwungener Abhängigkeit Ungleichheit aufrechterhalten, die soziale Mobilität behindern und Machtunterschiede verstärken. Darüber hinaus kann sie Selbstgefälligkeit hervorrufen und innovatives Denken hemmen, da sich die Menschen daran gewöhnen, sich für ihre Bedürfnisse auf externe Instanzen zu verlassen. Die langfristigen Auswirkungen aufgezwungener Abhängigkeit können zu Stagnation, verringerter Belastbarkeit und mangelnder Initiative bei den betroffenen Personen und Gemeinschaften führen. Darüber hinaus kann die Erosion der persönlichen Handlungsfähigkeit infolge aufgezwungener Abhängigkeit die Entwicklung kritischer Denk- und Problemlösungsfähigkeiten behindern und letztlich den allgemeinen Fortschritt der Gesellschaft behindern. Es ist unerlässlich, die heimtückischen Auswirkungen aufgezwungener Abhängigkeit zu erkennen und danach zu streben, Eigenständigkeit, Ermächtigung und Chancengleichheit zu fördern.

Kapitel XV
MATERIALANSAMMLUNG

Die Illusion des Reichtums:

Reichtum, der oft als Symbol für Erfolg und Erfüllung wahrgenommen wird, ist ein zentrales Thema im Kontext von Zhuangzis Philosophie. Ihm zufolge kann das Streben nach Reichtum zu einer trügerischen Illusion der Zufriedenheit führen, die den Menschen in einen ewigen Kreislauf aus Verlangen und Unzufriedenheit führt. Dieses ewige Streben nach Reichtum erzeugt einen unersättlichen Appetit auf mehr und führt zu einer nie endenden Suche nach materiellem Besitz und Statussymbolen. Dabei verstricken sich die Menschen in der Illusion des Reichtums und glauben, dass Wohlstand Glück und Erfüllung bedeutet. Zhuangzi warnt jedoch vor diesem Irrglauben und fordert die Leser auf, Bereicherung durch nicht-materialistische Bestrebungen zu suchen. Aus seiner Sicht liegt wahrer Reichtum darin, innere Zufriedenheit zu kultivieren, harmonische Beziehungen zu pflegen und Einfachheit anzunehmen. Durch die Linse von Zhuangzis Philosophie wird die illusorische Natur des Reichtums zunehmend deutlicher und wirft Licht auf die vergängliche und flüchtige Natur materieller Besitztümer. Der Text regt zum Nachdenken über die Vergänglichkeit materiellen Reichtums an und plädiert für einen Paradigmenwechsel hin zu einer Priorisierung spiritueller und emotionaler Bereicherung gegenüber materieller Anhäufung.

Schädliche Auswirkungen auf die persönliche Erfüllung:

Materielle Anhäufung stellt oft eine Illusion von Erfolg und Zufriedenheit dar und verleitet Menschen zu einem unermüdlichen Streben nach Besitz und Reichtum. Zhuangzis philosophische Erkenntnisse werfen jedoch Licht auf die schädlichen

Auswirkungen dieser endlosen Jagd nach materiellem Gewinn. Die unaufhörliche Suche nach mehr führt zu einem unersättlichen Hunger, der nie wirklich gestillt werden kann. Dieses Verlangen nach externer Bestätigung durch materiellen Besitz führt zu einem ständigen Zustand der Unzufriedenheit, der die persönliche Erfüllung überschattet.

Im unermüdlichen Streben nach materiellem Reichtum opfern Menschen möglicherweise ihr geistiges und emotionales Wohlbefinden, um Reichtümer anzuhäufen, und vernachlässigen dabei unabsichtlich die Pflege innerer Zufriedenheit. Der unermüdliche Fokus auf materielle Anhäufung lenkt vom Streben nach Wissen, Weisheit und Selbstfindung ab – entscheidende Elemente, die zu echter persönlicher Erfüllung beitragen. Darüber hinaus führt das unermüdliche Streben nach materiellem Reichtum oft zu Konkurrenz, Eifersucht und Unsicherheit, vergiftet zwischenmenschliche Beziehungen und behindert die Entwicklung sinnvoller Verbindungen und Empathie.

Darüber hinaus macht eine übermäßige Betonung materieller Besitztümer die Menschen oft blind für die Schönheit der Einfachheit und die immateriellen Aspekte des Lebens, die das menschliche Leben wirklich bereichern. Durch die Fixierung auf die Anhäufung materieller Besitztümer werden Menschen von der Last der Erhaltung und des Schutzes ihres Reichtums gefesselt und erzeugen unbeabsichtigt einen Kreislauf aus Angst und Furcht vor einem möglichen Verlust oder Wertverlust. Diese ständige Beschäftigung mit materiellen Besitztümern untergräbt die Fähigkeit zur Freude, die aus einfacheren Vergnügungen und Erfahrungen entsteht, und verringert das Potenzial für echte Erfüllung und Glück.

Darüber hinaus reichen die negativen Auswirkungen exzessiver materieller Anhäufung über die individuelle Ebene hinaus und durchdringen gesellschaftliche Strukturen. Sie fördern eine Kultur, die von Konsumismus und Überfluss getrieben wird, was zu Umweltzerstörung, wirtschaftlicher Ungleichheit und einem allgegenwärtigen Gefühl der Leere inmitten des Überflusses führt. Dieser gesellschaftliche Rahmen, der auf der Grundlage materiellen Wohlstands als ultimativem Maßstab für Erfolg aufgebaut ist, führt zu einem unerbittlichen Kreislauf von Konsum und Wegwerfmentalität, der die natürlichen Ressourcen erschöpft und Disharmonie innerhalb der Gemeinschaften fördert.

Zhuangzi-Ansichten vs. zeitgenössische Ansichten:

Während die moderne Gesellschaft Reichtum und Besitz oft als Symbol für Erfolg und Glück verherrlicht, bieten Zhuangzis Lehren eine gegensätzliche Perspektive, die diese konventionellen Ansichten in Frage stellt. Die vorherrschende Konsumkultur fördert die Vorstellung, dass materieller Reichtum mit persönlicher Erfüllung gleichzusetzen ist, doch Zhuangzi betont die flüchtige Natur solcher Bestrebungen. Er betont die Vergänglichkeit und Illusion materieller Besitztümer und drängt die Menschen, Zufriedenheit durch inneren Frieden und spirituelle Klarheit zu suchen, anstatt durch äußere Errungenschaften.

Wenn wir Zhuangzis Weisheit den in der heutigen konsumorientierten Gesellschaft vorherrschenden Einstellungen gegenüberstellen, können wir auffallende Unterschiede erkennen. Zeitgenössische Ideale neigen dazu, materiellen Reichtum zu priorisieren und übersehen dabei oft die nachteiligen Auswirkungen übermäßiger Anhäufung auf das geistige Wohlbefinden, das emotionale Gleichgewicht und die gesellschaftliche Harmonie. Im Gegensatz dazu plädiert Zhuangzi für Einfachheit, Mäßigung und eine Loslösung vom unaufhörlichen Streben nach materiellem Gewinn. Seine Philosophie ermutigt den Einzelnen, seine Prioritäten neu zu bewerten und eine ganzheitlichere Lebenseinstellung anzunehmen, die immaterielle Werte wie Tugend, Mitgefühl und Selbstbewusstsein schätzt.

Darüber hinaus deckt eine vergleichende Analyse die ethischen Dimensionen auf, die mit der Anhäufung von materiellem Besitz verbunden sind. Zhuangzis Erkenntnisse veranlassen uns, über die moralischen Implikationen von unerbittlichem Konsum und ungezügeltem Streben nach Reichtum nachzudenken und die Auswirkungen auf die ökologische Nachhaltigkeit und soziale Gerechtigkeit zu erkennen. Indem wir zeitgenössische Ansichten durch die Linse von Zhuangzis Lehren untersuchen, sind wir gezwungen, unsere gesellschaftlichen Normen und individuellen Verhaltensweisen neu zu bewerten und ein tieferes Verständnis für die tiefgreifenden Folgen des Materialismus zu entwickeln.

Die ethischen Implikationen der Akkumulation:

Wenn Individuen nach größerem Wohlstand streben, entstehen ethische Dilemmata, die zu einer Erosion moralischer Werte und des gesellschaftlichen Wohlergehens führen. Das ungezügelte Streben nach materiellem Gewinn kann zu ausbeuterischen Praktiken führen, darunter Umweltzerstörung, Ausbeutung der Arbeitskraft und ungleiche Verteilung von Ressourcen. Diese Probleme werfen schmerzliche Fragen über den moralischen Kompass auf, der unser kollektives Verhalten leitet. Sind die Mittel durch die Ziele gerechtfertigt oder überwiegen die ethischen Konsequenzen die Vorteile der Anhäufung?

Darüber hinaus werden die Grenzen des ethischen Konsumverhaltens deutlich, wenn man die Auswirkungen des Konsums auf marginalisierte Gemeinschaften und die Umwelt untersucht. Die Gewinnungs- und Produktionsprozesse, die den unersättlichen Appetit auf materielle Güter stillen, verewigen häufig soziale Ungerechtigkeiten und ökologische Schäden.

Von der Beschaffung der Rohstoffe bis zur Entsorgung erstrecken sich die ethischen Dimensionen der Anhäufung über den gesamten Produktlebenszyklus und erfordern sowohl von Herstellern als auch von Verbrauchern eine stärkere Kontrolle und Rechenschaftspflicht. Folglich zwingt uns eine Analyse der ethischen Auswirkungen dazu, die systemischen Mängel materialistischer Gesellschaften neu zu bewerten und einen Paradigmenwechsel hin zu nachhaltigen und gerechten Praktiken zu fordern.

Darüber hinaus müssen die heimtückischen Auswirkungen des statusorientierten Konsums auf das individuelle Wohlbefinden sorgfältig betrachtet werden. Da Gesellschaften Reichtum und Größe verherrlichen, wird der Begriff des Erfolgs mit materiellem Reichtum verknüpft, was eine Kultur des demonstrativen Konsums und des Hyperwettbewerbs fördert. In diesem Zusammenhang regen ethische Überlegungen zu einer Selbstbesinnung auf die wahre Essenz von Erfüllung und Glück an. Durch eine kritische Bewertung der ethischen Auswirkungen der Anhäufung versucht dieses Kapitel, die verborgenen Folgen des ungezügelten Materialismus zu beleuchten und eine Neuorientierung hin zu ganzheitlichen Werten zu fördern, die ein ethisches Bewusstsein widerspiegeln.

Erfolg über materiellen Gewinn hinaus neu definieren:

In der modernen Welt wird Erfolg oft mit materiellem Reichtum und Besitz gleichgesetzt. Die Lehren von Zhuangzi stellen diese konventionelle Definition jedoch in Frage und fordern die Menschen auf, das Konzept des Erfolgs über die bloße Anhäufung materieller Gewinne hinaus zu überdenken. Erfolg neu zu definieren, erfordert einen Perspektivwechsel und die Erkenntnis, dass wahre Erfüllung ganzheitliches Wohlbefinden, spirituelle Bereicherung und ein harmonisches Leben umfasst und nicht das unermüdliche Streben nach materiellem Besitz. Dieser Paradigmenwechsel ermutigt die

Menschen, ihre Prioritäten neu zu bewerten und sich auf persönliches Wachstum, sinnvolle Beziehungen und einen Beitrag zum Gemeinwohl der Gesellschaft zu konzentrieren.

Indem man sich von der Besessenheit nach materiellem Reichtum löst, kann man durch Selbstreflexion, Achtsamkeit und die Hinwendung zur Einfachheit ein Gefühl von innerem Reichtum entwickeln. Zhuangzis Philosophie führt uns dazu, den inhärenten Wert von Erfahrungen, Kreativität und intellektuellen Bestrebungen als wesentliche Quellen der Erfüllung zu entdecken, die über die flüchtige Befriedigung hinausgehen, die allein aus materieller Anhäufung gewonnen wird. Die Hinwendung zu einem einfachen Leben ermöglicht größere Freiheit, weniger Stress und mehr geistige Klarheit, da es die Aufmerksamkeit vom unermüdlichen Streben nach materiellem Reichtum auf eine ausgewogenere und harmonischere Lebensweise lenkt.

Darüber hinaus geht die Neudefinition von Erfolg mit der Entwicklung von Tugenden wie Empathie, Mitgefühl und Integrität einher. Wahrer Erfolg geht über den individuellen Wohlstand hinaus und erstreckt sich auf die positive Wirkung, die man auf andere hat, und fördert ein Gefühl der Verbundenheit und des gemeinschaftlichen Wohlbefindens. Dieses Ethos ermutigt den Einzelnen, ethischem Verhalten, wohlwollenden Handlungen und Altruismus den Vorzug zu geben und so nicht nur sein eigenes Leben, sondern auch das Leben der Menschen um ihn herum zu bereichern.

Kapitel XVI
DA SEIN UND RAUM GEBEN

Einführung in Präsenz und Raum:

Präsenz umfasst in philosophischer Hinsicht den Zustand, sich seiner Existenz und der unmittelbaren Umgebung bewusst zu sein. Sie beinhaltet ein tiefes Gefühl der Achtsamkeit, das sich auf das Hier und Jetzt konzentriert. Philosophen haben sich im Laufe der Geschichte mit dem Konzept der Präsenz auseinandergesetzt und ihre entscheidende Rolle bei der Gestaltung menschlicher Erfahrung und Wahrnehmung erkannt. Präsenz wird oft als grundlegend für das Verständnis sowohl des Selbst als auch der Außenwelt angesehen. Die Bedeutung der Präsenz liegt in ihrer Fähigkeit, Menschen in der Realität zu verankern und ein gesteigertes Bewusstsein für Emotionen, Gedanken und die Umgebung zu fördern. Darüber hinaus kann Präsenz als Katalysator für persönliches Wachstum dienen und es Menschen ermöglichen, eine tiefere Verbindung zu sich selbst und anderen aufzubauen. Raum hat im Bereich des philosophischen Denkens eine vielschichtige Bedeutung. Er geht über rein physische Dimensionen hinaus und verkörpert tiefgreifende Implikationen für metaphysische und existenzielle Fragen. Philosophen erforschen oft das Zusammenspiel zwischen physischem Raum und den Räumen in unseren Köpfen und Erfahrungen. Die Rolle des Raums im philosophischen Denken geht über das Greifbare hinaus und befasst sich mit abstrakten Begriffen wie Freiheit, Perspektive und Verbundenheit. Wissenschaftler haben postuliert, dass der Raum den Hintergrund bildet, vor dem sich die Existenz entfaltet, und der zum Nachdenken über die Natur des Seins und des Universums anregt. Daher liefert die Untersuchung des Raums im philosophischen Diskurs Erkenntnisse über die Natur der Realität, des Bewusstseins und des menschlichen Zustands.

Philosophische Grundlagen des Da-Seins:

Das Konzept des „Daseins" ist tief in den philosophischen Traditionen des Daoismus verwurzelt, insbesondere wie es im Zhuangzi dargelegt wird. Im Kern entspricht die Idee, präsent zu sein und Raum zu geben, dem daoistischen Prinzip des Dao, das Natürlichkeit, Spontaneität und Nichthandeln betont.

Zentral für dieses philosophische Konzept ist die Idee der Leere und Stille, die das Fehlen bewusster Anstrengung oder Aufdrängung bedeutet. Dies steht in scharfem Kontrast zu westlichen philosophischen Traditionen, die oft Aktion und Kontrolle betonen. Im Kontext des „Daseins" ist der daoistische Begriff des Wu Wei von besonderer Bedeutung, der für eine mühelose Lebensweise in Harmonie mit dem Fluss des Universums plädiert.

Darüber hinaus lassen sich die philosophischen Grundlagen des Daseins auf das Konzept von Ziran oder spontaner Natürlichkeit zurückführen. Ziran verkörpert die Vorstellung, dass man den Dingen erlauben sollte, ihren eigenen Lauf zu nehmen, ohne künstliche Einmischung oder Einschränkung, was mit der Idee übereinstimmt, innerhalb des Zhuangzi Raum zu geben. Indem man die inhärente Natur der Dinge akzeptiert, anstatt ihnen den menschlichen Willen aufzuzwingen, kann man einen Zustand ruhiger Ausgeglichenheit und echter Erfüllung erreichen.

Neben den daoistischen Prinzipien überschneiden sich die philosophischen Grundlagen des „Da-Seins" auch mit buddhistischen Lehren über Achtsamkeit und Präsenz. Die Praxis der Achtsamkeit, wie sie im Buddhismus vertreten wird, ermutigt den Einzelnen, ein Bewusstsein für den gegenwärtigen Moment zu entwickeln und die Dinge so zu akzeptieren, wie sie sind, ohne Urteil oder Anhaftung. Durch diesen Zustand der Gleichmut und Akzeptanz kann man die Essenz des „Da-Seins" wirklich verkörpern, den Reichtum jedes Augenblicks anerkennen und gleichzeitig auf das Bedürfnis verzichten, die Umstände zu kontrollieren oder zu manipulieren.

Zeitgenössische Analyse und Anwendungen:

Von der Psychologie bis zum Organisationsverhalten haben Zhuangzis Ideen maßgeblich zur Entwicklung neuer Perspektiven und Ansätze beigetragen. Einer der wichtigsten Bereiche der zeitgenössischen Analyse ist die Anwendung von Zhuangzis Konzept der Natürlichkeit in der Psychologie und der psychischen Gesundheit. Seine Betonung darauf, den eigenen natürlichen Zustand anzunehmen und Ereignissen zu erlauben, sich organisch zu entfalten, hat in modernen Achtsamkeitspraktiken und ganzheitlichen Wohlfühlinitiativen Anklang gefunden.

Darüber hinaus haben Zhuangzis Ansichten zu Einfachheit und Zufriedenheit in den Bereichen Nachhaltigkeit und Umweltschutz an Bedeutung gewonnen. Die Idee, im Einklang mit der Natur zu leben und Einfachheit zu praktizieren, ist zu einem zentralen Thema in Diskussionen über nachhaltiges Leben und ökologisches Gleichgewicht geworden. Diese Verbindung zwischen antiker Philosophie und modernem ökologischen Bewusstsein unterstreicht die Bedeutung und Universalität von Zhuangzis Lehren.

Darüber hinaus haben Zhuangzis Prinzipien des Nichthandelns im Bereich Führung und Organisationsmanagement innovative Ansätze für effektive Führung hervorgebracht, die Vertrauen, Anpassungsfähigkeit und die Ermächtigung anderer betonen. Führungskräfte und Manager wenden diese Prinzipien an, um kollaborative und harmonische Arbeitsumgebungen zu schaffen, die Kreativität und Belastbarkeit fördern.

Darüber hinaus hat das Konzept der „Gestaltwandlung", wie es in Zhuangzis Parabel vom Schmetterlingstraum dargestellt wird, auch in Bereichen wie narrativer Therapie und kreativen Künsten Aufmerksamkeit erregt. Diese metaphorische Erforschung von Identität und Realität dient als wertvolle Ressource für Therapeuten, Künstler und Geschichtenerzähler, die sich mit Wahrnehmung und Selbstdarstellung befassen möchten.

Kontraste zu anderen philosophischen Schulen:

Einer der auffälligsten Unterschiede liegt im Konzept des „mühelosen Handelns" im Daoismus, das in scharfem Kontrast zu der Betonung moralischer Kultivierung und Einhaltung ritueller Anständigkeit steht, die der Konfuzianismus vertritt. Während der Konfuzianismus eine strukturierte gesellschaftliche Ordnung mit Schwerpunkt auf kindlicher Pietät und hierarchischen Beziehungen vorstellt, plädiert Zhuangzis Philosophie für einen Zustand der Natürlichkeit und Spontaneität und stellt damit die normativen Konventionen der konfuzianischen Ethik in Frage.

Darüber hinaus stechen Zhuangzis Anerkennung der Relativität aller Dinge und sein Eintreten für die Akzeptanz von Veränderung und Transformation als inhärente Aspekte der Existenz im Vergleich zu den starren dualistischen Realitätsansichten des Mohismus als radikale Abkehr hervor. Darüber hinaus steht der Pragmatismus des Legalismus, der strenge Gesetze und institutionelle Kontrolle betont, im Widerspruch zu Zhuangzis Förderung innerer Harmonie, individueller Freiheit und Nichteinmischung. Wir erleben einen grundlegenden Kontrast zwischen dem Fokus des Legalismus auf harte Bestrafung und Belohnung als Motivation zur Verhaltensformung und Zhuangzis Glauben an Nichtzwang, was auf ein grundlegendes Misstrauen gegenüber externen Vorschriften hindeutet, die dem Einzelnen auferlegt werden.

Darüber hinaus bieten Zhuangzis Lehren im Vergleich zur ganzheitlichen Perspektive der Yin-Yang-Kosmologie und der Suche nach spiritueller Unsterblichkeit in der traditionellen chinesischen Alchemie einen alternativen Standpunkt, der auf der Akzeptanz der sich ständig verändernden Natur der Existenz basiert, anstatt nach ewiger Stabilität und absoluten Wahrheiten zu streben. Dies steht im Gegensatz zum Streben nach Langlebigkeit und den Versuchen, äußere Kräfte zu manipulieren, die für traditionelle alchemistische Praktiken charakteristisch sind. Die gegensätzlichen Ansichten werfen ein Licht auf die Vielschichtigkeit des philosophischen Diskurses im alten China und zeigen die Vielfalt der Glaubensrichtungen und Ideologien, die während der Zeit der Streitenden Reiche vorhanden waren.

Kapitel XVII
WAHRNEHMUNGEN DES UNIVERSUMS

Die Grundlagen des Himmels und der Erde:

In verschiedenen Traditionen wird der Himmel oft mit dem himmlischen Reich in Verbindung gebracht und repräsentiert das Spirituelle oder Göttliche, während die Erde die materiellen und physischen Aspekte verkörpert. Diese Dichotomie bildet die Grundlage des Netzes der Existenz, in dem Himmel und Erde in einer harmonischen Beziehung miteinander verflochten sind.

Alte taoistische Texte wie das Dao De Jing und das Zhuangzi befassen sich eingehend mit der Verbundenheit von Himmel und Erde. Sie bieten philosophische Betrachtungen über die natürliche Ordnung und die symbiotische Beziehung zwischen der spirituellen und der physischen Welt. Diese Texte betonen die Bedeutung der Anerkennung der Komplementarität von Himmel und Erde und heben hervor, dass sie keine isolierten Einheiten, sondern integrale Teile eines einheitlichen Ganzen sind.

In ähnlicher Weise wird in den Lehren des Konfuzius die moralische Übereinstimmung mit Himmel und Erde betont, was ein Verständnis kosmischer Harmonie widerspiegelt. Die Vorstellung von Tian (Himmel) als moralischer Kraft, die Ordnung und Rechtschaffenheit symbolisiert, und das Konzept der Erde als nährende Quelle verkörpern die ethischen und kosmischen Dimensionen ihrer Beziehung.

Neben ostasiatischen Philosophien erläutern auch alte indische Texte wie die Veden und Upanishaden die tiefe Verbindung zwischen Himmel und Erde. Ihre kosmologischen Perspektiven verdeutlichen die metaphysische Einheit zwischen den transzendentalen und materiellen Welten und enthüllen die tiefgreifenden Auswirkungen dieser kosmischen gegenseitigen Abhängigkeit auf die menschliche Existenz.

Die Grundprinzipien von Himmel und Erde verkörpern die Verbundenheit aller Lebensformen und untermauern die grundlegende Einheit des Universums. Diese Verbundenheit dient als eindringliche Erinnerung an das Gleichgewicht, das der kosmischen Symbiose innewohnt, und fördert ein tiefes Gefühl der Ehrfurcht vor der natürlichen Welt und der Verbundenheit aller Phänomene.

Kosmische Symbiose:

Von den kleinsten Mikroorganismen bis hin zu den unendlichen Weiten des Kosmos spielt jedes Wesen eine entscheidende Rolle bei der Aufrechterhaltung des Gleichgewichts der Existenz. Das Konzept der gegenseitigen Abhängigkeit betont, dass kein Element isoliert existiert; vielmehr ist jede Komponente mit dem Gewebe des Universums verbunden. Diese tiefe Verbundenheit spiegelt sich im harmonischen Tanz der Elemente wider, bei dem die Bewegungen eines Wesens durch die gesamte Schöpfung hallen und das Gewebe der Existenz formen und definieren.

Im Kern unterstreicht die kosmische Symbiose das Grundprinzip, dass alle Lebensformen und Naturkräfte nicht nur miteinander verbunden, sondern auch voneinander abhängig sind und eine unzerbrechliche Verbindung bilden, die die himmlische Symphonie der Existenz aufrechterhält. Wenn wir das Netzwerk der Abhängigkeiten innerhalb der Natur untersuchen, erkennen wir den inhärenten Wert jedes Bestandteils und erkennen den unverzichtbaren Beitrag an, den jedes Wesen zum größeren Ganzen leistet. Darüber hinaus lädt die Anerkennung dieses verwobenen Gewebes der Existenz dazu ein, über die tiefgreifenden Auswirkungen der kosmischen

Symbiose auf unser eigenes Leben, unsere Beziehungen und unsere Verwaltung der natürlichen Welt nachzudenken.

Indem wir uns den Ethos der gegenseitigen Abhängigkeit zu eigen machen, können wir eine tief verwurzelte Ehrfurcht vor der Verbundenheit aller Lebewesen und ökologischen Systeme entwickeln und ein Verantwortungsbewusstsein für die Erhaltung und harmonische Koexistenz mit der natürlichen Welt entwickeln. Durch die Linse der kosmischen Symbiose erlangen wir ein gesteigertes Bewusstsein für unseren Platz im großen Plan der Schöpfung und entwickeln ein tiefes Gefühl der Demut und des Respekts für die wundersame Vielfalt des Lebens, die uns umgibt.

Mystische Synergie:

Das Zusammenspiel verschiedener natürlicher Elemente bildet die Essenz dieser mystischen Synergie. Wenn wir die Vorstellung akzeptieren, dass jedes Element ein wichtiger Teilnehmer an diesem kosmischen Ballett ist, werden wir aufgefordert, über die synergetische Beziehung zwischen ihnen nachzudenken. Erde, Wasser, Feuer, Luft und Äther – jedes Element trägt seine einzigartige Vitalität zur Symphonie der Existenz bei. Ihr verwobener Tanz fängt die mystische Essenz der Philosophie von Zhuangzi ein und fordert Suchende auf, über die ganzheitliche Natur der Existenz nachzudenken. Während wir die Pfade dieses elementaren Tanzes erleben, werden wir mit der Erkenntnis konfrontiert, dass die Zusammensetzung des Universums das Gleichgewicht und die Fluidität dieses ätherischen Balletts widerspiegelt. Die gegenseitige Abhängigkeit dieser Elemente spiegelt ihr gemeinsames Schicksal wider, bei dem sich individuelle Unterschiede in einer gemeinsamen Manifestation kosmischer Synergie auflösen.

Die Betrachtung des Tanzes der Elemente öffnet ein Tor zum Verständnis der fließenden Dynamik der Existenz und unserer vernetzten Rolle innerhalb der unaufhörlichen Bewegung des Kosmos. Es lädt uns ein, über banale Wahrnehmungen hinauszugehen und die harmonische Verschmelzung elementarer Kräfte anzunehmen, die allen Facetten des Lebens zugrunde liegen. Durch ein vertieftes Bewusstsein für diese mystische Synergie werden wir dazu gedrängt, die Vernetzung aller Phänomene zu erkennen und unsere Beziehung zum kosmischen Netz anzuerkennen. Das Eintauchen in den Tanz der Elemente treibt uns über die Grenzen der Materialität hinaus und führt uns zur Betrachtung spiritueller Erhebung und der rätselhaften Pracht der Existenz.

Spirituelle Erhebung:

Im Wesentlichen umfasst spirituelle Erhebung das Streben nach innerem Wachstum, Erleuchtung und einem tieferen Verständnis der Verbundenheit zwischen dem individuellen Selbst und der größeren universellen Realität. Durch diese Erhebung kann man ein Gefühl der Befreiung von den Zwängen irdischer Bindungen erfahren, was zu einem erweiterten Bewusstsein der göttlichen Orchestrierung führt, die in jedem Aspekt der Existenz vorhanden ist. Um spirituelle Erhebung zu erreichen, können sich Menschen verschiedenen Praktiken wie Meditation, Kontemplation, Gebet und altruistischen Handlungen widmen, die alle darauf abzielen, einen erhöhten Zustand spirituellen Erwachens zu fördern.

Darüber hinaus geht das Konzept der Transzendierung des Alltäglichen über persönliche Selbstbetrachtung und Erleuchtung hinaus, da es auch die Neuausrichtung des Fokus weg von weltlichen Ablenkungen und hin zur Suche nach spiritueller Wahrheit und Weisheit umfasst. Indem man diesen Paradigmenwechsel annimmt, kann man die Tür zu tieferen Erkenntnissen, gesteigerter Empathie und einer vertieften

Wertschätzung für die Verbundenheit aller Lebensformen öffnen. Eine solche Erhebung fördert ein harmonisches Zusammenleben mit der Natur und eine Ehrfurcht vor der universellen Ordnung, die den Kosmos regiert.

Im Kontext von Zhuangzis Lehren dient die Vorstellung, das Alltägliche zu transzendieren, als ein Leuchtfeuer der Führung und lädt uns ein, die Tiefen unseres spirituellen Potenzials zu erkunden und die transformative Kraft der Selbstverwirklichung anzunehmen. Durch die Feier dieser mystischen Reise können Menschen ein gesteigertes Gefühl von Sinn, Bedeutung und Erfüllung entwickeln, das über das bloße Streben nach materiellem Gewinn und weltlichen Wünschen hinausgeht.

Die Harmonie der Gegensätze:

Das Zhuangzi befasst sich eingehend mit der Idee, dass scheinbar widersprüchliche und polarisierte Elemente sich tatsächlich ergänzen und für das Erreichen von Gleichgewicht und Einheit in der kosmischen Ordnung unerlässlich sind. Diese philosophische Idee zielt darauf ab, Dualitäten zu überwinden und eine ganzheitliche Weltanschauung zu fördern, in der gegensätzliche Kräfte harmonisch koexistieren und jede zum Gesamtgleichgewicht beiträgt. Bei der Erforschung dieses tiefgründigen Konzepts bedient sich das Zhuangzi reichhaltiger allegorischer Erzählungen und Metaphern und führt die Leser auf eine Reise der Kontemplation und Selbstbeobachtung. Im Kern stellt die Harmonie der Gegensätze konventionelle Weisheiten in Frage und lädt den Einzelnen dazu ein, Paradoxien zu akzeptieren und die inhärente gegenseitige Abhängigkeit und Verbundenheit aller Dinge zu erkennen.

Durch Zhuangzis Erforschung der Harmonie der Gegensätze sind wir in der Lage, die Verbundenheit von Yin und Yang, Licht und Dunkelheit, Leben und Tod und anderen grundlegenden Dualitäten zu erkennen. Diese Verbundenheit dient als ergreifende Erinnerung an das Geflecht der Existenz und ermutigt die Leser, die Welt in ihrer Gesamtheit wahrzunehmen, anstatt sich vereinfachenden Binärsystemen hinzugeben. Der Text enthüllt, wie die Harmonie der Gegensätze über natürliche Phänomene hinausgeht und tiefgreifende Auswirkungen auf die menschliche Existenz, Ethik und Spiritualität hat. Er verdeutlicht die Weisheit, Vielfalt anzunehmen, den Wert gegensätzlicher Perspektiven anzuerkennen und Empathie für abweichende Erfahrungen zu entwickeln.

Andererseits befasst sich das Zhuangzi mit den praktischen Anwendungen dieses Konzepts und bietet Anleitungen zum Umgang mit zwischenmenschlichen Beziehungen, zur Lösung von Konflikten und zum Erreichen inneren Friedens. Mit seiner Betonung der Harmonie der Gegensätze fordert uns das Zhuangzi auf, konventionelle Dichotomien zu überwinden und fördert eine tiefere Wertschätzung für das Zusammenspiel scheinbar unharmonischer Elemente.

Himmlische Archetypen und ihre Manifestationen:

Die Sonne ist mit ihrer strahlenden Leuchtkraft ein Sinnbild für Vitalität, Erleuchtung und Kraft. Ihr täglicher Auf- und Untergang spiegelt die zyklische Natur des Lebens wider und erinnert uns daran, dass Veränderungen unvermeidlich sind, die Möglichkeit zur Erneuerung jedoch konstant besteht. Im Gegensatz dazu ruft die rätselhafte Anziehungskraft des Mondes Mysterium, Intuition und die Feinheiten menschlicher Emotionen hervor. Seine zunehmenden und abnehmenden Phasen verlaufen parallel zum Auf und Ab von Emotionen und Beziehungen und unterstreichen die vergängliche Natur menschlicher Erfahrungen. Darüber hinaus dienen die Sterne, die die ausgedehnte Leinwand des Nachthimmels übersäen, als Leuchtfeuer der Führung, des Strebens und der kosmischen Verbundenheit. Jeder Archetyp lädt zur Kontemplation ein und dient als Kanal zum Verständnis größerer Wahrheiten über uns selbst und die Welt um uns herum. Wenn wir diese Erscheinungsformen studieren, nehmen wir die himmlischen Archetypen nicht nur als Himmelskörper wahr, sondern auch als tiefgründige Symbole, die den Tanz der Existenz widerspiegeln. Ihre Bedeutung zu verstehen bedeutet, Einblick in die inhärente Weisheit zu gewinnen, die in der natürlichen Welt eingebettet ist. Unsere Interpretationen dieser Archetypen beschränken sich nicht auf intellektuelle Analysen, sondern erstrecken sich auch auf eine emotionale und spirituelle Resonanz mit dem Kosmos. Wenn wir uns auf ihre Resonanz einstimmen, erwachen wir zur Verbundenheit aller Wesen und unserem Platz im großen kosmischen Plan. Die transformative Kraft dieser Archetypen liegt in ihrer Fähigkeit, Selbstbeobachtung, Ehrfurcht und ein Gefühl der Ehrfurcht zu inspirieren und uns zur Verwirklichung unseres angeborenen Potenzials und einer harmonischen Koexistenz mit dem Universum zu führen.

Naturphänomene:

In der daoistischen philosophischen Tradition werden Naturphänomene als Manifestationen der Harmonie und des Gleichgewichts angesehen, die der kosmischen Ordnung innewohnen. Natürliche Ereignisse wie der Wechsel der Jahreszeiten, die Bewegungen der Himmelskörper und das Verhalten der Tiere werden alle als Ausdruck des Dao betrachtet und spiegeln den rhythmischen Fluss und die zyklischen Muster des Universums wider.

So ist beispielsweise der sanfte Übergang vom Frühling zum Sommer nicht nur eine Wetteränderung, sondern ein Spiegelbild der zyklischen Transformation von Energien und des kontinuierlichen Flusses des Lebens. Das Blühen der Blumen, die Ankunft der Zugvögel und die Verlängerung der Tageslichtstunden sind alles Zeichen für die sich erneuernde Vitalität und Üppigkeit der Natur. Umgekehrt läutet der Beginn des Herbstes eine Zeit der Reifung und des Rückzugs ein und symbolisiert den allmählichen Rückgang der Energien und das Abnehmen der Fülle.

Darüber hinaus werden Himmelsereignisse wie Sonnen- und Mondfinsternisse, Kometen und Planetenkonstellationen als himmlische Symphonien verehrt, die über ihre astronomischen Ereignisse hinaus eine tiefgreifende Bedeutung haben. Diese kosmischen Phänomene gelten als mächtige Omen und himmlische Botschaften, die günstige oder bedrohliche Veränderungen in der Welt ankündigen. Die Konstellation der Planeten kann das Zusammentreffen kosmischer Einflüsse signalisieren, während Finsternisse als himmlische Störungen wahrgenommen werden, die monumentale Veränderungen im irdischen Reich vorhersagen.

Ebenso werden das Verhalten und die Eigenschaften von Tieren oft als Omen und Symbole angesehen, die Botschaften aus der Natur vermitteln. Vögel, die in bestimmten Formationen fliegen, das plötzliche Auftauchen bestimmter Kreaturen oder die charakteristischen Rufe von Tieren werden alle als Hinweise auf bevorstehende Ereignisse oder als Orientierung für bevorstehende Entscheidungen interpretiert.

Himmlische Zyklen und zeitliche Rhythmen:

Die Untersuchung himmlischer Zyklen offenbart einen wiederkehrenden Chor himmlischer Bewegungen, die das Gefüge irdischer Erfahrungen formen. Die Beobachtung des Auf und Ab dieser himmlischen Rhythmen bereichert unser Verständnis der ewigen Gezeiten, die sowohl die Natur als auch das menschliche Leben bestimmen. Ob es sich nun um den zyklischen Tanz der Jahreszeiten oder den rhythmischen Herzschlag der Sternbilder handelt, jeder aufeinanderfolgende Zyklus erzählt eine Geschichte der ewigen Kadenz im

Kosmos. Die Betrachtung dieser natürlichen Rhythmen lädt uns ein, unsere inneren Rhythmen mit denen des Universums zu synchronisieren und so ein Gefühl der Übereinstimmung und Einstimmung mit dem größeren Ganzen zu fördern.

Darüber hinaus erweisen sich zeitliche Rhythmen als Beweis für die dynamische Fluidität der Existenz. Das Verständnis von Zeit beschränkt sich nicht auf bloße chronologische Messung, sondern umfasst vielmehr ein mehrdimensionales Geflecht zyklischer Prozesse, von denen jeder seine einzigartige Bedeutung hat. Wenn wir die Bedeutung zeitlicher Rhythmen begreifen, erkennen wir das Geflecht, das Vergangenheit, Gegenwart und Zukunft verbindet und den kontinuierlichen Fluss der Existenz unterstreicht. Diese Erkenntnis stellt die konventionelle lineare Wahrnehmung der Zeit in Frage und eröffnet neue Perspektiven der Selbstbeobachtung, die zu einer tiefgreifenden Neuorientierung in Richtung der Muster führen, die dem Kosmos zugrunde liegen.

Darüber hinaus wirft die Erforschung himmlischer Zyklen und zeitlicher Rhythmen auch Licht auf die menschliche Rolle innerhalb der kosmischen Ordnung. Das Erkennen unserer Position innerhalb der großen Orchestrierung von Zeit und Raum ruft ein ganzheitliches Ethos hervor, das Demut und Ehrfurcht gegenüber der natürlichen Welt fördert und unser Handeln mit Verantwortungsbewusstsein und Achtsamkeit erfüllt. Indem wir uns an den größeren zeitlichen und himmlischen Rhythmen ausrichten, harmonisieren wir unsere Bemühungen mit dem umfassenderen kosmischen Auf und Ab und fördern so ein tieferes Gefühl der Verbundenheit mit dem unendlichen Gewebe der Existenz.

Die Rolle des Menschen in der kosmischen Ordnung:

Die Menschheit hat lange über ihren Platz in den unendlichen Weiten des Kosmos nachgedacht und versucht, ihre Rolle und Bedeutung im großen Schema der Existenz zu verstehen. Im Zhuangzi wird das Konzept der menschlichen Rolle in der kosmischen Ordnung mit tiefgründiger Einsicht und philosophischer Tiefe untersucht. Als fühlende Wesen, die mit Intellekt und Bewusstsein ausgestattet sind, sind Menschen nicht nur passive Beobachter, sondern aktive Teilnehmer am Geflecht universeller Harmonie. Die Perspektive des Zhuangzi betont die Übereinstimmung des menschlichen Verhaltens mit den Urprinzipien, die das Universum regieren, und plädiert für ein tugendhaftes Leben und ethisches Verhalten als wesentliche Bestandteile der Erfüllung der eigenen Rolle in der kosmischen Ordnung. Darüber hinaus erläutert der Text das Konzept des mühelosen Handelns, das eine Seinsweise im Einklang mit dem natürlichen Fluss des Kosmos beschreibt. Indem Individuen den egoistischen Impuls überwinden und Spontaneität annehmen, synchronisieren sie sich mit der kosmischen Ordnung und erfüllen ihre ihnen zugedachten Rollen ohne Zwietracht oder Widerstand. Darüber hinaus erläutert das Zhuangzi das dem menschlichen Bewusstsein innewohnende transformative Potenzial und geht davon aus, dass Selbstkultivierung und innere Verfeinerung es dem Einzelnen ermöglichen, mit der kosmischen Symphonie zu harmonieren und einen positiven Beitrag zur übergeordneten Ordnung zu leisten. Durch introspektive Reflexion und die Verfeinerung des moralischen Charakters können Menschen ihr innewohnendes Potenzial verwirklichen und die Tugenden verkörpern, die für kosmische Harmonie stehen.

Kapitel XVIII
DER LAUF DES HIMMELS

Philosophische Grundlagen der Natur:

Laut Zhuangzi ist die Natur nicht nur die äußere Umgebung, sondern umfasst die innere Ordnung und den Fluss des Universums, die über menschliche Konstruktionen und gesellschaftliche Normen hinausgehen. Sie ist eine harmonische Symphonie aus Elementen, Energien und Kräften, die zusammenwirken, um das dynamische Gewebe des Lebens zu erschaffen. Die philosophischen Grundlagen der Natur, wie sie im Zhuangzi dargestellt werden, betonen die Verbundenheit und gegenseitige Abhängigkeit aller Phänomene und heben die Fließfähigkeit und Spontaneität hervor, die natürlichen Prozessen innewohnen. Diese Perspektive lädt dazu ein, über die organische Entfaltung von Ereignissen und die mühelose Entfaltung der Existenz nachzudenken.

Andererseits geht das Naturkonzept des Zhuangzi über das Greifbare und Beobachtbare hinaus und umfasst die unaussprechlichen und mysteriösen Aspekte der Realität, die sich empirischer Erfassung entziehen. Es regt zu einer Erforschung der metaphysischen Dimensionen der natürlichen Welt an und fördert ein ganzheitliches Verständnis, das über reduktionistische und mechanistische Perspektiven hinausgeht. Im Mittelpunkt der philosophischen Grundlagen der Natur im Zhuangzi steht der Begriff des Gleichgewichts und der Balance, der das daoistische Prinzip der Harmonie mit den Rhythmen des Kosmos widerspiegelt. Die Natur in ihrer unberührten Authentizität wird zu einer Quelle der Weisheit und bietet tiefe Einblicke in das Auf und Ab der Existenz. Dieses Verständnis inspiriert den Einzelnen, sich auf das Flüstern der Natur einzustimmen und Wahrheiten aus den subtilen Nuancen der Umwelt zu gewinnen.

Wechselbeziehung zwischen Mensch und Kosmos:

Das Konzept der Verbundenheit ist durchdrungen von der grundlegenden Idee, dass die menschliche Existenz mit dem Gefüge des Universums verflochten ist. Diese Verbundenheit beschränkt sich nicht nur auf den physischen oder biologischen Bereich, sondern erstreckt sich auch auf die spirituellen, intellektuellen und metaphysischen Bereiche. Sie unterstreicht die Vorstellung, dass der Mensch kein isoliertes Wesen ist, sondern ein integraler Bestandteil des kosmischen Ganzen.

Die Interaktion zwischen Mensch und Kosmos ist durch eine dynamische Wechselwirkung gekennzeichnet, bei der beide Seiten einander beeinflussen und formen. Antike Philosophien, insbesondere der Daoismus, betonen die Harmonie und Resonanz zwischen menschlichem Leben und der natürlichen Welt. Eine solche harmonische Koexistenz bezieht sich nicht nur auf die greifbaren Elemente der Natur, sondern auch auf die unsichtbaren Kräfte, die den Kosmos regieren. Sie legt nahe, dass die Handlungen der Menschheit in den unendlichen Weiten des Universums widerhallen und einen unauslöschlichen Eindruck im kosmischen Gewebe hinterlassen.

Darüber hinaus regt die Wechselbeziehung zwischen Mensch und Kosmos zum Nachdenken über die zyklische Natur der Existenz an. Im großen Schema des Kosmos entfaltet sich das menschliche Leben als Teil eines ewigen Zyklus und spiegelt die himmlischen Rhythmen und Muster wider. Diese Erkenntnis lädt den Einzelnen dazu ein, seinen Platz in diesem kosmischen Ballett anzunehmen und seine Rolle in einem größeren kosmischen Drama anzuerkennen. Darüber hinaus erzeugt es ein Gefühl von Ehrfurcht und Demut und veranlasst den Einzelnen, über seinen Platz in der großen Architektur des Universums nachzudenken.

Die Verbundenheit von Mensch und Kosmos fördert auch ein tiefes Verantwortungsbewusstsein. Sie erfordert einen achtsamen Umgang mit der Natur und ein gewissenhaftes Bewusstsein für die Auswirkungen menschlicher Handlungen auf den größeren kosmischen Rahmen. Durch Selbstbeobachtung und Achtsamkeit können sich Menschen auf die Rhythmen des Kosmos einstimmen und ihre Absichten und Bestrebungen mit dem universellen Fluss in Einklang bringen. Diese Ausrichtung fördert einen Zustand des Gleichgewichts, in dem die Bestrebungen des Menschen mit der inhärenten Ordnung des Kosmos harmonieren und ein tiefes Gefühl von Ausgeglichenheit und Zielstrebigkeit erzeugen.

Konzept von Wu Wei in natürlicher Harmonie:

Wie bereits erwähnt, bedeutet das Konzept von Wu Wei keine Untätigkeit oder Passivität, sondern ein Handeln im Einklang mit dem natürlichen Lauf der Dinge, ohne unnötiges Streben oder gewaltsame Absichten. Dieses Prinzip plädiert dafür, sich dem spontanen Rhythmus des Universums anzupassen und das Auf und Ab der Existenz zu akzeptieren, ohne unangemessenen Widerstand zu leisten. Wu Wei zu erreichen bedeutet, einen Zustand müheloser Spontaneität zu verkörpern, in dem Handlungen organisch und harmonisch im Kontext der sich ständig verändernden Umgebung entstehen. Indem sich Individuen dem angeborenen Lauf der Natur hingeben, können sie handeln, ohne störende Wellen zu erzeugen, und sich in Gleichgewicht und Synchronizität mit der Welt um sie herum befinden. Durch die Anwendung von Wu Wei vermeidet man es, sich auf vergebliche Kämpfe gegen den Strom des Lebens einzulassen, und entscheidet sich stattdessen dafür, sich seinen Strömungen mit Anpassungsfähigkeit entgegenzustellen. Die Annahme dieses Konzepts ermöglicht es Individuen, ein tiefes Gefühl der Ruhe und des Friedens zu entwickeln und eine tiefere Verbindung mit den inneren

Mustern des Kosmos aufzubauen. Das Konzept von Wu Wei ermutigt Menschen, künstliche und gekünstelte Anstrengungen aufzugeben und sich einer authentischen und ungezwungenen Lebensweise zuzuwenden. Es lädt zu einem Wechsel von einer von externer Kontrolle und Manipulation geprägten Denkweise hin zu einer Denkweise ein, die auf der Übereinstimmung mit dem natürlichen Lauf der Dinge beruht. Im Wesentlichen fordert Wu Wei dazu auf, sich von überheblicher Handlungsfähigkeit zu lösen und zum spontanen und ungehinderten Ausdruck der eigenen innewohnenden Natur zurückzukehren. Das Praktizieren von Wu Wei fördert ein intuitives Verständnis dafür, wann man handeln und wann man sich zurückhalten sollte, was zu einem ausgewogeneren und harmonischeren Umgang mit der Welt führt. Dies gilt nicht nur für das individuelle Verhalten, sondern erstreckt sich auch auf kollektive Bestrebungen wie Regierungsführung, Beziehungen und gesellschaftliche Interaktionen. Das Annehmen des Konzepts von Wu Wei befähigt Menschen, die Beschränkungen egogetriebener Wünsche zu überwinden und ein tieferes Gefühl der Verbundenheit mit allen Aspekten der Existenz zu fördern.

Die zyklischen Muster der Existenz:

Von den wechselnden Jahreszeiten bis hin zum ewigen Kreislauf von Geburt, Wachstum, Niedergang und Erneuerung ist die zyklische Natur der Existenz eine universelle Konstante. Diese Muster bestimmen nicht nur die physische Welt, sondern beeinflussen auch die Rhythmen des menschlichen Lebens und gesellschaftliche Strukturen. Wenn wir uns mit diesen Zyklen befassen, werden wir mit dem Wesen der Zeit, der Vergänglichkeit und der Verbundenheit aller Dinge konfrontiert. Die alte daoistische Perspektive bietet Einblicke in die Akzeptanz dieser Zyklen als integrale Aspekte der Existenz und hilft so den Menschen, ihr Leben mit dem natürlichen Fluss der Ereignisse in Einklang zu bringen. Durch die

Wertschätzung zyklischer Muster erlangt man ein tieferes Verständnis für das Auf und Ab des Lebens und kann so ein zentrierteres und ausgewogeneres Leben führen. Die Untersuchung dieser zyklischen Muster regt uns an, über das Zusammenspiel von Beständigkeit und Wandel, Belastbarkeit und Anpassung sowie die transformative Kraft nachzudenken, die zyklischen Prozessen innewohnt. Indem wir diese Muster anerkennen, werden wir dazu angeregt, die Bedeutung von Kontinuität und Transformation auf unseren persönlichen und kollektiven Reisen zu überdenken. Darüber hinaus führt diese Erkundung zu einem erweiterten Bewusstsein für einen Rhythmus, der das Gefüge des Universums formt, und vermittelt ein Gefühl der Ehrfurcht vor dem vernetzten Tanz des Lebens. Das Verständnis der zyklischen Muster der Existenz fördert eine tiefe Erkenntnis der evolutionären Natur aller Dinge und hilft uns dabei, den unvermeidlichen Veränderungen und Transformationen zu begegnen, die sich im Laufe unseres Lebens entfalten.

Der Einfluss des Himmels auf das menschliche Verhalten:

Der Einfluss des Himmels und seiner Himmelskörper wie Sonne, Mond und Sterne war in vielen Kulturen im Laufe der Geschichte schon immer Gegenstand der Faszination und Kontemplation. Im Kontext philosophischer Erforschung ist die Beziehung zwischen himmlischen Phänomenen und menschlichem Verhalten von großer Bedeutung. Der traditionelle chinesische Glaube an Tian (Himmel) als eine Entität, die die grundlegenden Prinzipien von Ordnung und Harmonie regiert, erstreckt sich auf den Bereich des menschlichen Verhaltens und ethischen Handelns.

In der alten chinesischen Philosophie übte das Konzept des Tianming oder des Mandats des Himmels einen enormen Einfluss auf Herrscher und ihre Regierungsführung aus. Man glaubte, dass gerechtes und tugendhaftes Verhalten im

Einklang mit dem Willen des Himmels stand und zu Wohlstand und Stabilität des Staates führte. Umgekehrt würden unmoralische oder ungerechte Handlungen den Zorn des Himmels auf sich ziehen und zu Chaos und Aufruhr führen. Dieser Gedanke unterstreicht die entscheidende Verbindung zwischen himmlischen Kräften und dem ethischen Rahmen, der das menschliche Verhalten leitet.

Darüber hinaus bildet die Ausrichtung des menschlichen Verhaltens an den zyklischen Rhythmen der Natur, die von den Himmelskörpern vorgegeben werden, die Grundlage für die Entwicklung einer harmonischen sozialen Ordnung. Das daoistische Prinzip, natürliche Spontaneität zu akzeptieren und sich mit dem Fluss des Kosmos auszurichten, betont den tiefgreifenden Einfluss des Himmels auf das menschliche Verhalten. Diese ganzheitliche Perspektive betont die Verbundenheit aller Existenz und positioniert individuelle Handlungen im breiteren Rahmen universeller Muster.

Darüber hinaus befasst sich der klassische chinesische Text „I Ging" (Buch der Wandlungen) mit der Wechselwirkung zwischen der kosmischen Ordnung und der menschlichen Ethik und bietet Einblicke in die Dynamik des menschlichen Verhaltens im Verhältnis zum Einfluss des Himmels. Die im „I Ging" enthaltenen Hexagramme und philosophischen Weisheiten erläutern das Zusammenspiel zwischen den himmlischen und irdischen Reichen und versuchen, die moralischen Auswirkungen dieser kosmischen Verbindung zu erhellen.

Kapitel XIX
DIE DYNAMIK DES WANDELS

Der Wandel ist allgegenwärtig und lädt zu einem Tanz zwischen Kontinuität und Transformation ein. Die Konzeptualisierung der Dynamik des Wandels entfaltet eine intellektuelle Odyssee durch die Annalen der menschlichen Kontemplation und enthüllt unterschiedliche Perspektiven und philosophische Grundlagen. Im Kern beinhaltet das Verständnis der Natur des Wandels eine Erforschung zeitlicher Übergänge in verschiedenen Bereichen – von kosmischen Phänomenen bis hin zu gesellschaftlichen Metamorphosen.

Eine Facette der Konzeptualisierung dynamischer Veränderungen besteht darin, sich mit den Konzepten früher Zivilisationen und früher Weisheitstraditionen auseinanderzusetzen. Über verschiedene Kulturen und Epochen hinweg waren Interpretationen von Veränderungen von wesentlicher Bedeutung für die Entwicklung von Weltanschauungen und die Entwicklung gesellschaftlicher Normen. Diese historischen Erkenntnisse bieten ein reichhaltiges Spektrum an Erzählungen, die den Rhythmus und die Kadenz von Evolution und Revolution einfangen und so ein Mosaik von Perspektiven bieten, die das heutige Verständnis bereichern.

Aus philosophischer Sicht wird die Dynamik des Wandels durch tiefgreifende Untersuchungen der Ontologie, Epistemologie und Metaphysik untermauert. Vordenker haben sich mit dem veränderlichen Wesen der Realität auseinandergesetzt und die Fäden entwirrt, die das Gewebe der Existenz zusammenhalten. Ob es sich nun um die Paradoxien des Heraklit mit seinem „Veränderung ist die einzige Konstante im Leben" handelt, der den ständigen Zustand der Fluktuation und Entwicklung hervorhebt, der dem Universum innewohnt, oder um die Dialektik des Hegelschen Denkens – diese philosophischen Erkundungen beleben das intellektuelle Panorama und laden dazu ein, den ontologischen Status der Veränderung und ihre inhärente Beziehung zum Sein zu betrachten.

In China war die Vorstellung kosmischer Zyklen tief im philosophischen und spirituellen Gefüge der Gesellschaft verwurzelt. Der Einfluss von Yin-Yang und den Fünf Elementen unterstrich die Verbundenheit natürlicher Phänomene und die zyklische Natur der Existenz. Diese ganzheitliche Perspektive trug zur Entwicklung der traditionellen chinesischen Medizin, des Feng Shui und des Konzepts der historischen Wiederkehr bei, wie die dynastischen Zyklen der chinesischen Kaisergeschichte belegen.

Auch die griechisch-römische Tradition beschäftigte sich mit kosmischen Zyklen, wie man in den Werken von Philosophen wie Heraklit und Platon sehen kann. Heraklit erläuterte die Idee des ständigen Wandels, zusammengefasst in seinem berühmten Aphorismus: „Man kann nicht zweimal in denselben Fluss steigen." Platon hingegen befasste sich mit dem metaphysischen Bereich und erforschte die zyklische Natur der Seele und ihrer Reinkarnation anhand der Anamnese-Lehre.

Darüber hinaus kam es im Mittelalter zu einer Verschmelzung klassischer Weisheit mit christlicher Theologie, was zur Entstehung des Konzepts der Großen Kette des Seins und der göttlichen Ordnung des Kosmos führte. Diese Weltanschauung umfasste die göttliche Orchestrierung kosmischer Zyklen und spiegelte Vorstellungen von Schöpfung, Sündenfall und Erlösung wider, die Kunst, Literatur und theologische Diskurse durchdrangen.

Im östlichen Denken legte die indische Philosophie die ewige Wiederkehr der Zeit dar und erläuterte das Konzept der

Kalpas und die zyklische Natur der Geburt, Existenz und Auflösung des Universums. Die Verbundenheit kosmischer Zyklen mit Konzepten von Karma und Wiedergeburt durchdrang das spirituelle Gewebe der indischen Zivilisation.

Andererseits dienen natürliche Transformationen als Demonstration der unaufhörlichen Dynamik, die dem Gefüge der Existenz innewohnt. Die Beobachtung dieser Metamorphosen ermöglicht es uns, das Gleichgewicht zwischen Kontinuität und Evolution zu erkennen. Wenn wir den Lebenszyklus eines Schmetterlings erforschen, werden wir Zeuge des faszinierenden Prozesses der Metamorphose vom Ei zur Larve, dann zur Puppe, die in der Entstehung eines prächtigen geflügelten Geschöpfs gipfelt. Diese bemerkenswerte Transformation symbolisiert die Widerstandsfähigkeit und Anpassungsfähigkeit, die zum Überleben in einer sich ständig verändernden Welt erforderlich sind. Darüber hinaus sind die geologischen Formationen unseres Planeten Zeugnisse der Metamorphose, die die Erde über riesige Zeiträume durchläuft. Von der allmählichen Erosion majestätischer Berge bis zur ehrfurchtgebietenden Entstehung neuer Landmassen durch vulkanische Aktivität unterstreichen diese Naturphänomene die unaufhaltsamen Kräfte der Veränderung, die unsere Welt formen. Der Lebenszyklus eines Samens, der zu einer blühenden Pflanze sprießt, verkörpert die Essenz der Verjüngung und des Wachstums, die in natürlichen Transformationen implizit enthalten sind. Darüber hinaus veranschaulichen Ebbe und Flut den rhythmischen Tanz der Transformation, der von elementaren Kräften orchestriert wird.

Menschliches Verständnis zeitlicher Verschiebungen:

Das menschliche Verständnis zeitlicher Veränderungen umfasst die kognitiven, emotionalen und existenziellen Reaktionen auf die sich ständig ändernde Natur der Zeit. Dieses vielschichtige Konzept befasst sich mit der Wahrnehmung und

Interpretation des Zeitablaufs durch den Einzelnen sowie mit seinen Reaktionen auf zeitliche Übergänge und Schwankungen. Unser Verständnis zeitlicher Veränderungen ist tief in kulturellen, psychologischen und philosophischen Rahmenbedingungen verwurzelt und beeinflusst unsere Ansichten über Kontinuität, Veränderung und die Bedeutung zeitlicher Erfahrungen.

Aus psychologischer Sicht ist die menschliche Wahrnehmung zeitlicher Veränderungen oft mit subjektiven Interpretationen der Zeit verbunden, darunter die Wahrnehmung des Zeitablaufs, die Kategorisierung von Ereignissen als Vergangenheit, Gegenwart oder Zukunft und die Projektion erwarteter Ergebnisse. Darüber hinaus tragen kognitive Verzerrungen und Heuristiken zur Gestaltung zeitlicher Veränderungen bei und prägen unsere Erwartungen und Reaktionen auf zeitliche Veränderungen.

Emotional können zeitliche Verschiebungen ein Spektrum von Gefühlen hervorrufen, das von Nostalgie für die Vergangenheit bis hin zu Vorfreude oder Angst vor der Zukunft reicht. Menschen kämpfen oft damit, Gefühle der Wertschätzung für vergangene Momente mit der Unsicherheit oder Hoffnung für das, was vor ihnen liegt, in Einklang zu bringen. Existenziell wirft die Betrachtung zeitlicher Verschiebungen tiefgreifende Fragen über die Natur der Existenz, die Vergänglichkeit des Lebens und die Suche nach Sinn inmitten des Auf und Ab der Zeit auf.

Philosophische Perspektiven beleuchten die Zeitlichkeit noch weiter und vertiefen sich in Themen wie die Flüchtigkeit der Zeit, das menschliche Streben nach Beständigkeit im Vergänglichen und die Verflechtung persönlicher Erzählungen mit dem größeren Gefüge der historischen und kosmischen Zeit. Bei der Erforschung des menschlichen Verständnisses zeitlicher Veränderungen wird deutlich, dass diese

Wahrnehmungen und Reaktionen integrale Aspekte der menschlichen Erfahrung sind und nicht nur das individuelle Denken und Verhalten, sondern auch umfassendere kulturelle, soziale und historische Paradigmen prägen.

Wechselspiel zwischen Stabilität und Instabilität:

Stabilität vermittelt zwar ein Gefühl von Sicherheit und Vorhersehbarkeit, wird aber oft durch die zerstörerische Kraft der Instabilität ergänzt, die Fortschritt und Wandel vorantreibt. Dieser Tanz gegensätzlicher Kräfte prägt Zivilisationen, Gesellschaften und Individuen und treibt sie zu Wachstum und Anpassung. Stabilität bildet die Grundlage für Entwicklung, ermöglicht es Strukturen, zu bestehen und Zivilisationen zu gedeihen. Sie fördert Kontinuität und Zusammenhalt und ermöglicht gemeinsame Anstrengungen und langfristige Planung. Unkontrollierte Stabilität kann jedoch zu Stagnation und Selbstzufriedenheit führen und so Innovation und Anpassungsfähigkeit behindern. Auf der anderen Seite führt Instabilität das Element der Veränderung ein, stellt etablierte Normen in Frage und regt kreative Reaktionen an. Sie dient als Katalysator für die Evolution, bricht veraltete Systeme auf und fördert Erneuerung. Übermäßige Instabilität kann jedoch zu Chaos und Unordnung führen, die soziale Ordnung stören und den Fortschritt behindern.

Das Verständnis des Gleichgewichts zwischen diesen gegensätzlichen Kräften ist für die Bewältigung menschlicher Bestrebungen von entscheidender Bedeutung. Gesellschaften, die nachhaltigen Fortschritt anstreben, müssen das Bedürfnis nach Stabilität mit der Notwendigkeit der Akzeptanz von Veränderungen in Einklang bringen. Um dieses Gleichgewicht zu erreichen, sind kluge Regierungsführung, visionäre Führung und eine widerstandsfähige Bevölkerung erforderlich. Die Pflege einer Kultur der Widerstandsfähigkeit und des agilen Denkens ermöglicht es Einzelpersonen und Gesellschaften, inmitten von Unsicherheit und Umwälzungen zu gedeihen. Periodische Instabilität als Chance für Wachstum und nicht als Bedrohung zu begreifen, ist ein Kennzeichen reifer Gesellschaften. Das Anerkennen der inhärenten Spannung zwischen Stabilität und Instabilität befähigt Einzelpersonen, turbulenten Zeiten mit Stärke und Kreativität entgegenzutreten. Durch eine bewusste Abstimmung dieser gegensätzlichen Kräfte können Gesellschaften die Energie des Wandels nutzen, um nachhaltigen Fortschritt voranzutreiben und ihr volles Potenzial inmitten der sich ständig entfaltenden Strömungen der Geschichte auszuschöpfen.

Praktische Auswirkungen von Revolutionen:

Das Konzept der Revolutionen, ob aus kosmischer oder gesellschaftlicher Perspektive betrachtet, hat tiefgreifende praktische Auswirkungen auf unser Verständnis von Veränderung und Fortschritt. In der Natur manifestieren sich Revolutionen in Zyklen von Wachstum, Verfall und Regeneration und formen über lange Zeiträume hinweg Ökosysteme und geologische Formationen. Darüber hinaus veranlasst uns die Erkenntnis der Unvermeidlichkeit von Revolutionen, die Bedeutung von Anpassungsfähigkeit und Belastbarkeit in unserem Privat- und Berufsleben zu bedenken.

Wenn wir die dynamische Natur von Revolutionen im Bereich menschlicher Gesellschaften erkennen, können wir Zeiten des Umbruchs und der Unsicherheit mit mehr Einsicht und strategischer Weitsicht begegnen. Durch die Untersuchung historischer Revolutionen und ihrer Auswirkungen können wir wiederkehrende Muster erkennen und Strategien entwickeln, um positive Veränderungen zu fördern und gleichzeitig negative Auswirkungen abzumildern. Dieses Verständnis ermöglicht es uns, kulturelle und wirtschaftliche Veränderungen vorherzusehen und uns darauf vorzubereiten, was zu flexibleren und robusteren Systemen führt.

Darüber hinaus können Organisationen und Einzelpersonen durch ein Bewusstsein für Revolutionen die Kraft von Innovation und Kreativität nutzen, um positive Veränderungen voranzutreiben. Revolutionen als inhärente Bestandteile des Fortschritts zu akzeptieren, führt zu einer proaktiven Denkweise, die uns ermutigt, inmitten von Herausforderungen nach Chancen zu suchen und Umgebungen zu fördern, die Anpassung und Wachstum fördern. Durch die Annahme flexibler und integrativer Ansätze sind wir besser gerüstet, um den Anforderungen einer sich rasch verändernden Welt gerecht zu werden und den Grundstein für nachhaltige Entwicklung und kollektiven Fortschritt zu legen.

Die praktischen Auswirkungen von Revolutionen gehen über unmittelbare Reaktionen auf Veränderungen hinaus – sie umfassen eine tiefere Erkenntnis der Verbundenheit aller Facetten der Existenz. Wenn wir uns bemühen, globale Probleme wie Klimawandel, soziale Ungleichheit und technologische Umbrüche anzugehen, ist es zwingend erforderlich, die Lehren aus Revolutionen zu integrieren.

Die Rolle der Anpassung im Wandel:

Im Laufe der Geschichte waren Gesellschaften, Ökosysteme und Individuen gezwungen, sich an sich verändernde Umgebungen anzupassen, sowohl natürliche als auch gesellschaftliche. Anpassung beinhaltet im Kern die Fähigkeit, sich an neue Umstände und Bedingungen anzupassen. Im Grunde umfasst sie ein Spektrum von Reaktionen, das von Verhaltens- und physiologischen Anpassungen bei lebenden Organismen bis hin zu strategischen und innovativen Transformationen in menschlichen Gesellschaften reicht. Der Anpassungsprozess verläuft oft parallel zur Manifestation von Revolutionen, da die Wesen in schwankenden Landschaften nach einem Gleichgewicht suchen.

Die Untersuchung des Zusammenspiels zwischen Anpassung und Veränderung liefert überzeugende Einblicke in Belastbarkeit, Evolution und Nachhaltigkeit. Die Natur selbst ist ein Beispiel für die Kunst der Anpassung, indem sich Arten durch genetische Mutationen und Verhaltensänderungen an Umweltveränderungen anpassen. In ähnlicher Weise durchlaufen menschliche Gesellschaften Anpassungsprozesse als Reaktion auf geopolitische Umwälzungen, technologische Fortschritte und kulturelle Evolution. Das Studium der Anpassung wird somit zu einer Linse, durch die wir die transformativen Kräfte verstehen können, die unsere Welt formen.

Darüber hinaus geht die Rolle der Anpassung an Veränderungen über das bloße Überleben hinaus; sie verkörpert die Fähigkeit, unter unterschiedlichen Umständen zu gedeihen. Von der biologischen Vielfalt, die die Widerstandsfähigkeit von Ökosystemen fördert, bis hin zur kulturellen Anpassungsfähigkeit, die den gesellschaftlichen Fortschritt vorantreibt, fördert Anpassung nicht nur Stabilität, sondern auch Innovation. Wenn wir Anpassung verstehen, gewinnen wir ein Verständnis für die Widerstandsfähigkeit, die Veränderungen innewohnt.

Darüber hinaus überschneiden sich die Dynamiken der Anpassung mit der menschlichen Psyche und stellen psychologische und emotionale Dimensionen der Belastbarkeit dar. Individuen erleben persönliche Übergänge und lebensverändernde Ereignisse, indem sie ihre Überzeugungen, Einstellungen und Verhaltensweisen anpassen. Bewältigungsmechanismen, kognitive Flexibilität und emotionale Intelligenz verkörpern die menschliche Fähigkeit, sich anzupassen und weiterzuentwickeln. Die Erforschung dieser menschlichen Dimensionen der Anpassung bereichert unser Verständnis von individuellem Wachstum und gesellschaftlichen Dynamiken.

Kapitel XX
DIE GEFAHREN STARRER IDEOLOGIEN

Die menschliche Psychologie spielt eine entscheidende Rolle bei der Bildung und Aufrechterhaltung fest verwurzelter Meinungen. Das Phänomen fest verwurzelter Ideologien resultiert aus der Funktionsweise des menschlichen Geistes und umfasst kognitive, emotionale und soziale Aspekte. Im Kern dieses Problems liegt das Konzept der kognitiven Verzerrungen – die systematischen Muster der Abweichung von der Rationalität im Urteil, die oft von subjektiven Wahrnehmungen und individuellen Erfahrungen beeinflusst werden.

Eine der wichtigsten psychologischen Ursachen fest verwurzelter Meinungen ist der Bestätigungsfehler. Dabei suchen Menschen nach Informationen, die mit ihren bereits bestehenden Überzeugungen übereinstimmen, und ignorieren widersprüchliche Beweise. Diese selektive Informationsaufnahme verstärkt bestehende Überzeugungen und verhindert die Akzeptanz alternativer Standpunkte. Darüber hinaus trägt der Ankerfehler zur Hartnäckigkeit fest verwurzelter Meinungen bei, da Menschen bei der Urteilsbildung dazu neigen, sich stark auf die anfänglich erhaltenen Informationen zu verlassen, selbst wenn ihnen neue Daten vorgelegt werden.

Auf emotionaler Ebene sind tief verwurzelte Meinungen mit dem Konzept der identitätsschützenden Kognition verknüpft – einem Phänomen, bei dem die Bindung von Menschen an bestimmte Überzeugungen mit ihrem Selbstwertgefühl und ihrer Identität verknüpft ist. Folglich wird jede Herausforderung dieser Überzeugungen als persönliche Bedrohung wahrgenommen und löst Abwehrreaktionen aus, die die bestehende ideologische Haltung stärken.

Die sozialen Dynamiken, die tief verwurzelte Meinungen umgeben, sind ebenso einflussreich, da die Theorie der sozialen Identität die Tendenz von Individuen hervorhebt, sich den Überzeugungen ihrer sozialen Gruppen anzupassen, um ein Gefühl der Zugehörigkeit und Bestätigung aufrechtzuerhalten. Dieses Phänomen trägt zur Aufrechterhaltung fester Ideologien innerhalb von Gemeinschaften und gesellschaftlichen Strukturen bei.

Gesellschaftliche Auswirkungen unnachgiebiger Doktrinen:

Unnachgiebige Doktrinen und starre Ideologien haben im Laufe der Geschichte tiefgreifende gesellschaftliche Auswirkungen gehabt und die Entwicklung von Zivilisationen geprägt und verändert. Diese doktrinäre Starrheit kann zu Konflikten und Spaltungen innerhalb von Gesellschaften führen, da Einzelpersonen leidenschaftlich an ihren Überzeugungen festhalten, oft auf Kosten von Verständnis und Zusammenarbeit. In Gesellschaften, in denen fest verwurzelte Dogmen vorherrschen, herrscht oft eine starke Polarisierung zwischen verschiedenen Gruppen, die den Fortschritt behindert und Feindseligkeiten schürt. Solche Spaltungen können zu sozialen Unruhen eskalieren und den gemeinsamen Fortschritt von Gemeinschaften und Nationen behindern.

Die Geschichte zeugt von den erheblichen Auswirkungen unnachgiebiger Doktrinen auf die gesellschaftliche Dynamik. In verschiedenen Kulturen und Epochen hat die Aufrechterhaltung starrer Ideologien zu tiefsitzenden Spannungen beigetragen, die durch das unerschütterliche Festhalten an bestimmten Glaubenssätzen verursacht wurden. Dies hat sich in verschiedenen Formen manifestiert, von religiösen Konflikten und sektiererischer Gewalt bis hin zu ideologischen Spaltungen, die Gesellschaften entlang politischer oder philosophischer Bruchlinien gespalten haben. Die Auswirkungen einer solchen Unnachgiebigkeit sind weitreichend: Sie beeinträchtigen den sozialen Zusammenhalt, ersticken den intellektuellen Diskurs und verhindern Innovation und Fortschritt.

Darüber hinaus kann die Verwurzelung unnachgiebiger Doktrinen Andersdenken und kritisches Denken unterdrücken und so das Wachstum und die Entwicklung der Gesellschaft behindern. Wenn die Zugehörigkeit zu einer bestimmten Ideologie unhinterfragt wird, unterdrückt sie alternative Perspektiven, was zu einem vereinheitlichten Weltbild führt, das sich Veränderungen widersetzt. Dieser Widerstand behindert die Entstehung neuer Ideen und erschwert die Erforschung unkonventioneller Lösungen für gesellschaftliche Herausforderungen. Folglich laufen Gesellschaften, die durch unnachgiebige Doktrinen eingeschränkt sind, Gefahr zu stagnieren, sich nicht an veränderte Umstände anzupassen und Chancen auf Fortschritt zu verpassen.

Die Auswirkungen doktrinärer Starrheit gehen über den Bereich der Ideen hinaus und durchdringen verschiedene Facetten gesellschaftlichen Funktionierens, darunter Regierungsführung, Bildung und kultureller Ausdruck. Wenn Ideologien erstarren, üben sie Einfluss auf die Politikgestaltung aus, was möglicherweise zu diskriminierenden Gesetzen und Praktiken führt, die Gleichheit und Gerechtigkeit untergraben. Ebenso können Bildungssysteme von fest verwurzelten Doktrinen geprägt sein, die die Verbreitung vielfältigen Wissens einschränken und die akademische Freiheit beschneiden. Darüber hinaus können die Künste und kulturelle Ausdrucksformen unterdrückt werden, da kreative Bestrebungen durch präskriptive Ideologien behindert werden, die akzeptable Ausdrucksformen diktieren.

Die Schnittstelle von Tradition und Innovation:

Während sich Gesellschaften weiterentwickeln, bieten Traditionen einen stabilen Rahmen, der ein Gefühl von Kontinuität und Identität fördert. Das Fortbestehen fester Ideologien innerhalb dieser Traditionen kann jedoch unbeabsichtigt den Fortschritt hemmen und die Aufnahme neuer Ideen behindern. Dieses Phänomen führt häufig zu Widerstand oder Skepsis gegenüber innovativen Konzepten und stellt eine erhebliche Herausforderung für den gesellschaftlichen Fortschritt dar. Es ist unerlässlich, die in der Tradition innewohnenden Werte zu schätzen und gleichzeitig die Notwendigkeit von Innovationen zu akzeptieren.

Traditionelle Weisheit dient als Fundgrube kulturellen Wissens und historischer Erkenntnisse und bietet wertvolle Orientierungshilfe für das Leben. Wenn sich traditionelle Überzeugungen jedoch verfestigen und sich gegen Veränderungen sträuben, können sie die Anpassungsfähigkeit behindern und die Erforschung alternativer Perspektiven verhindern. Die Bewahrung der Tradition sollte die Erforschung neuer Möglichkeiten nicht ausschließen; vielmehr sollte sie eine symbiotische Beziehung zur Innovation fördern.

Umgekehrt treibt Innovation die Gesellschaft voran, indem sie Kreativität, Entdeckungen und technologischen Fortschritt fördert. Die Akzeptanz von Innovation ermöglicht die Anpassung an neue Herausforderungen und Chancen und bereichert das kulturelle Gefüge mit frischen Ideen und Ansätzen. Unkontrollierte Innovation kann jedoch dazu führen, dass die Verankerung in grundlegenden Werten und ethischen Prinzipien verloren geht. Daher ist ein harmonisches Zusammenleben von Tradition und Innovation von größter Bedeutung – ein Gleichgewicht, das Entwicklung ermöglicht, ohne die in der Tradition enthaltene Weisheit zu opfern.

Diese Schnittstelle erfordert eine sorgfältige Prüfung der Grundprinzipien, die sowohl Tradition als auch Innovation zugrunde liegen. Indem wir den inneren Wert beider anerkennen und ihre scheinbar unterschiedlichen Eigenschaften in Einklang bringen, kann die Gesellschaft ihre komplementären Stärken nutzen. Die Pflege einer Umgebung, in der Tradition und Innovation harmonisch zusammentreffen, fördert ein Ethos des kontinuierlichen Wachstums und ermöglicht die Bewahrung althergebrachter Weisheiten und gleichzeitig die Akzeptanz transformativen Fortschritts. Diese Synergie lädt zu einer Renaissance des Denkens und Handelns ein, stellt die Bewahrung des kulturellen Erbes sicher und reagiert dynamisch auf aktuelle Herausforderungen und Bestrebungen.

Wege zur Aufgeschlossenheit:

Um Aufgeschlossenheit zu fördern, ist es unerlässlich, die inhärenten Vorurteile, die unsere Perspektiven oft trüben, anzuerkennen und anzugehen. Vorurteile, ob bewusst oder unbewusst, können unsere Fähigkeit, neue Ideen, alternative Sichtweisen und unterschiedliche Erfahrungen anzunehmen, erheblich beeinträchtigen. Das Überwinden von Vorurteilen erfordert einen bewussten und introspektiven Ansatz sowie die Bereitschaft, tief verwurzelte Annahmen in Frage zu stellen.

Ein entscheidender Weg zur Aufgeschlossenheit ist die Praxis des aktiven Zuhörens. Durch aktives, aufmerksames und einfühlsames Zuhören können Menschen ihre vorgefassten Meinungen überwinden und die Einsichten und Erzählungen anderer wirklich verstehen. Dieser Prozess fördert nicht nur das gegenseitige Verständnis, sondern ermöglicht auch den Abbau tief verwurzelter Vorurteile, die zuvor einen sinnvollen Diskurs behindert haben könnten. Darüber hinaus ist die Entwicklung der Fähigkeit zur intellektuellen Empathie – der Fähigkeit, unterschiedliche Perspektiven wahrzunehmen und zu schätzen, ohne sie notwendigerweise zu übernehmen –

entscheidend für die Erweiterung des eigenen geistigen Horizonts.

Darüber hinaus dient die Förderung intellektueller Bescheidenheit als Grundprinzip für das Streben nach Aufgeschlossenheit. Bescheidenheit ermöglicht es dem Einzelnen, die Grenzen seines eigenen Wissens und Verständnisses anzuerkennen und so Raum für kontinuierliches Lernen und Empfänglichkeit für alternative Sichtweisen zu schaffen.

Selbstreflexion erweist sich als unverzichtbares Instrument auf dem Weg zur Aufgeschlossenheit. Indem sie Einzelpersonen dazu ermutigt, ihre eigenen Vorurteile, Annahmen und Überzeugungen zu hinterfragen, bietet Selbstreflexion Möglichkeiten zur persönlichen Weiterentwicklung und zur Entwicklung einer integrativeren Denkweise. Darüber hinaus kann die Auseinandersetzung mit unterschiedlichen Perspektiven durch Literatur, Kunst, interkulturellen Austausch und interdisziplinäre Studien erheblich dazu beitragen, die kognitive Flexibilität zu erweitern und einen Geist offener Forschung zu fördern.

Kapitel XXI
MENSCH UND NATUR

Angeborene Natur:

In klassischen Texten ist das Konzept der angeborenen Natur eng mit dem Begriff der Natürlichkeit und Spontaneität verknüpft. Es bezieht sich auf die inhärenten, unverfälschten Eigenschaften, die ein Mensch von Geburt an besitzt und die unbefleckt von äußeren Einflüssen sind. Die grundlegenden Prinzipien, die die angeborene Natur definieren, lassen sich auf die alte chinesische Philosophie zurückführen, insbesondere auf die Lehren des Daoismus und Konfuzius. Diesen Texten zufolge verkörpert die angeborene Natur die wahre Essenz des Wesens eines Menschen, die durch Harmonie, Ausgeglichenheit und Integrität gekennzeichnet ist. Dieser natürliche Zustand steht in perfekter Übereinstimmung mit der kosmischen Ordnung oder dem Dao und spiegelt die Verbundenheit aller Dinge im Universum wider.

Darüber hinaus wird die angeborene Natur oft mit der Idee der Authentizität in Verbindung gebracht, was darauf hindeutet, dass Menschen ihr volles Potenzial entfalten können, indem sie sich an ihren angeborenen Veranlagungen und Tugenden orientieren. Im Kern dieser Vorstellung liegt der Glaube an die Reinheit der eigenen ursprünglichen Konstitution, frei von den korrumpierenden Einflüssen gesellschaftlichen Drucks und Konditionierung. Die klassischen Texte erläutern die Bedeutung der Anerkennung und Pflege der eigenen angeborenen Natur als Weg zur Erlangung moralischer Verfeinerung und spiritueller Erleuchtung. Sie betonen die Kultivierung von Tugenden wie Mitgefühl, Bescheidenheit und Aufrichtigkeit, die als inhärente Eigenschaften des unverdorbenen menschlichen Geistes gelten.

Andererseits betonen die philosophischen Grundlagen des Konzepts der angeborenen Natur die Bedeutung spontanen Handelns und Nicht-Strebens und plädieren für eine natürliche und mühelose Art, in der Welt zu sein. Durch die Ausrichtung auf die eigene angeborene Natur werden Menschen ermutigt, sich authentisch und im Einklang mit dem Rhythmus des Universums mit dem Leben auseinanderzusetzen.

Natürliche Reinheit:

Natürliche Reinheit, wie sie in den Lehren von Zhuangzi vertreten wird, verkörpert ein ganzheitliches Verständnis der menschlichen Natur in ihrem ursprünglichen Zustand. Dieses Konzept befasst sich mit der angeborenen Essenz des Individuums, die nicht von äußeren Kräften oder gesellschaftlichen Konstrukten beeinflusst oder verdorben wird. Zhuangzi geht davon aus, dass jedes Individuum mit inhärenter Güte und Reinheit geboren wird, ähnlich einer unbefleckten Quelle, die aus den Tiefen des eigenen Wesens sprudelt. Diese natürliche Reinheit verkörpert Authentizität, unverfälscht durch die Launen der Außenwelt.

Der Begriff der natürlichen Reinheit umfasst auch die Harmonie zwischen dem Individuum und dem Kosmos. Er betont die Ausrichtung des eigenen inneren Selbst auf die Verbundenheit aller Dinge und vermittelt ein Gefühl der Ruhe und des Gleichgewichts. Der unberührte Zustand der natürlichen Reinheit schwingt mit dem ungestörten Fluss eines unberührten Flusses mit, der von den Machenschaften der Menschheit unberührt bleibt. Diese innewohnende Reinheit dient als Leitprinzip und erhellt den Weg zur echten Selbstfindung und -verwirklichung.

Darüber hinaus untermauert natürliche Reinheit die Idee moralischer Integrität und ethischen Verhaltens. Sie fördert einen moralischen Kompass, der auf Aufrichtigkeit und Mitgefühl beruht und frei von Vortäuschung oder Künstlichkeit ist. Im Streben nach natürlicher Reinheit kultivieren Menschen tugendhafte Charakterzüge, die aus dem Innersten ihres Wesens kommen und oberflächliche gesellschaftliche Normen überschreiten. Diese ethisch aufrichtige Haltung steht im Einklang mit dem daoistischen Prinzip des Wu Wei und plädiert für müheloses Handeln im Einklang mit der natürlichen Ordnung der Existenz.

Darüber hinaus überschneidet sich natürliche Reinheit mit dem umfassenderen Thema der Transzendenz, das die Transzendenz weltlicher Sorgen und die Verwirklichung des eigenen höheren Potenzials bedeutet. Zhuangzis Philosophie verdeutlicht, dass Menschen durch die Annahme natürlicher Reinheit die Grenzen konventioneller Weisheit überschreiten und grenzenlose Möglichkeiten ergreifen können. Diese Transzendenz bringt einen tiefgreifenden Perspektivwechsel mit sich, der es Menschen ermöglicht, die Welt durch eine ungetrübte Linse wahrzunehmen, frei von den Verzerrungen egogetriebener Wünsche und Bindungen.

Verzerrungen und Abweichungen von der ursprünglichen Natur:

Das Konzept der Verzerrungen und Abweichungen von der eigenen ursprünglichen Natur bezieht sich auf die Art und Weise, in der Individuen aufgrund verschiedener innerer und äußerer Einflüsse von ihrem angeborenen, authentischen Selbst abweichen. Diese Einflüsse können von gesellschaftlichen Erwartungen und Zwängen bis hin zu persönlichen Wünschen und Bindungen reichen. Die Unfähigkeit, an der eigenen ursprünglichen Natur festzuhalten, führt oft zu inneren Konflikten und Dissonanzen in einem selbst. Zhuangzi betont, dass Individuen diese Verzerrungen und Abweichungen erkennen müssen, um sich auf die Reise der Selbstfindung zu begeben und letztendlich Harmonie zu erreichen.

Verzerrungen können sich in Form von Anhaftung an materiellen Besitztümern, Streben nach Macht oder Konformität mit gesellschaftlichen Normen manifestieren, was alles zu einer Fehlausrichtung mit dem wahren Wesen einer Person führt. Darüber hinaus können der Druck des modernen Lebens und der ständige Fluss äußerer Reize diese Verzerrungen noch verstärken, wodurch es für Individuen zunehmend schwieriger wird, ihrer ursprünglichen Natur treu zu bleiben. In seinen Lehren bietet Zhuangzi tiefe Einblicke in die schädlichen Auswirkungen einer Abweichung von der eigenen angeborenen Natur und behauptet, dass dies zu spirituellem Ungleichgewicht und Unglück führt. Durch das Erkennen und Verstehen dieser Verzerrungen können Menschen ein gesteigertes Selbstbewusstsein entwickeln, das es ihnen ermöglicht, den Weg der Wiederherstellung einzuschlagen und sich mit ihrer ursprünglichen Natur in Einklang zu bringen.

Rolle der Selbstkultivierung und Meditation:

Selbstkultivierung und Meditation spielen eine wesentliche Rolle im Prozess der Wiederherstellung der angeborenen Natur, wie es in Zhuangzis Philosophie dargelegt wird. Das Konzept der Selbstkultivierung beinhaltet eine kontinuierliche und bewusste Anstrengung, den eigenen Charakter zu verfeinern, das innere Selbst zu nähren und eine spirituelle Transformation zu erreichen. Ein wichtiger Aspekt der Selbstkultivierung ist die Kultivierung von Achtsamkeit und Bewusstsein, bei der Menschen lernen, ihre Gedanken und Emotionen ohne Anhaftung oder Urteil zu beobachten. Indem Menschen durch Meditation einen Zustand innerer Stille und Ruhe kultivieren, können sie Einblick in die Funktionsweise ihres eigenen Geistes gewinnen und ein tieferes Verständnis ihrer angeborenen Natur entwickeln.

Zhuangzi betont die Bedeutung der Meditation als Mittel, um sich mit dem natürlichen Fluss der Existenz in Einklang zu bringen. Durch kontemplative Übungen können sich Menschen von den Fesseln gesellschaftlicher Konditionierung und äußerer Einflüsse befreien und sich so wieder mit ihrer inneren Natur verbinden und mit dem Dao harmonieren. Dieser Prozess der Selbstbeobachtung und Selbstreflexion ermöglicht es dem Menschen, das Ego zu überwinden und ein Gefühl innerer Freiheit zu erlangen, unbelastet von Wünschen und Ängsten.

Darüber hinaus dienen Selbstkultivierung und Meditation als transformative Werkzeuge, die es dem Einzelnen ermöglichen, Tugenden wie Mitgefühl, Demut und Weisheit zu kultivieren. Durch die Reinigung von Herz und Geist können Menschen die Eigenschaften von Güte und Integrität verkörpern und so zum harmonischen Zusammenleben aller Wesen beitragen. Die Praxis der Meditation fördert emotionale Belastbarkeit und geistige Klarheit und verleiht dem Einzelnen die Fähigkeit, den Herausforderungen des Lebens mit Gleichmut zu begegnen.

Kapitel XXII
PERSPEKTIVE UND RELATIVITÄT

Die Symbolik des Wassers:

Wasser ist ein allgegenwärtiges Element in der philosophischen und literarischen Landschaft von Zhuangzis Werk und symbolisiert den natürlichen Zustand der Existenz und die Fließfähigkeit des Lebens. Wasser dient als Metapher für das Dao und stellt das Grundprinzip dar, das aller Existenz zugrunde liegt. So wie Wasser ohne Widerstand fließt und sich den Konturen seiner Umgebung anpasst, so sollten auch Menschen danach streben, mit den natürlichen Rhythmen der Existenz zu harmonieren. Darüber hinaus verkörpert die Fähigkeit des Wassers, sich anzupassen und zu verwandeln, sei es in Form von Regen, Nebel oder Wellen, das Konzept der ständigen Veränderung und Transformation, ein zentraler Grundsatz in Zhuangzis Denken.

Die symbolische Bedeutung von Wasser ist auch tief in der chinesischen Kultur- und Philosophiegeschichte verwurzelt, wo es oft mit dem Fluss der Zeit, der Vergänglichkeit und der zyklischen Natur der Existenz in Verbindung gebracht wird. In Zhuangzis allegorischen Erzählungen wird Wasser häufig als Lehrer dargestellt, der durch seine natürlichen Eigenschaften Weisheit vermittelt. Beispielsweise unterstreicht der berühmte Dialog zwischen dem Philosophen und dem Fisch die Idee, mit dem Strom zu schwimmen und die eigene innewohnende Natur anzunehmen, ähnlich wie die anpassungsfähige Natur des Wassers. Durch diese Allegorien lädt Zhuangzi uns ein, über die Bedeutungsebenen nachzudenken, die der Symbolik des Wassers innewohnen, und fördert so ein tieferes Verständnis der menschlichen Existenz und der natürlichen Welt.

Darüber hinaus steht die tiefgründige Symbolik des Wassers in Zhuangzis Werk im Einklang mit zeitgenössischen Diskussionen über Nachhaltigkeit, Anpassungsfähigkeit und Belastbarkeit. Es regt den Einzelnen dazu an, über seine Beziehung zur Umwelt nachzudenken, und bietet Einblicke, wie man den wechselnden Gezeiten des Lebens begegnen kann. Darüber hinaus fasst Zhuangzis Hauptthema „Herbstwasser" die Essenz von Fluidität, Veränderung und dem ständigen Fluss der Natur zusammen, symbolisiert gleichzeitig die inhärente Harmonie und Anpassungsfähigkeit, die in der natürlichen Welt offensichtlich ist, und stellt das Auf und Ab der Existenz dar. Darüber hinaus dient es als metaphorischer Kanal zum Verständnis der sich ständig ändernden Dynamik des Lebens und des inhärenten Wechselspiels zwischen Harmonie und Turbulenz.

Dialog zwischen Fluss und Meer:

Wenn man den Dialog zwischen Fluss und Meer im Kontext von Zhuangzis „Herbstgewässern" betrachtet, muss man sich mit dem Wechselspiel zwischen Natur und menschlichem Dasein befassen. Der allegorische Dialog zwischen Fluss und Meer dient als tiefgründige Metapher für die Dynamik der Existenz und die Beziehung zwischen dem Individuum und dem Unendlichen. Während der Fluss über seine Grenzen nachdenkt und sich nach einem höheren Ziel sehnt, verkörpert das Meer eine grenzenlose Weite und symbolisiert das enorme Potenzial, das in der Annahme der natürlichen Ordnung steckt. Dieser ergreifende Austausch regt zu einer tiefen Selbstbetrachtung der Natur menschlicher Bestrebungen und der durch Wahrnehmung und gesellschaftliche Normen auferlegten Beschränkungen an. Durch diesen Dialog fordert Zhuangzi uns auf, über die Sinnlosigkeit des Strebens nach Größe nachzudenken, ohne die inhärente Schönheit und Bedeutung unserer unmittelbaren Umgebung anzuerkennen. Der Wunsch des Flusses, dem Meer nachzueifern, unterstreicht die ewige Suche der Menschheit nach Erfüllung und Transzendenz. Die Weisheit des Meeres liegt jedoch in seiner Stille und Akzeptanz und verkörpert Zufriedenheit mit seiner unveränderlichen Natur. Dieser philosophische Diskurs fasst die Essenz von Zhuangzis Lehren zusammen – er plädiert für ein harmonisches Zusammenleben mit der natürlichen Welt und fördert Demut angesichts kosmischer Kräfte. Er ermutigt den Einzelnen, das Auf und Ab der Existenz anzunehmen und Trost in der Schönheit der Einfachheit und der zyklischen Natur des Lebens zu finden. Darüber hinaus zwingt der Dialog dazu, über die Verbundenheit aller Dinge nachzudenken und betont die Sinnlosigkeit, sich selbst und anderen Beschränkungen aufzuerlegen, wenn man mit der Unermesslichkeit des Universums konfrontiert wird. Im Wesentlichen fordert uns der Dialog auf, unsere eigenen Kämpfe und Ambitionen in Bezug auf die Erhabenheit und Gelassenheit zu untersuchen, die das Meer darstellt. Er stellt eine Einladung dar, die Grenzen selbst auferlegter Beschränkungen zu überschreiten und Erfüllung darin zu suchen, sich mit der allgegenwärtigen Harmonie der natürlichen Welt in Einklang zu bringen.

Menschliche Grenzen:

Im Kontext von Autumn Waters verdeutlicht Zhuangzi, dass die Fähigkeit des Menschen, die Gesamtheit der Existenz zu erfassen, grundsätzlich eingeschränkt ist, ähnlich der Herausforderung eines Flusses, die Weite des Meeres zu erfassen. Dieser metaphorische Vergleich fasst die tiefe Erkenntnis zusammen, dass das menschliche Verständnis von Natur aus durch Wahrnehmungs- und kognitive Einschränkungen eingeschränkt ist.

Darüber hinaus unterstreicht Zhuangzis Betrachtung der menschlichen Grenzen, wie wichtig es ist, Demut anzunehmen und die inhärenten Grenzen anzuerkennen, die die menschliche Existenz definieren. Das Zusammenspiel zwischen menschlichen Grenzen und der grenzenlosen Weite der natürlichen Welt fördert ein gesteigertes Bewusstsein für die Vergänglichkeit und Endlichkeit menschlicher Bemühungen. Darüber hinaus dient das Erkennen dieser Grenzen als Katalysator für inneres Wachstum und veranlasst den Einzelnen, ein tieferes Gefühl der Selbstbeobachtung und Selbstwahrnehmung zu entwickeln. Durch das Erkennen und Akzeptieren menschlicher Grenzen kann man das Leben mit größerer Widerstandskraft, Weisheit und Anmut erleben und persönliche und gesellschaftliche Erwartungen überwinden.

Die Erforschung menschlicher Grenzen in Autumn Waters fordert die Leser auf, über die menschliche Natur und die inhärenten Beschränkungen nachzudenken, die unsere Wahrnehmungen und Überzeugungen prägen. Diese introspektive Reise veranlasst eine Neubewertung der weit verbreiteten Vorstellung von Grenzen als Nachteil und betrachtet sie stattdessen als integralen Aspekt der menschlichen Erfahrung. Zhuangzis philosophische Erkenntnisse führen zu einem transformativen Perspektivwechsel und laden uns ein, unsere Grenzen als Gelegenheiten für tiefgreifende Selbstfindung und spirituelles Erwachen zu begreifen.

Der Weg der Natur und die menschliche Wahrnehmung:

Die Natur funktioniert in ihrem inhärenten Zustand ohne bewusste Anstrengung nach natürlichen Gesetzen und Prinzipien. Zhuangzi geht davon aus, dass der Mensch durch die Beobachtung und Ausrichtung auf den natürlichen Lauf der Dinge tiefe Einblicke in die grundlegenden Wahrheiten der Existenz gewinnen kann. Darüber hinaus fördert diese Perspektive einen tiefen Respekt für die Verbundenheit aller Lebewesen und betont die Verbundenheit und gegenseitige Abhängigkeit aller Elemente der natürlichen Welt. Diese

Verbundenheit dient als eindringliche Erinnerung an das Beziehungsgeflecht, das das Gewebe der Realität bildet.

Zentral für Zhuangzis Philosophie ist die Vorstellung, dass die menschliche Wahrnehmung oft durch subjektive Vorurteile und kulturelle Prägung getrübt ist. Durch reflektierte Selbstbeobachtung und Harmonie mit der Natur können Menschen ein klareres Verständnis von sich selbst und der Welt um sie herum erlangen. Dieser Prozess beinhaltet das Ablegen vorgefasster Meinungen und die Annahme eines Zustands offener Empfänglichkeit für die vielfältigen Ausdrucksformen der Existenz. Auf diese Weise kann man verborgene Wahrheiten aufdecken und eine ganzheitlichere Perspektive entwickeln, die über begrenzte menschliche Konstrukte hinausgeht.

Darüber hinaus bietet Zhuangzi Einblicke in die Kunst, Spontaneität und Intuition zu fördern, die entscheidende Komponenten sind, um sich dem Lauf der Natur anzupassen. Er betont den Wert intuitiver Weisheit, die entsteht, wenn Menschen ihre starre Einhaltung gesellschaftlicher Normen aufgeben und sich vom natürlichen Rhythmus des Lebens leiten lassen. Dieser Ansatz fördert ein Gefühl von Freiheit und Authentizität und ermöglicht es den Menschen, ihr wahres Selbst ohne Hemmungen oder Angst vor Verurteilung auszudrücken.

Die Beziehung zwischen dem Lauf der Natur und der menschlichen Wahrnehmung erzeugt auch ein tiefes Gefühl von Demut und Ehrfurcht vor der Erhabenheit der Natur. Indem man in die Schönheit und Komplexität der Natur eintaucht, wird man von der Unermesslichkeit der Existenz und den Mustern, die in das Gewebe des Kosmos eingewoben sind, demütig. Diese Demut kultiviert eine tiefe Wertschätzung für die Geheimnisse des Lebens und fördert ein Gefühl von Ehrfurcht und Staunen über das grenzenlose Potenzial, das im Universum steckt.

Kapitel XXIII
WAHRE ZUFRIEDENHEIT

Im philosophischen Diskurs von Zhuangzi ist der Begriff des Glücks eng mit der Idee der Harmonie und Spontaneität verknüpft. Um höchstes Glück im Kontext von Zhuangzis Texten zu definieren, ist es unerlässlich, die grundlegenden Prämissen des daoistischen Denkens zu verstehen, wie sie in seinen Schriften zum Ausdruck kommen. Zhuangzi plädiert für einen Zustand der Zufriedenheit, der entsteht, wenn man im Einklang mit der natürlichen Ordnung ist und das Auf und Ab der Existenz ohne Widerstand akzeptiert. Diese Vorstellung von Glück geht über oberflächliche Freuden hinaus und dringt in den Bereich der spirituellen Erfüllung und des inneren Friedens vor. Sie betont, wie wichtig es ist, gesellschaftliche Konstrukte und materielle Wünsche zu überwinden, um ein tiefes Gefühl der Freude und des Wohlbefindens zu erreichen.

Zentral für Zhuangzis Sichtweise auf Glück ist das Konzept von „Ziran" oder „Natürlichkeit". Laut Zhuangzi entspringt wahres Glück einem Seinszustand, der frei von Künstlichkeit und Vortäuschung ist. Es geht darum, die eigene angeborene Natur anzunehmen und sich dem spontanen Rhythmus des Lebens hinzugeben. Dies steht im Einklang mit dem daoistischen Prinzip von Wu Wei, das müheloses Handeln und ein Leben im Einklang mit dem Dao bezeichnet. Folglich beinhaltet die Definition des höchsten Glücks in Zhuangzis Texten die Anerkennung der Verbundenheit aller Dinge und die Entwicklung einer Haltung der Nichteinmischung in den organischen Ablauf der Ereignisse.

Darüber hinaus erläutert Zhuangzi die Idee von „Fengyin" oder „Blas- und Streichmusik", die die Harmonie und Resonanz zwischen dem Individuum und dem Kosmos symbolisiert. Wahres Glück entsteht laut Zhuangzi dadurch, dass man sich auf die kosmische Symphonie einstimmt und die facettenreichen Melodien der Existenz annimmt. Diese metaphorische Darstellung unterstreicht die Bedeutung der inneren Ausrichtung und des Einklangs mit der natürlichen Welt, um tiefe Freude und Erfüllung zu erfahren.

Es ist wichtig anzuerkennen, dass Zhuangzis Konzept von Glück über flüchtige Gefühlszustände und Befriedigungen hinausgeht. Vielmehr umfasst es eine ganzheitliche Lebensweise, die von Selbstbewusstsein, Ruhe und der Überwindung dualistischen Denkens geprägt ist. Höchstes Glück geht in Zhuangzis Texten über das Streben nach flüchtigen Freuden und flüchtigem Glück hinaus und betont die Kultivierung eines unerschütterlichen Zustands inneren Friedens und Zufriedenheit. Das Annehmen des Dao und das Aufgeben der Anhaftung an die sich ständig verändernden Phänomene der Welt wird gemäß Zhuangzis Philosophie zum Eckpfeiler für das Erreichen dauerhaften Glücks.

Psychologische Auswirkungen des Glücks:

Im Kontext von Zhuangzis Philosophie gehen die psychologischen Auswirkungen des Erreichens höchsten Glücks über bloß flüchtige Gefühlszustände oder hedonistische Bestrebungen hinaus. Es umfasst ein tieferes Verständnis des Selbst, die Harmonie mit der natürlichen Ordnung und das Überwinden herkömmlicher Vorstellungen von Freude und Schmerz. Diese Neuausrichtung der psychologischen Landschaft des Individuums verändert grundlegend seine Beziehung zur Außenwelt und fördert ein Gefühl von innerem Frieden, Widerstandskraft und emotionalem Gleichgewicht.

Für die psychologischen Auswirkungen von Glück ist die Entwicklung einer anpassungsfähigen Denkweise von zentraler Bedeutung, die Veränderungen, Unsicherheit und Vergänglichkeit akzeptiert. Zhuangzi betont, wie wichtig es ist, das Auf und Ab des Lebens zu akzeptieren, ohne an festen Wünschen oder Abneigungen festzuhalten, und so einen Zustand psychologischer Flexibilität und emotionaler Ausgeglichenheit zu fördern. Dieser Ansatz ermöglicht eine widerstandsfähigere Reaktion auf Widrigkeiten, reduziert psychische Belastungen und fördert eine größere emotionale Stabilität.

Darüber hinaus beinhaltet das Erreichen des höchsten Glücks in Zhuangzis Philosophie die Auflösung von Ego-Grenzen und die Überwindung egozentrischer Belange. Dieser Perspektivwechsel erweitert die Fähigkeit des Einzelnen zu Empathie, Mitgefühl und Verbundenheit mit anderen und steigert so sein psychisches Wohlbefinden durch ein tiefes Gefühl von Sinn und Zugehörigkeit innerhalb des größeren Gefüges der Existenz.

Aus psychologischer Sicht bewirkt die Kultivierung des Glücks nach Zhuangzis Lehren eine transformative Veränderung der kognitiven und emotionalen Prozesse des Einzelnen. Sie fördert ein gesteigertes Gefühl von Achtsamkeit, Selbstbewusstsein und Akzeptanz und erleichtert eine harmonische Integration von Gedanken, Gefühlen und Verhaltensweisen. Dieser integrierte Seinszustand trägt zu einer Verringerung der psychologischen Fragmentierung und des inneren Konflikts bei und ebnet den Weg für ein verbessertes psychologisches Wohlbefinden und ein vertieftes Gefühl der Zufriedenheit.

Das Erreichen der Ruhe:

Während das Konzept der Ruhe abstrakt und schwer fassbar erscheinen mag, bieten Zhuangzis Schriften praktische Ansätze, um Ruhe in unserem täglichen Leben zu kultivieren. Eine Schlüsselmethode ist die Umsetzung des Konzepts von Wu Wei. Indem wir unsere Handlungen dem natürlichen Lauf der Dinge anpassen, können wir unnötige Belastungen und

Spannungen reduzieren und Ruhe auf natürliche Weise entstehen lassen.

Darüber hinaus betont Zhuangzi die Bedeutung von Selbstreflexion und Introspektion. Durch regelmäßige Phasen der Kontemplation und Meditation können Menschen Einblick in ihren inneren Zustand gewinnen und ein größeres Gefühl der Ruhe erreichen. Diese Praxis ermöglicht es, sich von äußeren Stressfaktoren zu lösen und selbst unter schwierigen Umständen eine ruhige Geisteshaltung zu entwickeln.

Darüber hinaus ist die Förderung einer Haltung der Akzeptanz und Anpassungsfähigkeit entscheidend für das Streben nach Gelassenheit. Zhuangzi plädiert dafür, Veränderungen und Unsicherheiten anzunehmen, anstatt sich ihnen zu widersetzen. Indem man den Wunsch nach Kontrolle aufgibt und sich dem Auf und Ab des Lebens hingibt, kann man inneren Frieden und Harmonie erfahren. Dieser Ansatz ermutigt den Einzelnen, starre Erwartungen loszulassen und im gegenwärtigen Moment Zufriedenheit zu finden.

Ein weiterer praktischer Ansatz, den Zhuangzi skizziert, ist die Kultivierung von Einfachheit und Losgelöstheit. Indem man materielle Bindungen reduziert und sich vom Streben nach übermäßigem Reichtum oder Status befreit, kann man sich von unnötigen Sorgen und Ablenkungen befreien. Dieser minimalistische Ansatz ermöglicht eine klarere Konzentration auf das innere Wohlbefinden und fördert einen ruhigeren, weniger turbulenten Geisteszustand.

Darüber hinaus sind die Pflege harmonischer Beziehungen und die Vermeidung zwischenmenschlicher Konflikte von zentraler Bedeutung für die Erlangung von Gelassenheit. Zhuangzi betont die Bedeutung von Empathie, Mitgefühl und Losgelöstheit im Umgang mit anderen. Indem wir positive Verbindungen pflegen und angesichts von Zwietracht Gleichmut bewahren, können wir zu einem harmonischen sozialen Umfeld beitragen, das unsere eigene Gelassenheit unterstützt.

Herausforderungen und Missverständnisse:

Im Zentrum des Strebens nach höchstem Glück stehen verschiedene Herausforderungen und Missverständnisse, die den Weg zu Zufriedenheit und Erfüllung behindern können. Eine der größten Herausforderungen ist der gesellschaftliche Druck, sich an konventionelle Standards für Erfolg und Glück anzupassen. In der heutigen schnelllebigen und wettbewerbsorientierten Welt streben Menschen oft nach äußeren Zeichen des Erfolgs wie materiellem Reichtum, sozialem Status oder beruflicher Anerkennung, was zu einem Gefühl der Unzulänglichkeit und Unerfülltheit führen kann, wenn diese Ziele nicht erreicht werden. Darüber hinaus können kulturelle Normen und Erwartungen Missverständnisse darüber aufrechterhalten, was es bedeutet, wirklich glücklich zu sein, was zu einem Mangel an Klarheit und Verständnis hinsichtlich der Natur echten Glücks beiträgt. Darüber hinaus stellt die menschliche Tendenz, sich mit vergangenen Reuegefühlen oder Zukunftsängsten zu beschäftigen, ein erhebliches Hindernis für die Erfahrung gegenwärtiger Zufriedenheit dar.

Das unermüdliche Streben nach Perfektion und idealisierte Vorstellungen von Glück können unrealistische Maßstäbe schaffen, die zu Unzufriedenheit und Ernüchterung führen. Darüber hinaus können Missverständnisse, wonach Glück gleichbedeutend mit ständiger Euphorie oder der Abwesenheit aller negativen Emotionen ist, unrealistische Erwartungen und die Angst vor der Anerkennung und Verarbeitung schwieriger Gefühle fördern und so wahres emotionales Wohlbefinden verhindern. Diese Missverständnisse überschatten oft die nuancierte und vielschichtige Natur des Glücks, das eine Reihe emotionaler Erfahrungen und Seinszustände umfasst, die über bloßes Vergnügen oder Positivität hinausgehen. Um diese Herausforderungen und Missverständnisse zu überwinden, ist eine Änderung der Denkweise und eine tiefere Erforschung der philosophischen Grundlagen des Glücks erforderlich.

Indem man vorherrschende Vorstellungen über Glück kritisch untersucht und in Frage stellt, kann man beginnen, sich von gesellschaftlichen Zwängen und Missverständnissen zu lösen, was ein authentischeres und erfüllenderes Streben nach ultimativem Glück ermöglicht. Durch diesen Prozess der Selbsterforschung und Selbstreflexion kann man sich den Hindernissen stellen und sie überwinden, die echter Zufriedenheit im Weg stehen, was zu einem nachhaltigeren Gefühl des Wohlbefindens führt.

Kapitel XXIV
DIE EXISTENZ

Was bedeutet es, ein Mensch zu sein? Die menschliche Natur ist seit langem Gegenstand intensiver philosophischer Untersuchungen, und Gelehrte und Denker aus allen Kulturen versuchen, diese grundlegende Frage zu beantworten. Im Mittelpunkt dieser Untersuchung steht die Untersuchung der angeborenen Verhaltensweisen, Neigungen und Eigenschaften, die das Wesen der Menschheit definieren. Philosophen und Ethiker haben sich in ihren Versuchen, die moralischen und existenziellen Dimensionen des menschlichen Lebens zu verstehen, mit dem Konzept der menschlichen Natur auseinandergesetzt. Von Aristoteles' Begriff der Eudaimonie bis zu Konfuzius' Betonung des Ren waren die ethischen Dimensionen der menschlichen Natur ein Schwerpunkt philosophischer Betrachtung. Darüber hinaus haben moderne Entwicklungen in Psychologie, Soziologie und Neurologie unser Verständnis der menschlichen Natur weiter bereichert und Licht auf das Zusammenspiel zwischen biologischen Prädispositionen und Umwelteinflüssen geworfen. Solche interdisziplinären Untersuchungen haben unser Verständnis des Geflechts der menschlichen Natur, das Emotionen, Kognition und soziale Dynamiken umfasst, vertieft. Darüber hinaus erfordert die Erforschung der menschlichen Natur die Berücksichtigung universeller Aspekte menschlicher Erfahrung, die kulturelle und zeitliche Grenzen überschreiten. Folglich muss eine umfassende Analyse der menschlichen Natur auch die Vielfalt menschlicher Ausdrucksformen und Bewusstseins anerkennen.

Sterblichkeit und Unsterblichkeit:

Im Kontext des daoistischen Denkens wird Sterblichkeit nicht als Endpunkt wahrgenommen, sondern als Teil des natürlichen Kreislaufs der Existenz. Das Konzept der Sterblichkeit geht über das physische Ende des Lebens hinaus und befasst sich mit der vergänglichen Natur der menschlichen Erfahrung und der Verbundenheit aller Wesen. Im Gegensatz zu herkömmlichen Vorstellungen von Unsterblichkeit als ewigem Leben bietet der Daoismus eine andere Perspektive und betont die Transzendenz der individuellen Existenz durch Harmonie mit dem Dao.

Betrachtungen über die Sterblichkeit regen den Menschen dazu an, über die Vergänglichkeit des Lebens und die Unvermeidlichkeit des Todes nachzudenken. Diese introspektive Übung ermutigt den Menschen, seine Prioritäten neu zu bewerten und jeden Moment tiefer zu schätzen. Unsterblichkeit hingegen wird nicht als ewige Fortsetzung des Selbst verstanden, sondern als Ausrichtung auf den Rhythmus des Universums. Durch diese Ausrichtung erreicht man einen Zustand harmonischer Existenz und überschreitet die Grenzen sterblicher Begrenzungen.

Die daoistischen Lehren umfassen die Vorstellung von Unsterblichkeit als innere Transformation, als Erlangen spiritueller Resonanz mit der Essenz des Universums. Indem Menschen Tugend kultivieren, Einfachheit annehmen und Bindungen aufgeben, können sie nach einer Form der Unsterblichkeit streben, die physische Grenzen und zeitliche Beschränkungen überschreitet. Dieses Streben nach Unsterblichkeit negiert nicht die Realität der Sterblichkeit; vielmehr bietet es eine tiefgreifende Möglichkeit, sich der Dualität der Existenz zu stellen.

Darüber hinaus fördert die Betrachtung von Sterblichkeit und Unsterblichkeit das Verständnis für die Vergänglichkeit aller Dinge und veranlasst den Einzelnen, nach Sinn jenseits materieller Bestrebungen zu suchen. Dieses Bewusstsein ermöglicht die Entwicklung inneren Friedens und die Stärkung der inneren Widerstandskraft angesichts der Ungewissheiten des Lebens. Die Betrachtung von Sterblichkeit und Unsterblichkeit spornt den Einzelnen an, tiefer in die Natur der Existenz einzudringen und fördert ein Gefühl der Kontinuität, das weit über die Grenzen des individuellen Lebens hinausgeht.

Achtsamkeit und Bewusstsein für den gegenwärtigen Moment:

In einer schnelllebigen und sich ständig weiterentwickelnden Welt bietet die Praxis der Achtsamkeit eine tiefgreifende Gelegenheit, eine tiefere Verbindung mit dem gegenwärtigen Moment zu kultivieren. Durch die bewusste Konzentration auf die eigenen Gedanken, Gefühle, Körperempfindungen und die Umgebung können Menschen ihr Bewusstsein für die unmittelbare Realität schärfen. Dieses gesteigerte Bewusstsein fördert ein umfassendes Verständnis der Verbundenheit zwischen einem selbst und dem Universum und führt zu einer Erkenntnis der vergänglichen und unbeständigen Natur aller Dinge. Indem man sich in den gegenwärtigen Moment vertieft, kann man Klarheit und Einsicht erlangen, die die Beschränkungen von Zeit und Raum übersteigen.

Die Anwendung von Achtsamkeit geht über die persönliche Selbstbeobachtung hinaus und spiegelt eine erhebliche Übereinstimmung mit daoistischem Gedankengut wider. Die Betonung der Akzeptanz der Gegenwart entspricht dem daoistischen Prinzip des Wu Wei oder mühelosen Handelns, das Harmonie durch Nichtkonflikt mit dem natürlichen Fluss des Lebens propagiert. Achtsamkeit ermutigt Menschen, sich von vergangenen Reuegefühlen oder Zukunftsängsten zu lösen und führt sie dazu, die innewohnende Schönheit und den Reichtum zu akzeptieren, die in jedem Augenblick vorhanden sind. Die Kultivierung des Bewusstseins für den gegenwärtigen Augenblick bietet Menschen einen tiefgreifenden Weg, sich der menschlichen Erfahrung auf eine Weise zu stellen, die die Flüchtigkeit der Existenz anerkennt.

Darüber hinaus dient die Praxis der Achtsamkeit als wirksamer Bewältigungsmechanismus für die unzähligen Herausforderungen des Lebens. Durch die Entwicklung konzentrierter Aufmerksamkeit und die Pflege von Bewusstsein von Moment zu Moment können Menschen Stress, Angst und emotionale Turbulenzen wirksam bewältigen. Durch die Ausübung von Achtsamkeitsübungen statten sich Menschen mit unschätzbaren Werkzeugen aus, um Widrigkeiten mit Widerstandskraft und Gelassenheit zu begegnen. Darüber hinaus befähigt die Integration von Achtsamkeit in das tägliche Leben Menschen, sich auf ihre inneren Landschaften einzustimmen und ein tiefes Gefühl von Selbstbewusstsein und emotionaler Regulierung zu fördern.

Bewältigungsmechanismen für die Herausforderungen des Lebens:

Bewältigungsmechanismen sind konstruktive Strategien und Verhaltensweisen, die Menschen anwenden, um Stress, Widrigkeiten und emotionale Turbulenzen zu bewältigen. Angesichts von Widrigkeiten ist es von entscheidender Bedeutung, adaptive Bewältigungsmechanismen zu entwickeln, die die Belastbarkeit und das psychische Wohlbefinden fördern. Ein solcher Mechanismus ist die kognitive Umdeutung, bei der Stresssituationen aktiv neu interpretiert werden, um die eigene Perspektive zu ändern und die Auswirkungen negativer Emotionen abzumildern. Dieser Ansatz ermutigt Menschen, Herausforderungen als Chancen für Wachstum und Lernen und nicht als unüberwindbare Hindernisse wahrzunehmen. Darüber hinaus kann die Suche nach sozialer Unterstützung und die Pflege sinnvoller Verbindungen zu anderen als wirksamer Bewältigungsmechanismus dienen. Durch offene und einfühlsame Kommunikation können Menschen ihre

Emotionen ausdrücken, neue Erkenntnisse gewinnen und praktische Hilfe von ihrem Unterstützungsnetzwerk erhalten. Darüber hinaus kann das Praktizieren von Achtsamkeit und die Entwicklung von Selbstbewusstsein die Fähigkeit eines Menschen, mit den Anforderungen des Lebens umzugehen, erheblich verbessern. Achtsamkeitstechniken wie Meditation und Atemübungen können ein Gefühl der Ruhe und Klarheit vermitteln und es Menschen ermöglichen, Herausforderungen mit größerer Gelassenheit zu begegnen. Die Annahme eines proaktiven Problemlösungsansatzes ist ein weiterer wertvoller Bewältigungsmechanismus.

Persönliche Wünsche und universelle Harmonie:

Im Streben nach einem harmonischen Leben ist der Ausgleich persönlicher Wünsche mit universeller Harmonie von größter Bedeutung. Im Mittelpunkt dieses Gleichgewichts steht die Anerkennung der eigenen angeborenen Wünsche und Bestrebungen, die dem breiteren Rahmen des kosmischen Gleichgewichts und der Verbundenheit gegenübergestellt werden.

Zunächst einmal ist es unerlässlich zu erkennen, dass persönliche Wünsche nicht grundsätzlich im Widerspruch zur universellen Harmonie stehen. Jeder Mensch hat einzigartige Bestrebungen und Ambitionen, die zur Vielfalt und zum Reichtum der menschlichen Erfahrung beitragen. Konflikte entstehen jedoch, wenn diese persönlichen Wünsche mit dem Wohlergehen anderer in Konflikt geraten oder die natürliche Ordnung des Kosmos stören. Daher ist eine gewissenhafte Prüfung der eigenen Wünsche und ihrer möglichen Auswirkungen auf das größere Ganze erforderlich, um ein Gleichgewicht zu erreichen.

Im Mittelpunkt dieser Erkundung steht die Entwicklung von Selbstbewusstsein und Empathie. Durch ein tiefes

Verständnis der eigenen Wünsche und Motivationen können Menschen besser erkennen, ob sie mit dem größeren harmonischen Gefüge der Existenz vereinbar sind. Gleichzeitig fördert die Entwicklung von Empathie gegenüber anderen und der Umwelt eine tiefere Wertschätzung für die Verbundenheit allen Lebens und führt zu einem rücksichtsvolleren Ansatz bei der Verfolgung persönlicher Ziele.

Darüber hinaus bieten die Grundsätze der Tugendethik wertvolle Einblicke in die Balance zwischen persönlichen Wünschen und universeller Harmonie. Die Entwicklung tugendhafter Charaktereigenschaften wie Mitgefühl, Altruismus und Mäßigung ermöglicht es dem Einzelnen, seine Bestrebungen mit den übergeordneten Prinzipien universeller Harmonie in Einklang zu bringen. Die Ausübung ethischer Urteilsfähigkeit und das Treffen von Entscheidungen, die auf tugendhaftem Verhalten beruhen, befähigt den Einzelnen, seine Wünsche zu respektieren und gleichzeitig die Heiligkeit des universellen Gleichgewichts zu wahren.

Darüber hinaus kann die Akzeptanz des Konzepts der Losgelöstheit wesentlich dazu beitragen, persönliche Wünsche mit der universellen Ordnung in Einklang zu bringen. Indem man die übermäßige Anhaftung an bestimmte Ergebnisse und materielle Besitztümer aufgibt, kann man die engen Grenzen egogetriebener Wünsche überwinden und sich besser auf den natürlichen Fluss der Existenz ausrichten. Dieser Wandel erzeugt ein Gefühl der Befreiung und Verbundenheit und ermöglicht es dem Einzelnen, seine Bestrebungen mit gemäßigtem Geist und einem ausgeprägten Bewusstsein für seinen Platz im großen Plan der Schöpfung zu verfolgen.

Die Illusionen der Realität überwinden:

Der Begriff der Illusion im Kontext der Realität veranlasst uns, die Wahrhaftigkeit unserer Sinneserfahrungen und der konstruierten Erzählungen, die unser Verständnis der Welt prägen, in Frage zu stellen. Je tiefer wir uns mit diesem Thema befassen, desto deutlicher wird, dass der menschliche Geist von Natur aus dazu veranlagt ist, die Außenwelt durch subjektive Filter zu konzeptualisieren und zu interpretieren. Diese Filter können die wahre Natur der Realität oft verzerren oder verschleiern, was dazu führt, dass wir eine illusorische Version der Welt um uns herum wahrnehmen. Darüber hinaus erfordert die Erforschung transzendierender Illusionen eine Untersuchung der Zusammenhänge zwischen dem Selbst und der äußeren Umgebung. Es veranlasst uns, über die Grenzen des Selbst und die Flüchtigkeit der Identität innerhalb des breiteren Gefüges der Existenz nachzudenken. Das Konzept transzendierender Illusionen überschneidet sich auch mit dem Grundprinzip der Vergänglichkeit und hebt die vergängliche und sich ständig verändernde Natur aller Phänomene hervor. Diese Erkenntnis stellt unsere Bindung an feste Vorstellungen von der Realität in Frage und lädt uns ein, eine fließendere und dynamischere Perspektive einzunehmen. Darüber hinaus fordert uns das Überwinden der Illusionen der Realität dazu auf, uns mit der Dichotomie zwischen Erscheinung und Wesen auseinanderzusetzen und uns zu einer Verlagerung hin zu den zugrunde liegenden Wahrheiten zu bewegen, die jenseits der oberflächlichen Fassade der Erscheinungen liegen. Diese transformierende Veränderung der Wahrnehmung befähigt den Einzelnen, die innere Einheit und Verbundenheit zu erkennen, die der scheinbaren Vielfalt der Welt zugrunde liegt. Indem der Einzelne die Illusionen der Realität anerkennt und überwindet, erlangt er ein gesteigertes Bewusstsein, das die Grenzen des konventionellen Verständnisses übersteigt. Dieses gesteigerte Bewusstsein ebnet den Weg für die Erkenntnis tiefgründiger universeller Wahrheiten, die über die vergänglichen und illusorischen Erscheinungen der empirischen Welt hinausgehen.

Kapitel XXV
NATÜRLICHE WELT

Einführung in den Bergbaum:

Im Kontext von Zhuangzis Schriften ist das Konzept des „Bergbaums" von großer historischer und philosophischer Bedeutung. Um seine Bedeutung vollständig zu verstehen, ist es wichtig, sich mit dem Kontext und dem historischen Hintergrund zu befassen, in den es eingebettet ist. Zhuangzis philosophischer Text stellt den Bergbaum als Metapher für die Verbundenheit von Natur und Dao dar und verkörpert die Essenz von Einfachheit, Spontaneität und unverfälschter Existenz.

Die Darstellung des Bergbaums in Zhuangzis Werken lässt sich auf das gesellschaftliche und kulturelle Milieu des alten China zurückführen, in einer Zeit, in der die Ehrfurcht vor der Natur tief im kollektiven Bewusstsein verwurzelt war. Die majestätische Gestalt der Berge und die Widerstandskraft der Bäume nahmen im daoistischen Denken einen hohen Stellenwert ein und symbolisierten das harmonische Gleichgewicht und die unerschütterliche Lebenskraft der Natur. In diesem historischen Kontext stellt der Bergbaum einen emblematischen Ausdruck des unbehauenen Blocks dar und betont die innere Reinheit und organische Integrität, die das daoistische Streben nach Authentizität und spiritueller Erleuchtung charakterisieren.

Darüber hinaus geht die Bedeutung des Bergbaums über seine wörtliche Darstellung hinaus und verkörpert im philosophischen Rahmen von Zhuangzis Lehren vielfältige Bedeutungsebenen. Als tief in der alten chinesischen Kultur verwurzeltes Symbol diente der Bergbaum als visuelle Metapher für die sich ständig ändernden Prinzipien des Dao. Seine

Darstellung im Text ruft ein Gefühl von Ehrfurcht und Kontemplation hervor und fordert uns auf, die Welt durch die Linse der Harmonie, Ruhe und unausgesprochenen Weisheit wahrzunehmen, die der natürlichen Ordnung der Existenz innewohnt.

Die symbolische Natur von Bäumen in der östlichen Philosophie:

Im Rahmen des daoistischen Denkens symbolisieren Bäume Verwurzelung und Harmonie mit der Natur. Ihre kräftigen Stämme und ineinander verschlungenen Äste erinnern an das Konzept von Wu Wei, da sie sich anmutig im Wind biegen und wiegen und so die Fluidität und Anpassungsfähigkeit verkörpern, die einem Leben im Einklang mit dem Dao innewohnt. Darüber hinaus entspricht die tiefe Verwurzelung der Bäume den daoistischen Idealen, inmitten der sich ständig ändernden Ströme der Existenz in Tugend und Integrität verwurzelt zu bleiben.

Darüber hinaus dienen Bäume als lebendige Verkörperungen des Wechselspiels zwischen Yin und Yang und verkörpern die Dualität und die komplementären Kräfte, die dem Kosmos zugrunde liegen. Das Erblühen der Blätter im Frühling und ihr anschließender Blattabfall im Herbst veranschaulichen die zyklische Natur des Lebens und repräsentieren die gegenseitige Abhängigkeit von Schöpfung und Auflösung, Wachstum und Verfall. Dieser ewige Zyklus spiegelt das daoistische Prinzip der Transformation wider und unterstreicht die Vergänglichkeit aller Phänomene, wodurch eine tiefe Kontemplation über die vergängliche Natur der Existenz gefördert wird.

Darüber hinaus vermitteln die Majestät und Langlebigkeit alter Bäume ein Gefühl von Ehrfurcht und Verehrung und regen zur Selbstbesinnung auf die Unermesslichkeit der Zeit und die Verbundenheit aller Lebensformen an. So wie die ausgedehnte Baumkrone eines ehrwürdigen Baumes Schatten und Schutz spendet, so ist sie auch eine Metapher für die nährende Präsenz des Dao, das alle Wesen in seine wohlwollende Umarmung einschließt und umarmt.

Die Natur als Spiegelbild:

Die natürliche Welt wird nicht nur als äußere Landschaft wahrgenommen, sondern als Manifestation der dem Dao innewohnenden harmonischen Ordnung. Diese Perspektive betont die Verbundenheit aller Lebewesen und den nahtlosen Energiefluss, der ihre Interaktionen untermauert. Durch Beobachtung und Kontemplation natürlicher Phänomene entwickelten daoistische Weise Erkenntnisse über die zyklischen Rhythmen des Lebens, das Zusammenspiel gegensätzlicher Kräfte und die Vergänglichkeit aller Dinge.

Der daoistische Umgang mit der Natur geht über bloße Ästhetik oder praktische Nutzung hinaus. Stattdessen befasst er sich mit der Essenz der Existenz und führt den Einzelnen dazu, die organischen Muster und Prozesse des Universums zu erkennen und sich mit ihnen in Einklang zu bringen. Indem man in die natürliche Welt eintaucht, kann man eine tiefe Wertschätzung für die spontane und ungekünstelte Schönheit entwickeln, die in jedem Aspekt der Schöpfung zu finden ist. Darüber hinaus dient der ungekünstelte Zustand der Natur als Modell für Menschen, die nach innerer Ruhe und Authentizität streben, und spiegelt das Konzept des „unbehauenen Blocks" wider, der Einfachheit, Reinheit und angeborenes Potenzial verkörpert.

Durch ihre sich ständig verändernden Landschaften und saisonalen Veränderungen spiegelt die Natur das Auf und Ab der Existenz wider und verkörpert die daoistischen Vorstellungen von Veränderung und Gleichgewicht. Der ewige Kreislauf von Geburt, Wachstum, Verfall und Regeneration wird zu einer

Quelle tiefer Weisheit und ermutigt den Einzelnen, die Unvermeidlichkeit der Veränderung zu akzeptieren und Harmonie in den dynamischen Prozessen des Lebens zu finden. Darüber hinaus inspirieren die Vielfalt und Widerstandsfähigkeit der Natur daoistische Praktizierende, Flexibilität, Anpassungsfähigkeit und Spontaneität in ihr eigenes Leben zu integrieren und einen Geist der Offenheit und Empfänglichkeit für die sich entfaltenden Umstände zu fördern.

Darüber hinaus verkörpert die Natur das Konzept mühelosen Handelns und veranschaulicht das Prinzip der Nichteinmischung und die Kultivierung natürlicher Tugenden. Wenn man die bescheidene Anmut eines fließenden Bachs, die Widerstandsfähigkeit eines Berges oder das sanfte Schwanken eines Bambuswalds beobachtet, wird man an die inhärente Kraft erinnert, die in Einfachheit und Sanftheit steckt. Durch die Verinnerlichung dieser natürlichen Tugenden kann man lernen, den Komplexitäten des Lebens mit Geduld, Demut und unaufdringlicher Stärke zu begegnen, im Einklang mit dem daoistischen Ideal, sich dem natürlichen Lauf der Dinge anzupassen.

Der unbehauene Block:

Das Konzept des unbehauenen Blocks, auf Chinesisch „Pu", ist als metaphorische Darstellung des schmucklosen und natürlichen Seinszustands von Bedeutung. Der unbehauene Block verkörpert die Idee von Einfachheit, Authentizität und Spontaneität und betont die innere Reinheit der Existenz, die von äußeren Einflüssen unberührt ist. Dieses grundlegende Konzept ist eng mit den Grundprinzipien des Daoismus verbunden und prägt die Wahrnehmung sowohl des Einzelnen als auch der weiteren Welt. Um die konzeptionellen Grundlagen des unbehauenen Blocks zu verstehen, muss man sich mit seinen vielfältigen Implikationen befassen und seine vorherrschenden Erscheinungsformen in verschiedenen

Aspekten des Lebens untersuchen. Im Kern dient der unbehauene Block als starkes Symbol für das angeborene Potenzial und die inhärente Einheit aller Dinge und spiegelt den undifferenzierten und ursprünglichen Zustand wider, der einer absichtlichen Veränderung oder Verfeinerung vorausgeht.

Der unbehauene Block stellt herkömmliche Vorstellungen von Fortschritt und Perfektion in Frage und verkündet eine Rückkehr zum Urzustand, frei von künstlichen Verschönerungen. Er lädt zur Kontemplation über das Wesen des Seins und das unermüdliche Streben nach Authentizität inmitten gesellschaftlicher Konstrukte ein. Durch die Annahme des unbehauenen Blocks werden Menschen ermutigt, ihre Anhaftungen an oberflächliche Fassaden und gesellschaftlichen Zwängen loszulassen und sich so wieder mit der makellosen Reinheit zu verbinden, die ihrem wahren Selbst innewohnt. Dieser unbelastete Zustand fördert ein Gefühl der Harmonie mit der natürlichen Ordnung und ermöglicht es den Menschen, dem Leben mit ruhigem Geist und offenem Herzen entgegenzutreten.

Darüber hinaus dient der unbehauene Block als kraftvolle Metapher für den daoistischen Ansatz in Bezug auf Regierungsführung und Führung. Analog zur Fähigkeit eines Herrschers, mit minimalen Eingriffen zu regieren, betont der unbehauene Block die Weisheit, Situationen organisch und unaufdringlich entstehen zu lassen. Führer, die die Essenz des unbehauenen Blocks verkörpern, zeigen Bescheidenheit, Zurückhaltung und Anpassungsfähigkeit und geben der Bewahrung des natürlichen Gleichgewichts Vorrang vor der Auferlegung künstlicher Konstrukte. Diese Vorstellung unterstreicht den Glauben an die Selbstregulierungsfähigkeit von Systemen und plädiert für ein harmonisches Zusammenleben auf der Grundlage gegenseitigen Respekts und angeborener Ordnung.

Über individuelle und gesellschaftliche Dimensionen hinaus dehnt der unbehauene Block seinen Einfluss auf den künstlerischen Ausdruck aus und ermutigt die Schöpfer, rohe und ungeschliffene Formen der Kreativität anzunehmen. Indem sie Unvollkommenheiten und ungeschliffene Schönheit feiern, kanalisieren Künstler die Essenz des unbehauenen Blocks in ihrem Handwerk und überschreiten gekünstelte Konventionen, um echte Emotionen hervorzurufen und die Reinheit des unverfälschten Ausdrucks hervorzurufen. Dieser Ansatz steht im Einklang mit der daoistischen Ehrfurcht vor der ungeschönten Pracht der Natur und spiegelt den unnachgiebigen Reiz ungezähmter Authentizität wider.

Einfachheit und Reinheit:

Der Begriff der Einfachheit, dargestellt durch die Idee des „unbehauenen Blocks", symbolisiert den rohen und unverfälschten Zustand der Existenz. Er verkörpert die angeborene Reinheit und Authentizität, die frei von künstlichen Verzierungen oder Modifikationen ist. Dieses Konzept fordert den Einzelnen auf, seine wahre Natur anzunehmen und auf gekünsteltes Verhalten oder unnötige Komplexität zu verzichten. Im daoistischen Rahmen geht Einfachheit über die bloße Abwesenheit von Komplexität hinaus; sie umfasst eine harmonische Ausrichtung auf das Auf und Ab der natürlichen Welt. Diese organische Einheit mit der Natur kultiviert ein Gefühl der Ruhe und Ausgeglichenheit und ermöglicht es dem Einzelnen, dem Leben mit Klarheit und Leichtigkeit entgegenzutreten.

Reinheit hingegen verkörpert die Essenz einer unbefleckten und unveränderten Existenz. Sie ermutigt ihre Anhänger, äußere Einflüsse und gesellschaftliche Konditionierung aufzugeben und zum makellosen Kern ihres Wesens zurückzukehren. Dieses Streben nach Reinheit erfordert Selbstbeobachtung und Selbstreflexion, da die Menschen danach streben, Schichten von Künstlichkeit und gesellschaftlicher

Konditionierung abzustreifen, um ihr wahres Selbst zu entdecken. Darüber hinaus bedeutet Reinheit im Daoismus einen Zustand moralischer Integrität und ethischer Tadellosigkeit und betont die Bedeutung tugendhaften Verhaltens und echter Absichten. Sie unterstreicht die Notwendigkeit, die eigenen Handlungen an der natürlichen Ordnung auszurichten und fördert so ein Gefühl ethischer Reinheit und Übereinstimmung mit dem Dao.

Analytisch gesehen bietet das Zusammenspiel von Einfachheit und Reinheit ein reichhaltiges Spektrum für philosophische Erkundungen. Es regt zu einer Untersuchung der menschlichen Existenz an, die der inhärenten Einfachheit und Reinheit der natürlichen Welt gegenübergestellt wird. Darüber hinaus ist das Konzept der Einfachheit mit Aspekten des Minimalismus verknüpft, der für die Entrümpelung sowohl physischer als auch mentaler Räume plädiert, um Klarheit und Fokus zu erzeugen. In ähnlicher Weise lädt das Konzept der Reinheit zum Nachdenken über die transformative Reise hin zu ethischer Tadellosigkeit und der Beseitigung moralischer Verunreinigungen ein. Die analytische Linse, durch die diese Konzepte untersucht werden, dringt tief in die nuancierten Schichten des menschlichen Bewusstseins ein und fordert den Einzelnen dazu auf, sich mit gesellschaftlichen Konstrukten auseinanderzusetzen und sein Verständnis von Authentizität und Tugend neu zu definieren.

Der Bergbaum und andere Symbole:

Die symbolische Bedeutung des Bergbaums im Daoismus ist eng mit verschiedenen anderen Symbolen der östlichen Philosophie verknüpft. Eine vergleichende Analyse dient dazu, die besonderen Merkmale des Bergbaums zu beleuchten und gleichzeitig seine Verbundenheit mit ergänzenden Symbolen hervorzuheben. Ein solches Symbol ist das Konzept des unbehauenen Blocks, der einen Zustand unberührter

Einfachheit und angeborener Reinheit darstellt. Durch die Gegenüberstellung des Bergbaums mit dem unbehauenen Block erkennen wir, wie beide Symbole eine Rückkehr zum natürlichen, schmucklosen Zustand bezeichnen und den Einzelnen ermutigen, sein innewohnendes Wesen anzunehmen, ohne dass ihm künstliche Konstrukte oder gesellschaftliche Erwartungen aufgezwungen werden.

Darüber hinaus stellt der Bergbaum im Vergleich zum Konzept des fließenden Wassers, wie es im daoistischen Denken vertreten wird, ein kontrastierendes, aber harmonisches Symbol dar. Während Wasser Anpassungsfähigkeit und Widerstandsfähigkeit gegenüber Hindernissen symbolisiert, steht der Bergbaum für unerschütterliche Verwurzelung und Standhaftigkeit. Durch diese vergleichende Linse wird die Dualität der Naturkräfte deutlich und bietet wertvolle Einblicke in die Vielfalt der Perspektiven innerhalb der daoistischen Ideologie.

Darüber hinaus enthüllt eine vergleichende Betrachtung des Bergbaums und des Konzepts von Wu Wei das nuancierte Zusammenspiel zwischen Handeln und Nichthandeln. Wu Wei betont die Übereinstimmung mit der natürlichen Ordnung des Universums. In ähnlicher Weise symbolisiert der Bergbaum einen Seinszustand, der keine offensichtliche Anstrengung erfordert und die mühelose Harmonie widerspiegelt, die in der Natur zu finden ist. Durch solche Vergleiche treten die parallelen Themen und abweichenden Nuancen, die in diesen Symbolen eingebettet sind, in den Vordergrund und bereichern unser Verständnis ihrer jeweiligen Rolle in den daoistischen Lehren.

Schließlich können, wenn man die Symbolik der Lotusblume in der buddhistischen Philosophie betrachtet, Parallelen zum Bergbaum in Bezug auf spirituelle Entwicklung und Erleuchtung gezogen werden. Beide Symbole stehen für das Potenzial für Wachstum und Transformation in herausfordernden

Umgebungen und verkörpern die Essenz von Widerstandsfähigkeit und innerer Stärke. Diese vergleichende Analyse zeigt die universellen Themen, die diese Symbole verkörpern, indem sie kulturelle Grenzen überschreiten und zur Kontemplation über die gemeinsame menschliche Erfahrung einladen.

Die Anwendung des Bergbaums in modernen Kontexten:

Da die Gesellschaft immer komplexer und vernetzter wird, kann die Bedeutung alter philosophischer Konzepte wie des Bergbaums für die Bewältigung aktueller Herausforderungen nicht genug betont werden. Ein Anwendungsbereich betrifft die ökologische Nachhaltigkeit und Naturschutzbemühungen. Das Konzept des Bergbaums entspricht dem Ethos des Umweltschutzes und betont die Harmonie mit der Natur und den Wert der Erhaltung natürlicher Ressourcen. Indem Parallelen zwischen der Widerstandsfähigkeit und Verwurzelung des Bergbaums und der Verantwortung der Menschheit gegenüber ökologischer Verantwortung gezogen werden, entsteht eine überzeugende Erzählung, die Einzelpersonen und Gemeinschaften dazu motiviert, nachhaltige Praktiken zu übernehmen. Darüber hinaus kann die Metapher des unbehauenen Blocks, der für Einfachheit und Authentizität steht, Diskussionen über Minimalismus und bewussten Konsum in einer konsumorientierten Gesellschaft anregen. Indem die Lehren des Bergbaums Einzelpersonen dazu ermutigen, die schmucklosen und unveränderten Aspekte der Existenz anzunehmen, fördern sie eine Abkehr vom Materialismus hin zu einem bedeutungsvolleren und zielorientierteren Lebensstil. Darüber hinaus stellt der Bergbaum im Bereich Führung und Governance einen alternativen Rahmen für Entscheidungsfindung und Organisationsmanagement dar. Die Darstellung von Nichteinmischung und natürlicher Spontaneität bietet Einblicke in die Förderung organischen Wachstums innerhalb von Institutionen und die Schaffung einer Umgebung des Vertrauens und der Ermächtigung.

Kapitel XXVI
GESELLSCHAFTLICHE NORMEN VS. DAO

Im Laufe der Geschichte wurden Gesellschaften auf den Grundlagen von Ordnung, Struktur und Einhaltung etablierter Normen aufgebaut. Diese gesellschaftlichen Normen, die oft in der Tradition verwurzelt sind und durch kollektiven Konsens durchgesetzt werden, dienen als Fundament für das Funktionieren von Gemeinschaften und Zivilisationen. Im Gegensatz zur fließenden, sich ständig weiterentwickelnden Philosophie des Daoismus treten jedoch offensichtliche Widersprüche und Spannungen zutage. Die starren Strukturen und hierarchischen Anordnungen, die gesellschaftlichen Normen innewohnen, stehen in krassem Gegensatz zur daoistischen Betonung von Spontaneität, natürlicher Harmonie und der Verbundenheit aller Dinge.

Einer der grundlegenden Unterschiede zwischen gesellschaftlichen Normen und der daoistischen Philosophie liegt in ihren jeweiligen Ansätzen zu individueller Handlungsfähigkeit und freiem Willen. Gesellschaftliche Normen schreiben häufig feste Rollen, Pflichten und Verhaltenserwartungen vor und platzieren Individuen in einem vorgegebenen Rahmen, der nur begrenzten Raum für persönliche Autonomie lässt. Im Gegensatz dazu befürwortet der Daoismus die Kultivierung von Authentizität und den uneingeschränkten Ausdruck der eigenen angeborenen Natur und meidet die durch gesellschaftliche Konventionen auferlegten Beschränkungen.

Darüber hinaus offenbart der historische Kontext gesellschaftlicher Normen eine kontinuierliche Entwicklung, die von Verschiebungen in Machtstrukturen, kulturellen Paradigmen und vorherrschenden moralischen Rahmenbedingungen geprägt ist. Im Laufe verschiedener Epochen und geografischer Orte haben sich gesellschaftliche Normen gewandelt, um die vorherrschenden Werte und Ideologien der jeweiligen Zeit widerzuspiegeln, was häufig zu Konflikten zwischen unterschiedlichen Glaubenssystemen und normativen Praktiken führte. Diese Dynamik steht in krassem Gegensatz zu den Prinzipien der daoistischen Philosophie, die als Beweis für das Streben nach Transzendenz, innerer Kultivierung und harmonischer Koexistenz mit der natürlichen Welt bestehen bleiben.

Wenn wir uns eingehender mit gesellschaftlichen Normen befassen, wird deutlich, dass ihnen ein System von Regeln, Vorschriften und üblichen Praktiken zugrunde liegt, die Konformität erzwingen und das Verhalten regulieren. Im Gegensatz dazu vertritt die Philosophie des Daoismus die Auflösung künstlicher Grenzen und die Integration von Spontaneität und Nichthandeln als Wege zu echter Einsicht und spiritueller Erfüllung. Das Zusammenspiel dieser gegensätzlichen Paradigmen lädt zu einer eingehenden Erforschung der menschlichen Verfassung und unserer fortwährenden Suche nach Sinn, Zweck und authentischem Selbstausdruck ein.

Die Geschichte von Sir Square Field:

In der alten Parabel von Sir Square Field, wie sie in der reichen daoistischen Literatur erzählt wird, liegt eine Allegorie, die die Essenz gesellschaftlicher Normen und ihre Beziehung zu den Lehren der daoistischen Philosophie zusammenfasst. Die Erzählung entfaltet sich mit Sir Square Field, einem fleißigen und ernsthaften Menschen, der sich gewissenhaft um sein Ackerland kümmert. Seine Felder sind fachmännisch bepflanzt und ausgerichtet und spiegeln die Präzision und Strenge wider, die von den gesellschaftlichen Standards erwartet wird. Doch trotz seines scheinbaren Erfolgs und materiellen Überflusses hegt Sir Square Field ein Gefühl innerer Unruhe und Unerfülltheit.

Im Verlauf der Geschichte begegnet Sir Square Field einem wandernden daoistischen Weisen, der im Gegensatz zum konventionellen Ethos Spontaneität, Einfachheit und Ehrfurcht vor der natürlichen Ordnung verkörpert. Durch ihre zufällige Begegnung wird der einst so selbstverständliche Sir Square Field mit der krassen Diskrepanz zwischen den künstlichen Konstrukten gesellschaftlicher Konformität und dem harmonischen, ungehinderten Rhythmus der Natur konfrontiert, den die daoistische Lebensweise verkörpert.

In der symbolischen Entwicklung der Ereignisse spiegelt Sir Square Fields unermüdliches Streben nach geordneter Perfektion den gesellschaftlichen Druck wider, sich an vordefinierte Normen und Erwartungen zu halten. Umgekehrt stellt die optimistische und sorglose Haltung des daoistischen Weisen eine Abkehr von gesellschaftlichen Konventionen dar, indem er für persönliche Authentizität plädiert und sich auf das organische Auf und Ab der Existenz einstellt.

Die Metapher von Sir Square Field dient als allegorische Erinnerung an den inhärenten Konflikt zwischen gesellschaftlichen Konstrukten und dem befreiten Geist, den die daoistische Philosophie vertritt. Durch die Darstellung der gegensätzlichen Erfahrungen und Weltanschauungen der Figur lädt die Parabel zu tiefgründigen Überlegungen über die Natur der menschlichen Existenz, das Streben nach Authentizität und die innere Dissonanz ein, die durch gesellschaftlichen Druck entsteht. Sie fordert die Leser auf, über die Sinnlosigkeit des starren Festhaltens an gesellschaftlichen Konstrukten nachzudenken, im Gegensatz zur inneren Weisheit, sich mit der unverfälschten Essenz der natürlichen Welt in Einklang zu bringen.

Moralische Konstrukte:

Im Kontext gesellschaftlicher Strukturen und ethischer Rahmenbedingungen stellt die Dichotomie zwischen sozialer Konformität und daoistischer Offenheit eine grundlegende philosophische Debatte dar. Gesellschaftliche Normen betonen oft die Einhaltung etablierter moralischer Konstrukte und ethischer Kodizes und ermutigen Einzelpersonen, sich an vorgegebene Verhaltens- und Glaubensstandards zu halten. Diese Betonung der Konformität wurzelt im Wunsch nach sozialem Zusammenhalt und Ordnung. Eine solche Betonung der Konformität kann jedoch auch zur Unterdrückung individueller Autonomie und authentischer Ausdrucksformen führen. Im Gegensatz dazu verkörpert daoistische Offenheit eine Philosophie, die Spontaneität, Natürlichkeit und die Freiheit von künstlichen Zwängen umfasst.

Die daoistische Perspektive plädiert für eine harmonische Ausrichtung auf die angeborenen Rhythmen der Existenz und ermöglicht einen Ansatz, der starre moralische Konstrukte überwindet. Der Daoismus ermutigt den Einzelnen, ein tiefes Gefühl von Selbstbewusstsein und Empathie zu entwickeln und fördert einen natürlichen und echten Ausdruck der eigenen inneren Wahrheit. Dieses Ethos betont die Verbundenheit aller Wesen und den intrinsischen Wert persönlicher Autonomie innerhalb des größeren Gefüges der Existenz. Durch die Gegenüberstellung dieser beiden philosophischen Paradigmen versucht dieser Diskurs, die Spannung zwischen gesellschaftlichen Normen und dem daoistischen Konzept der Offenheit zu verdeutlichen.

Durch kritische Betrachtung und differenzierte Analyse zielt die Diskussion darauf ab, die Nuancen von Moral und sozialem Verhalten zu erörtern und die Komplexitäten zu beleuchten, die der Interaktion zwischen gesellschaftlichen Erwartungen und daoistischen Prinzipien innewohnen. Darüber hinaus soll diese Untersuchung durch die Untersuchung der Auswirkungen dieser gegensätzlichen Perspektiven Einblicke in das optimale Gleichgewicht zwischen sozialem Zusammenhalt und individueller Authentizität geben. Letztendlich befasst sich diese Untersuchung mit dem Zusammenspiel zwischen moralischen Konstrukten, sozialer Konformität und dem Paradigma daoistischer Offenheit und bietet eine umfassende Untersuchung ihrer Auswirkungen auf verschiedene Facetten der menschlichen Erfahrung.

Individualismus und Kollektivismus:

Im Mittelpunkt des daoistischen Denkens steht der Glaube an den inneren Wert jedes Einzelnen als integralen Bestandteil des kosmischen Ganzen. Der Daoismus erkennt die dynamische Harmonie an, die der Natur innewohnt, und ermutigt den Einzelnen, seine einzigartigen Talente, Perspektiven und Bestrebungen anzuerkennen und gleichzeitig die Verbundenheit aller Wesen zu schätzen. Indem er Individualismus ohne egozentrische Bindung annimmt und die gegenseitige Abhängigkeit aller Dinge anerkennt, fördert der Daoismus ein Gefühl der Einheit innerhalb der Vielfalt.

Darüber hinaus betonen daoistische Lehren die Bedeutung von Spontaneität, Flexibilität und Anpassungsfähigkeit im Umgang mit sozialen Strukturen. Anstatt starr an festen Rollen und Erwartungen festzuhalten, werden die Menschen ermutigt, mit den organischen Rhythmen des Lebens zu fließen und sich mit Belastbarkeit an veränderte Umstände anzupassen. Diese fließende Herangehensweise an die Existenz ermöglicht es den Menschen, ihre Autonomie zu wahren und sich gleichzeitig harmonisch in kollektive Kontexte einzubringen.

Darüber hinaus bietet das daoistische Konzept des Wu Wei (müheloses Handeln) einen Rahmen für die Balance zwischen individueller Handlungsfähigkeit und gemeinschaftlicher Beteiligung. Wu Wei plädiert nicht für passives

Loslassen; stattdessen ermutigt es den Einzelnen, im Einklang mit dem natürlichen Lauf der Dinge zu handeln und sich ohne Zwang anzustrengen. Indem sie ihre persönlichen Absichten mit der spontanen Ordnung des Universums in Einklang bringen, können sie zu kollektiven Unternehmungen beitragen, ohne ihre Autonomie zu gefährden, und so eine harmonische Koexistenz von Individualismus und Kollektivismus fördern.

In der heutigen Gesellschaft bietet der daoistische Ansatz wertvolle Erkenntnisse, um die Spannung zwischen individualistischen Bestrebungen und gemeinschaftlicher Verantwortung zu bewältigen. Indem die Wertschätzung der individuellen Einzigartigkeit mit einem tiefen Verständnis kollektiver Verbundenheit verbunden wird, können Individuen aktiv an gesellschaftlichen Strukturen teilnehmen und gleichzeitig ihre Authentizität bewahren. Dieser ausgewogene Ansatz kultiviert eine Kultur, die Vielfalt schätzt, Empathie fördert und gemeinschaftlichen Fortschritt fördert und letztlich zur Harmonisierung von Individualismus und Kollektivismus beiträgt.

Gesellschaftliche Erwartungen:

Aus daoistischer Sicht sind die Erwartungen der Gesellschaft oft von künstlichen Konstrukten geprägt, die den Einzelnen an starre Rollen und Verpflichtungen binden. Dies erzeugt ein Gefühl der Konformität, das im Widerspruch zu der spontanen und harmonischen Natur steht, die im daoistischen Denken vertreten wird. Der Druck, sich an gesellschaftliche Normen zu halten, kann zu inneren Konflikten und Dissonanzen führen und die Fähigkeit des Einzelnen beeinträchtigen, sich authentisch mit seiner inneren Natur zu verbinden. Die daoistische Kritik behauptet, dass gesellschaftliche Erwartungen das persönliche Wachstum und die spirituelle Entwicklung einschränken und eine oberflächliche Fassade auf Kosten echter Selbstdarstellung fördern. Darüber hinaus führt die durch gesellschaftliche Normen aufrechterhaltene Betonung von materiellem Erfolg, sozialem Status und externer Bestätigung ein disharmonisches Element ein, das das natürliche Gleichgewicht und die Ruhe stört, für die der Daoismus eintritt. Diese Disharmonie äußert sich oft in Stress, Angst und Desillusionierung und erzeugt ein allgegenwärtiges Gefühl der Unzufriedenheit bei den Menschen, die sich bemühen, den Anforderungen der Gesellschaft zu entsprechen. Die daoistische Kritik hebt auch die inhärente Dichotomie zwischen gesellschaftlichen Erwartungen und der fließenden, anpassungsfähigen Natur der Existenz hervor. Durch die Auferlegung starrer Standards und vordefinierter Wege schränken gesellschaftliche Normen die frei fließende Essenz des Lebens ein und behindern die organische Entwicklung und das jedem Individuum innewohnende transformative Potenzial. Darüber hinaus postuliert der Daoismus, dass gesellschaftliche Konstrukte ein falsches Gefühl von Sicherheit und Ordnung erzeugen und die authentischen Erfahrungen von Spontaneität und Verbundenheit mit dem Universum verwässern.

Kapitel XXVII
UNWISSENHEIT UND GÖTTLICHE ERKENNTNIS

Die Symbolik des „Nordens":

Im daoistischen Denken stellt die Symbolik des „Nordens" die Richtung dar, aus der kosmische Energien fließen und in der die Vorfahren wohnen. Der Norden wird mit Dunkelheit, Stille und Mysterium assoziiert und spielt auf die Tiefen des Unbekannten und die verborgenen Wahrheiten an, die darauf warten, entdeckt zu werden. Diese Richtungssymbolik steht im Einklang mit dem Konzept, Unwissenheit als Mittel zur Erlangung von Erleuchtung in Zhuangzis Lehren anzunehmen. Während die Praktizierenden die metaphorische Reise in den Norden unternehmen, begegnen sie der Essenz der Yin-Energie, die Empfänglichkeit, Selbstbeobachtung und die nachgiebigen Aspekte der Natur symbolisiert. Der Norden steht auch für die konstanten, zyklischen Muster in der natürlichen Welt und erinnert die Menschen an die Vergänglichkeit und Fließfähigkeit der Existenz. Darüber hinaus stellt der Norden die Quelle der ursprünglichen Weisheit und der Verbindung zum Reich dar und dient als leitende Kraft für Suchende auf dem Weg der Selbstverwirklichung und des spirituellen Erwachens. Diese Erkundung lädt zum Nachdenken über die Rolle von Polarität und Gleichgewicht sowie die Integration gegensätzlicher Kräfte in die menschliche Erfahrung ein. Letztlich dient die Symbolik des „Nordens" als kraftvolle Metapher für die innere Reise der Selbstfindung und das Streben nach transzendenter Weisheit bei der Suche nach der Verwirklichung der tiefen Wahrheiten, die in der natürlichen Welt verborgen sind.

Die Grenzen des menschlichen Verständnisses:

Beim Streben nach Erleuchtung und tieferer Weisheit ist man oft versucht, nach absolutem Wissen und Verständnis zu streben. Die daoistische Perspektive stellt diese Neigung jedoch in Frage, indem sie für die Akzeptanz der inhärenten Grenzen der menschlichen Wahrnehmung und Erkenntnis plädiert.

Zhuangzis Lehren ermutigen den Einzelnen, zu erkennen, dass der menschliche Geist an seine eigene Subjektivität gebunden ist und nicht die Gesamtheit der Existenz erfassen kann. Diese Erkenntnis wird zum Katalysator für die Entwicklung von Demut und Offenheit gegenüber dem Unbekannten. Indem man die Grenzen des menschlichen Verständnisses akzeptiert, kann man sich von den Zwängen egogetriebener Wünsche nach intellektueller Meisterschaft befreien. Stattdessen kann man sich auf eine tiefere Reise der Selbstfindung und des spirituellen Wachstums begeben.

Diese Akzeptanz kognitiver Einschränkungen dient auch als Grundlage für eine harmonische Interaktion mit der Außenwelt. Sie ermöglicht es dem Einzelnen, das Leben mit einem Gefühl des Staunens und der Neugier anzugehen, frei von der Last, jeden Aspekt seiner Realität kontrollieren oder vollständig verstehen zu wollen. Aus dieser Perspektive werden Erfahrungen zu Gelegenheiten für Erkundung und Lernen und nicht zu Quellen der Frustration oder Angst.

Darüber hinaus können Menschen durch das Annehmen der Geheimnisse und Ungewissheiten der Existenz ein Gefühl der Verbundenheit mit dem Universum entwickeln. Das Erkennen der unfassbaren Weite des Kosmos fördert eine tiefe Ehrfurcht vor den rätselhaften Kräften, die hier wirken, und flößt ihnen einen tiefen Respekt vor der natürlichen Ordnung der Dinge ein. Dieser Perspektivwechsel ermutigt die Menschen, das Bedürfnis nach endgültigen Antworten aufzugeben und sich stattdessen an der reichen Vielfalt an Fragen zu erfreuen, die die menschliche Erfahrung definieren.

Wenn Menschen lernen, die Grenzen ihres Verständnisses zu akzeptieren, werden sie dazu angeregt, sich mit Selbstbeobachtung und Selbsterforschung zu beschäftigen. Anstatt Unwissenheit als Mangel zu betrachten, sehen sie sie als Tor zu tiefer Einsicht. Das Unbekannte zu akzeptieren wird gleichbedeutend mit der Öffnung von Möglichkeiten für Wachstum und Transformation, wodurch Menschen die Grenzen des konventionellen Wissens überschreiten und die grenzenlose Quelle intuitiver Weisheit anzapfen können.

Unwissenheit als Weg zur Erleuchtung:

In der Philosophie von Zhuangzi wird Unwissenheit nicht als Mangel oder Mangel an Wissen angesehen, sondern als entscheidender Weg zur Erleuchtung. Das Konzept der Unwissenheit im daoistischen Denken stellt herkömmliche Vorstellungen von Weisheit und Lernen in Frage. Es lädt den Einzelnen ein, einen Zustand des Nichtwissens anzunehmen, der es ihm ermöglicht, die Grenzen des erworbenen Wissens und der intellektuellen Bestrebungen zu überschreiten. Wie Zhuangzi metaphorisch durch seine Anekdoten und Parabeln illustriert, kann das Streben nach Wissen oft zu Starrheit und Engstirnigkeit führen, was die Fähigkeit einschränkt, die zugrunde liegende Einheit der Welt wahrzunehmen und das Erlangen wahrer Einsicht behindert.

Durch das Eingestehen der eigenen Unwissenheit öffnet sich ein Mensch für neue Möglichkeiten und Wege, die Realität wahrzunehmen. Das Anerkennen der Unwissenheit bedeutet, vorgefasste Meinungen und Vorurteile aufzugeben und so eine Offenheit für alternative Perspektiven und tieferes Verständnis zu fördern. Dieser Zustand der Empfänglichkeit und Demut dient als Grundlage für die Entwicklung intuitiver Weisheit und spiritueller Erkenntnis. In der daoistischen Philosophie wird Unwissenheit nicht als Hindernis wahrgenommen, sondern als fruchtbarer Boden für die Entfaltung tiefer Erkenntnisse.

Durch das Erkennen der Grenzen des menschlichen Verständnisses werden die Menschen von den Zwängen des egogetriebenen Intellekts befreit und können sich auf den harmonischen Rhythmus des Universums einstimmen. Zhuangzis Lehren ermutigen die Menschen, über die Grenzen der gewöhnlichen Erkenntnis hinauszugehen und in die grenzenlose Weite unaussprechlicher Wahrheiten einzutauchen, wodurch Unwissenheit zu einem Tor zu transzendenter Erleuchtung wird.

Wenn Unwissenheit mit Achtsamkeit und Ehrfurcht begegnet wird, wird sie zu einem Katalysator für innere Transformation und spirituelle Entwicklung. Sie ermöglicht es dem Einzelnen, die Verbundenheit aller Dinge wahrzunehmen und seine innere Einheit mit dem Kosmos zu erkennen. Die Vorstellung von Unwissenheit als Weg zur Erleuchtung unterstreicht die transformative Kraft, die darin liegt, Ungewissheit zu akzeptieren und die Suche nach absolutem Wissen aufzugeben. Sie stellt einen Grundsatz der daoistischen Philosophie dar und erinnert uns daran, dass wahre Weisheit aus einem Zustand des Nichtwissens entsteht, in dem der Geist von den Konstrukten der Gewissheit entlastet und für die mysteriöse Entfaltung der Existenz offen ist.

Göttliche Erkenntnis und ihre Erscheinungsformen:

Im weiteren Kontext der daoistischen Philosophie bezieht sich göttliche Erkenntnis auf das Erwachen oder die Erleuchtung, die durch das Überschreiten der Grenzen menschlicher Wahrnehmung und des menschlichen Verständnisses entsteht. Sie stellt eine Einsicht in die grundlegende Natur der Realität und der eigenen Existenz dar. In Zhuangzis Lehren ist göttliche Erkenntnis kein entfernter oder unerreichbarer

Zustand, sondern vielmehr ein kontinuierlicher Prozess der Selbstfindung und harmonischen Integration in die natürliche Welt. In diesem Sinne geht es eher darum, Illusionen und Wahnvorstellungen abzulegen, als neues Wissen zu erwerben.

Die Erscheinungsformen göttlicher Erkenntnis sind vielfältig und nuanciert und widersprechen oft der herkömmlichen Logik und Rationalität. Zhuangzi liefert zahlreiche Parabeln und Anekdoten, um die vielfältigen Wege zu veranschaulichen, auf denen Menschen diese Erkenntnis erlangen und zum Ausdruck bringen können. Diese Erscheinungsformen können sich in einem tiefen Gefühl inneren Friedens und Zufriedenheit, einem tiefen Mitgefühl und einer Verbundenheit mit allen Lebewesen sowie einem gesteigerten Bewusstsein für die Vergänglichkeit und Flüchtigkeit weltlicher Belange äußern. Darüber hinaus kann göttliche Erkenntnis zu einem intuitiven Verständnis der inhärenten Einheit und des Gleichgewichts im Universum führen und die Dichotomien von Gut und Böse, Richtig und Falsch überwinden.

Darüber hinaus umfasst das Konzept der göttlichen Erkenntnis die Entwicklung mühelosen Handelns. Dies beinhaltet eine intuitive Reaktion auf Umstände, die es Ereignissen ermöglicht, sich auf natürliche Weise ohne gewaltsame Einmischung oder Widerstand zu entfalten. Göttliche Erkenntnis manifestiert sich auch in der Fähigkeit, die Eigenschaften des Wassers zu verkörpern – flexibel, anpassungsfähig und ruhig, aber dennoch immens kraftvoll bei der Gestaltung der Konturen der Realität. Durch diese fließende und harmonische Herangehensweise an das Leben werden Menschen auf die Feinheiten und Rhythmen der Existenz eingestimmt und entwickeln ein Gefühl tiefer Gelassenheit und Widerstandsfähigkeit.

...tnis nicht nur ein erhabenes Ideal, ...nd greifbare Transformation des ...ringt jeden Aspekt des Wesens ei-...nflusst seine Gedanken, Gefühle und ...göttliche Erkenntnis transzendiert man ...ost und Anderem und erkennt die Verbun-...enseitige Abhängigkeit aller Phänomene. ...nde Perspektivwechsel führt zu einem tiefen ...freiung und Freiheit von den Zwängen des Egos und der Begierde und ermöglicht es dem Menschen, im Einklang mit der Spontaneität und Harmonie des Dao zu leben.

Wissen durch Nichtwissen:

Das Wesen der paradoxen Weisheit liegt in der Erkenntnis, dass wahres Verständnis oft aus einem Zustand des Nichtwissens entsteht. Diese scheinbar kontraintuitive Vorstellung ermutigt den Einzelnen, seine Bindung an vorgefasste Meinungen und intellektuelle Gewissheiten aufzugeben. Stattdessen lädt sie ihn ein, einen Zustand der Offenheit und Empfänglichkeit für neue Möglichkeiten anzunehmen, der ein tieferes Verständnis der grundlegenden Wahrheiten der Existenz ermöglicht.

Darüber hinaus ist das daoistische Konzept des Wu-Wei oder mühelosen Handelns eng mit der Vorstellung des Wissens durch Nichtwissen verbunden. Indem man dem Drang nachgibt, der Welt seinen Willen mit Gewalt aufzuzwingen, kann man sich auf die natürlichen Rhythmen der Existenz einstimmen und Einblick in die zugrunde liegende Harmonie des Universums gewinnen. Diese harmonische Ausrichtung fördert ein Gefühl des intuitiven Verständnisses, das die Beschränkungen des analytischen Denkens übersteigt und zu tiefen Erkenntnissen und gesteigertem Bewusstsein führt.

Zhuangzis Parabeln und Allegorien dienen als [...]
kel, um das transformative Potenzial paradoxe[r ...]
vermitteln. Durch rätselhafte Erzählungen und zum [...]
ken anregende Anekdoten demonstriert er die schw[...]
bare Natur der absoluten Wahrheit und die Unzulänglic[h...]
der Sprache, das unaussprechliche Wesen der Existenz z[u]
erfassen. Jede metaphorische Erzählung lädt die Leser ein,
über die Verbundenheit aller Phänomene nachzudenken und
das eigentliche Gefüge ihrer wahrgenommenen Realität zu
hinterfragen, wodurch ein Zustand kognitiver Dissonanz gefördert wird, der den Weg für tiefgreifende Erkenntnisse ebnet.

Letztlich erfordert die Entwicklung paradoxer Weisheit im Streben nach Wissen eine radikale Neuausrichtung der eigenen intellektuellen Orientierung. Sie erfordert die Bereitschaft, Unsicherheit und Mehrdeutigkeit zu akzeptieren und sie als integrale Bestandteile des kosmischen Gewebes anzuerkennen. Auf diese Weise können Menschen die Grenzen konzeptuellen Wissens überwinden und in einen Bereich intuitiven Verstehens eintreten, der über rationales Verstehen hinausgeht. Dieser transformative Wandel erzeugt ein ganzheitliches Verständnis der Welt und bietet eine erfahrungsbasierte Begegnung mit den unaussprechlichen Mysterien, die der menschlichen Erfahrung zugrunde liegen.

Zhuangzis Metaphern:

Zhuangzis Metaphern laden uns ein, konventionelle Denkweisen zu überwinden und eine ganzheitliche Perspektive einzunehmen, die dualistische Vorstellungen von der Realität überwindet. Im Mittelpunkt dieser Metaphern steht das Konzept der Transformation, das durch die berühmte Analogie des „Schmetterlingstraums" veranschaulicht wird. Diese Metapher stellt unser festes Verständnis von Identität und Realität in Frage und veranlasst uns, die Natur der Existenz selbst in

Frage zu stellen. Indem wir die Implikationen solcher Metaphern genau untersuchen, werden wir dazu gebracht, über die illusorische Natur von Phänomenen und die Vergänglichkeit aller Dinge nachzudenken. Darüber hinaus vermitteln Zhuangzis Metaphern oft das harmonische Zusammenspiel zwischen dem Individuum und dem kosmischen Ganzen. Das Bild des unbehauenen Blocks dient als überzeugende Metapher dafür, den eigenen natürlichen Zustand anzunehmen und künstliche Konstrukte aufzugeben. Durch diese Metapher plädiert Zhuangzi für die Kultivierung von Spontaneität und die Freisetzung egogetriebener Impulse. So verkörpern seine Metaphern das daoistische Streben, sich mit dem Fluss des Dao in Einklang zu bringen und das Prinzip des Wu Wei zu verkörpern. Darüber hinaus verdeutlicht die Metapher des „Mit dem Fluss treiben" den Begriff der Widerstandslosigkeit und Anpassungsfähigkeit. Zhuangzi stellt den Fluss als Metapher für die unaufhörlichen Veränderungen des Lebens dar und plädiert für eine Geisteshaltung der Flexibilität und Offenheit gegenüber der Entwicklung der Ereignisse. Dies steht im Einklang mit der daoistischen Betonung der Akzeptanz von Veränderungen und der Suche nach Harmonie inmitten des Flusses der Existenz. Die aufschlussreiche Analyse dieser Metaphern offenbart Zhuangzis tiefgründige Betrachtung der Natur der Realität und der menschlichen Erfahrung.

Kapitel XXVIII
GENGSANG CHU - FÜHRUNG UND TUGEND

Gengsang Chu im Kanon von Zhuangzi:

In dem umfangreichen und reichen Werk des Zhuangzi hat die Präsenz von Gengsang Chu eine interessante Bedeutung, die einer Untersuchung bedarf. Obwohl Gengsang Chu keine von Natur aus herausragende Figur ist, sind seine philosophischen Beiträge tief in das Gewebe des Zhuangzi-Denkens verwoben. Wenn man Gengsang Chu im Kontext des Zhuangzi-Kanons untersucht, entdeckt man eine subtile, aber zentrale Präsenz, die den breiteren philosophischen Diskurs, der in diesem bahnbrechenden Werk artikuliert wird, bereichert und ergänzt. Gengsang Chus Lehren verkörpern die Essenz von Spontaneität, ungehindertem Ausdruck und einer tiefen Ehrfurcht vor der natürlichen Ordnung, die alle harmonisch mit den übergreifenden Themen von Zhuangzi harmonieren. Die Einfügung von Gengsang Chus Perspektiven in den Kanon dient der Erweiterung des Spektrums philosophischer Untersuchungen und verleiht dem Zhuangzi-Korpus ein differenziertes Verständnis von Existenz, Nicht-Handeln und existenzieller Befreiung. Darüber hinaus ist die Integration der Erkenntnisse Gengsang Chus in den Kanon ein Beweis für die Inklusivität des Denkens im Rahmen von Zhuangzi und zeigt ein echtes Engagement für die Aufnahme verschiedener philosophischer Strömungen und die Schaffung eines Raums für die vielschichtige Auseinandersetzung mit existenziellen Fragen. Während die Bedeutung von Zhuangzi selbst Gengsang Chus Präsenz in traditionellen Interpretationen überschatten mag, enthüllt eine genauere Betrachtung die wesentliche Rolle, die Gengsang Chus Ideen bei der Bereicherung des philosophischen Geflechts spielen, das sich durch das gesamte Zhuangzi zieht.

Im Bereich der chinesischen Philosophie hat Gengsang Chus Ausrichtung auf daoistische Prinzipien in Werken wie dem Daodejing widergehallt, die Entwicklung der daoistischen Philosophie beeinflusst und Diskussionen über Spontaneität und harmonisches Leben bereichert. Darüber hinaus hat sein Kontrast zur konfuzianischen Ideologie einen Gegenpol geboten und kritische Überlegungen zu ethischem Verhalten und Regierungsführung gefördert. Über China hinaus hat Gengsang Chus Einfluss im existenzialistischen Denken Widerhall gefunden, insbesondere in den Werken von Friedrich Nietzsche und Martin Heidegger. Das Konzept, natürliche Prozesse zu akzeptieren und übermäßige Kontrolle aufzugeben, hat in der Existenzphilosophie Aufmerksamkeit erregt und Perspektiven auf Authentizität und individuelle Handlungsfähigkeit geprägt. Darüber hinaus ist die Resonanz von Gengsang Chu in den Werken zeitgenössischer Philosophen erkennbar, die sich für Achtsamkeit, Verbundenheit und ökologische Ethik einsetzen. Die Auswirkungen der Pflege einer harmonischen Beziehung zur Natur, wie sie im Text erläutert werden, haben Diskurse über ökologische Nachhaltigkeit und ganzheitliches Wohlbefinden beeinflusst.

Kapitel XXIX
DIE ABWESENHEIT VON ANGST

Geistlosigkeit:

Geisterlosigkeit bezeichnet einen Zustand der Befreiung von der quälenden Präsenz von Angst und Sorge, die das normale menschliche Leben plagt. Sie verkörpert die tiefe Weisheit, konventionelle Sorgen und Bindungen zu überwinden, und ermöglicht es dem Einzelnen, der Welt mit einem ungebundenen Geist gegenüberzutreten. Geisterlosigkeit, wie sie Zhuangzi in „Xú wúguǐ" darlegt, ist nicht nur die Abwesenheit von Angst, sondern eine tiefe Erkenntnis der illusorischen Natur weltlicher Bestrebungen und Befürchtungen.

Um Geisterlosigkeit zu verstehen, muss man sich in die metaphorische Landschaft vertiefen, die Zhuangzi webt. Sie ruft Bilder hervor, in denen man die schwere Last gesellschaftlicher Erwartungen und egogetriebener Wünsche loslässt, ähnlich dem Abwerfen der Fesseln einer geisterhaften Existenz. Geisterlosigkeit zu akzeptieren bedeutet, die Vergänglichkeit und Verbundenheit aller Phänomene zu erkennen, was zu einem Gefühl der Befreiung jenseits herkömmlicher Beschränkungen führt.

Darüber hinaus umfasst Geisterlosigkeit eine grundlegende Neuorientierung der Beziehung zur Außenwelt. Dazu gehört die Entwicklung eines ausgeprägten Bewusstseins für die Vergänglichkeit der Existenz und die Entwicklung einer fließenden Anpassungsfähigkeit an den unaufhörlichen Fluss des Lebens. Aus dieser Perspektive wird Geisterlosigkeit zum Synonym für eine tiefe Ruhe, die entsteht, wenn man die Höhen und Tiefen der Realität akzeptiert, ohne an festen Vorstellungen festzuhalten.

In seiner Abhandlung über die Geisterlosigkeit lädt Zhuangzi uns ein, über die Natur des Selbst und der Identität nachzudenken. Indem wir starre Vorstellungen vom Ego aufgeben und die grenzenlose Weite der Existenz annehmen, können wir die innere Freiheit erlangen, die in der Geisterlosigkeit steckt. Diese Transzendenz befreit uns von den Zwängen egozentrischer Beschäftigungen und fördert ein tiefes Gefühl der Verbundenheit mit dem Kosmos.

Darüber hinaus geht die Geisterlosigkeit über individuelle psychologische Zustände hinaus und umfasst ethische und moralische Dimensionen. Sie bietet ein Paradigma für ethisches Handeln, das auf mitfühlendem Verständnis und Losgelöstheit gründet und frei von den Fesseln angstbedingter Reaktivität ist. In dieser Hinsicht birgt die Geisterlosigkeit das Potenzial, eine harmonische und mitfühlende Gesellschaft hervorzubringen, die nicht durch die spaltenden Kräfte von Angst und Abneigung belastet ist.

Furcht:

Angst ist ein grundlegender Aspekt der menschlichen Erfahrung und beeinflusst unsere Gedanken, Gefühle und Handlungen auf tiefgreifende Weise. Diese Uremotion hat sich als Überlebensmechanismus entwickelt, der es dem Menschen ermöglicht, potenzielle Bedrohungen zu erkennen und darauf zu reagieren. Sie löst die angeborene Kampf-oder-Flucht-Reaktion des Körpers aus und bereitet uns darauf vor, Gefahren entweder entgegenzutreten oder vor ihnen zu fliehen. Darüber hinaus dient Angst als Schutzinstinkt und warnt Menschen vor Risiken, die ihr Wohlbefinden gefährden könnten. Aus evolutionärer Sicht hat Angst eine entscheidende Rolle bei der Sicherung des Überlebens unserer Spezies gespielt, indem sie Wachsamkeit und Selbsterhaltung fördert.

Abgesehen von ihren physiologischen Auswirkungen durchdringt Angst verschiedene Facetten des menschlichen Lebens und prägt unsere Beziehungen, Entscheidungen und Bestrebungen. In zwischenmenschlichen Dynamiken kann sich Angst als soziale Angst, Unsicherheit oder Angst vor Ablehnung äußern, was zu Barrieren in der Kommunikation und im Kontakt mit anderen führt. Darüber hinaus beeinflusst sie unsere beruflichen Bemühungen und Karriereentscheidungen und veranlasst Menschen oft dazu, Herausforderungen zu vermeiden oder kalkulierte Risiken einzugehen, aus Angst vor Versagen oder Urteilsvermögen. Die allgegenwärtige Natur der Angst erstreckt sich auf die Bereiche Kreativität, Innovation und persönliches Wachstum und hindert Menschen daran, unbekannte Gebiete zu erkunden oder ehrgeizige Ziele zu verfolgen.

Philosophisch betrachtet wirft Angst existenzielle Fragen über die Natur der menschlichen Existenz und die Suche nach Sinn auf. Sie regt zum Nachdenken über Sterblichkeit, Verletzlichkeit und die Unvorhersehbarkeit des Lebens an und zwingt den Einzelnen, sich mit seinen Grenzen und Unsicherheiten auseinanderzusetzen. Diese introspektive Betrachtung der Angst führt zu Fragen nach Mut, Belastbarkeit und der Suche nach Transzendenz jenseits der durch die Angst auferlegten Zwänge. Darüber hinaus wurde Angst im Laufe der Geschichte als Instrument der Unterdrückung und Kontrolle eingesetzt, um systemische Ungerechtigkeiten aufrechtzuerhalten und Bevölkerungen durch Einschüchterung und Zwang zu unterdrücken.

Das Konzept der Furchtlosigkeit:

In östlichen Philosophien wie dem Taoismus und Buddhismus wird Furchtlosigkeit oft mit dem Gedanken der Losgelöstheit und des inneren Friedens in Verbindung gebracht. Die Entwicklung innerer Stärke und Widerstandsfähigkeit gegenüber äußeren Störungen wird als wesentlich angesehen, um einen Zustand der Furchtlosigkeit zu erreichen. Die Lehren von Laozi und Zhuangzi betonen das Gleichgewicht zwischen Akzeptanz und Losgelöstheit, was zu einem unerschütterlichen Gefühl der Furchtlosigkeit führt. Dies steht im Gegensatz zur stoischen Tradition der westlichen Philosophie, in der Furchtlosigkeit mit der Ausübung von Tugend und Rationalität verbunden wird.

Stoische Philosophen wie Seneca und Epiktet plädierten für die Beherrschung der Emotionen und die Entwicklung geistiger Stärke, um Ängsten zu begegnen. Darüber hinaus befassten sich existenzialistische Philosophen wie Jean-Paul Sartre und Albert Camus mit der Absurdität der menschlichen Existenz und der Freiheit, die man erlangt, wenn man das Leben ohne Illusionen oder Angst annimmt. Ihre existenzialistischen Ansichten zur Furchtlosigkeit drehen sich um den Mut, sich den Unsicherheiten und Absurditäten der Existenz zu stellen und so Authentizität statt Vermeidung zu wählen. Darüber hinaus wurde das Konzept der Furchtlosigkeit auch im Kontext religiöser Traditionen untersucht.

Im Hinduismus diskutiert die Bhagavad Gita den Begriff der Furchtlosigkeit als wesentliche Eigenschaft für spirituelles Wachstum und das Streben nach Rechtschaffenheit. Der in der Gita dargestellte Archetyp des furchtlosen Kriegers symbolisiert die Überwindung der Furcht angesichts moralischer Pflichten und ethischer Dilemmata. In ähnlicher Weise betonen die Lehren Jesu Christi im Christentum die transformative Kraft von Glaube und Liebe bei der Überwindung von Furcht. Die biblische Ermahnung „Hab keine Angst" spiegelt die Botschaft wider, im Glauben Trost und Mut zu finden. Darüber hinaus betont die islamische Tradition Taqwa oder Gottesbewusstsein als Mittel, um durch Vertrauen in den göttlichen Plan und Unterwerfung unter den Willen Allahs Furchtlosigkeit zu erlangen.

Anwendungen im modernen Leben

Ein Schlüsselbereich, in dem das Konzept der Furchtlosigkeit von Bedeutung ist, ist der Bereich der Führung. Effektive Führungskräfte sind diejenigen, die angesichts von Widrigkeiten und Unsicherheit Mut beweisen und ihre Teams dazu inspirieren, Herausforderungen mit Widerstandskraft und Entschlossenheit anzugehen. Indem sie den Geist des „Xú wúguī" annehmen, können Führungskräfte eine Kultur der Innovation und Risikobereitschaft fördern und ihre Organisationen ermutigen, sich an veränderte Umstände anzupassen und ehrgeizige Ziele zu verfolgen, ohne der Angst zu erliegen.

Darüber hinaus dient die Philosophie der Furchtlosigkeit im Kontext von Unternehmertum und Unternehmensführung als Leitprinzip für Entscheidungsfindung und Risikobewertung. Unternehmer, die die Essenz von „Xú wúguī" verkörpern, gehen eher kalkulierte Risiken ein, erkunden unbekanntes Terrain und stellen konventionelle Paradigmen auf der Suche nach bahnbrechenden Lösungen in Frage. Indem sie Hindernissen mit einer furchtlosen Einstellung begegnen, können Einzelpersonen und Organisationen ihr kreatives Potenzial entfalten und beispiellosen Erfolg erzielen.

Außerhalb des Berufslebens kann Furchtlosigkeit auch zur persönlichen Weiterentwicklung und mentalen Belastbarkeit beitragen. In einer Zeit, die von raschen Veränderungen und gesellschaftlichen Komplexitäten geprägt ist, kämpfen Menschen oft mit persönlichen Ängsten und Sorgen, die sie daran hindern, nach Erfüllung und Glück zu streben. Ausgehend von Zhuangzis Lehren befähigt die Entwicklung von Furchtlosigkeit Menschen, sich ihren Unsicherheiten zu stellen, sich von selbst auferlegten Beschränkungen zu befreien und die Unsicherheiten des Lebens mit unerschütterlichem Vertrauen anzunehmen.

Darüber hinaus haben die Prinzipien von „Xú wúguī" erhebliche Auswirkungen auf die Entwicklung einer anpassungsfähigen und veränderungsoffenen Denkweise. In einem Zeitalter, das von technologischem Fortschritt und Globalisierung geprägt ist, sind furchtlose Menschen besser dafür gerüstet, Innovationen anzunehmen, Störungen zu erleben und in dynamischen Umgebungen erfolgreich zu sein. Diese anpassungsfähige Denkweise trägt maßgeblich zur Förderung von Belastbarkeit und Durchhaltevermögen bei und ermöglicht es Menschen, Chancen zu nutzen und Hindernisse mit unerschütterlicher Entschlossenheit zu überwinden.

Kritiken:

Während Zhuangzis Idee der Furchtlosigkeit ansprechend und tugendhaft erscheinen mag, argumentieren Kritiker, dass eine vollständige Ausrottung der Angst zu Rücksichtslosigkeit oder einem Mangel an Selbsterhaltungstrieb führen kann. Darüber hinaus behaupten einige, dass Angst als natürlicher und notwendiger Motivator für Selbstschutz und umsichtige Entscheidungsfindung dient, und stellen in Frage, ob ein Mensch ohne Angst das Leben wirklich effektiv erleben kann.

Darüber hinaus wird in Gegenargumenten behauptet, dass beim Streben nach Furchtlosigkeit die nuancierte Natur menschlicher Emotionen übersehen werden könnte, was möglicherweise den Wert der Überwindung von Ängsten durch schrittweises Aussetzen und emotionale Belastbarkeit untergräbt. Kritiker behaupten, dass das Eintreten für Furchtlosigkeit unbeabsichtigt Menschen mit Angststörungen oder vergangenen Traumata ausgrenzen könnte, da es einen zu vereinfachten Ansatz zur Behandlung tiefsitzender Ängste und Befürchtungen vermitteln könnte.

Darüber hinaus äußern Kritiker ethische Bedenken hinsichtlich der ethischen Auswirkungen der Förderung von Furchtlosigkeit, ohne die kontextuellen Realitäten marginalisierter Gemeinschaften oder von Einzelpersonen anzuerkennen, die systematischer Unterdrückung und Diskriminierung ausgesetzt sind. Sie argumentieren, dass die Rhetorik der Furchtlosigkeit möglicherweise eine unrealistische Erwartung an Personen in gefährdeten Positionen aufrechterhält und möglicherweise die strukturellen Barrieren übersieht, die zu ihren Ängsten und Unsicherheiten beitragen.

Ein weiterer wichtiger Kritikpunkt dreht sich um die potenzielle Abkehr von Empathie und Mitgefühl, die durch eine übermäßige Betonung von Furchtlosigkeit entstehen könnte. Kritiker warnen, dass ein kompromissloses Streben nach Furchtlosigkeit dazu führen könnte, dass Einzelpersonen persönliche Ambitionen über das kollektive Wohlergehen stellen und möglicherweise das empathische Verständnis für die Ängste und Verletzlichkeiten anderer übersehen.

Als Antwort auf diese Kritik plädieren Befürworter der Furchtlosigkeit für eine ausgewogene und differenzierte Interpretation und betonen, dass Furchtlosigkeit nicht bedeutet, Vorsicht oder Weisheit außer Acht zu lassen. Sie behaupten, dass das wahre Wesen der Furchtlosigkeit darin besteht, Widerstandsfähigkeit und mentale Stärke zu entwickeln und gleichzeitig einfühlsam und auf die Erfahrungen anderer eingestellt zu bleiben. Diese Perspektive unterstreicht die Bedeutung von Selbstbeobachtung und Selbstbewusstsein und plädiert für eine bewusste Integration der Furchtlosigkeit in persönliche Wachstumsprozesse, während gleichzeitig die vielfältigen Erscheinungsformen von Angst und Verletzlichkeit in der Gesellschaft anerkannt werden.

Kapitel XXX
VERÄNDERUNG UND BESTÄNDIGKEIT

Die Natur der Veränderung:

Veränderung als grundlegender Aspekt der Existenz durchdringt jede Facette der menschlichen Erfahrung. Ihre Vielschichtigkeit entzieht sich einer einfachen Kategorisierung und manifestiert sich in unterschiedlichen Formen. Im Kontext von Zhuangzis „Zé yáng" wird Veränderung als eine unvermeidliche Kraft dargestellt, die dem Fluss und der Transformation zugrunde liegt, die der natürlichen Welt und dem menschlichen Bewusstsein innewohnen. Der Begriff des Flusses fasst den fortwährenden Zustand der Bewegung und des Übergangs zusammen und weist darauf hin, dass nichts statisch oder unverändert bleibt. Diese dynamische Eigenschaft verleiht „Zé yáng" ein Gefühl von Vergänglichkeit und Instabilität und spiegelt die Realität wider. Darüber hinaus bezeichnet das Konzept der Transformation die kontinuierliche Entwicklung und Anpassung, die Individuen, Gesellschaften und Umgebungen im Laufe der Zeit durchlaufen. Es unterstreicht die Fähigkeit zur Erneuerung, zum Wachstum und zur Erneuerung und spiegelt so die zyklische Natur der Veränderung wider. Im Verlauf von „Zé yáng" verschmelzen diese philosophischen Grundsätze, um das inhärente Zusammenspiel von Stabilität und Unbeständigkeit hervorzuheben und ein Verständnis der Natur der Veränderung zu vermitteln.

Um dies noch weiter zu verdeutlichen, wird der Wandel aus verschiedenen Perspektiven betrachtet, die jeweils unterschiedliche Facetten seines Wesens beleuchten. Eine Perspektive befasst sich mit der Vergänglichkeit der materiellen Existenz und veranschaulicht die flüchtige Natur der physischen Realität. Hier porträtiert „Zé yáng" die vergängliche Qualität des Lebens und betont die flüchtige Schönheit und

Zerbrechlichkeit der natürlichen Welt. Diese Darstellung regt zum Nachdenken über die Vergänglichkeit aller Dinge an und fordert den Einzelnen heraus, sich mit der Zeitlichkeit auseinanderzusetzen, die seiner Umgebung innewohnt. Ein anderer Standpunkt untersucht die psychologischen und emotionalen Dimensionen des Wandels und befasst sich mit dem Aufruhr und der Anpassung, die der menschlichen Erfahrung innewohnen. Indem „Zé yáng" Charaktere zeigt, die mit persönlichen Umwälzungen konfrontiert sind, regt es zur Selbstbesinnung auf die Widerstandskraft und Stärke an, die erforderlich sind, um Veränderungen anzunehmen. Darüber hinaus fängt die Erzählung die gesellschaftlichen Veränderungen ein, die sich über Generationen hinweg entfalten, und entwirrt das Geflecht der kulturellen Evolution. Aus dieser soziohistorischen Perspektive stellt „Zé yáng" den Wandel als eine Kraft dar, die Zivilisationen, Ideologien und Traditionen prägt und einen Kreislauf aus Innovation und Veralterung aufrechterhält.

Dauerhaftigkeit:

Man kann die ergreifende Gegenüberstellung zwischen dem Vergänglichen und dem Ewigen nicht ignorieren, und in dieser Dichotomie erstrahlt die Essenz von „Zé yáng". Beständigkeit erscheint in diesem Zusammenhang nicht als Stagnation des Seins, sondern als unerschütterliche Säule, die im unaufhörlichen Kreislauf der Veränderung ein Gefühl von Kontinuität und Kohärenz vermittelt. Sie ist ein Reservoir an Beständigkeit, das eine sinnvolle Navigation durch die unzähligen Transformationen ermöglicht, die das Leben mit sich bringt.

Die philosophische Untersuchung der Beständigkeit erfordert eine umfassende Neubewertung unseres Verständnisses von Zeit, Existenz und der schwer fassbaren Natur der Realität. Wir sind gezwungen, über das Wesen dessen nachzudenken, was jenseits der vergänglichen Fassade der materiellen Welt

Bestand hat. „Zé yáng" lädt uns ein, über die Auswirkungen nachzudenken, die es hat, wenn man Vergänglichkeit akzeptiert und gleichzeitig die Widerstandsfähigkeit der Beständigkeit anerkennt. Die Erläuterung dieser Dichotomie überschreitet die Grenzen des konventionellen Denkens und treibt den Leser zu introspektiver Betrachtung des Zusammenspiels von Vergänglichkeit und Beständigkeit in seinem eigenen Leben.

Darüber hinaus regt die Konzeptualisierung der Beständigkeit in einer vergänglichen Welt zu tiefgreifenden Überlegungen über die menschliche Verfassung an und fördert die Anerkennung von Werten, Tugenden und ewigen Wahrheiten, die über Generationen hinweg Bestand haben. Durch die Auseinandersetzung mit dem Begriff der Beständigkeit werden die Menschen ermutigt, Trost in den unveränderlichen Prinzipien zu suchen, die ethischem Verhalten, moralischer Rechtschaffenheit und spiritueller Belastbarkeit zugrunde liegen. Im Wesentlichen bietet „Zé yáng" eine tiefgreifende Meditation über die Facetten der menschlichen Erfahrung und lädt die Leser ein, inmitten des Vergänglichen eine Wertschätzung für das Ewige zu entwickeln.

Wechselwirkung zwischen Veränderung und Beständigkeit:

Veränderung und Beständigkeit erscheinen oft als gegensätzliche Konzepte, doch bei näherer Betrachtung offenbaren sie eine dynamische Beziehung. Im Kontext von „Zé yáng" ist dieses Zusammenspiel besonders auffällig und spiegelt die grundlegenden Aspekte der menschlichen Existenz und der natürlichen Welt wider. Veränderung, gekennzeichnet durch Fluss und Evolution, stellt die unvermeidlichen Übergänge dar, die im Laufe des Lebens auftreten. Es ist die Kraft, die Individuen, Gesellschaften und Ökosysteme vorwärts treibt und Wachstum, Anpassung und Erneuerung bewirkt. Im Gegensatz dazu verkörpert Beständigkeit Stabilität, Kontinuität und Ausdauer inmitten der sich ständig verändernden

Landschaft der Existenz. Sie vermittelt ein Gefühl von Erdung, Tradition und Identität inmitten des Auf und Ab flüchtiger Erfahrungen. Wenn man sich jedoch mit ihrer Interaktion befasst, wird eine tiefe Symbiose sichtbar. Veränderung prägt unser Verständnis von Beständigkeit und ermöglicht es uns, ihre Bedeutung durch Kontrast und Vergleich zu würdigen. Sie betont den Wert von Prinzipien und Traditionen inmitten des Tumults des Wandels und bietet eine Konstanz, die Individuen in Zeiten der Unsicherheit leitet und Halt gibt. Beständigkeit hingegen mildert die turbulente Natur des Wandels und verleiht der Erzählung der Transformation Stabilität und Kohärenz. Sie dient als Fundament, auf dem sich das Gebäude des Wandels entfalten kann, und stellt sicher, dass inmitten des Umbruchs bestimmte Elemente ihr Wesen und ihren Zweck behalten. Darüber hinaus spiegelt sich die Wechselwirkung zwischen Wandel und Beständigkeit in der natürlichen Welt wider, wo saisonale Zyklen, ökologische Rhythmen und geologische Prozesse einen fortlaufenden Dialog zwischen Anpassung und Kontinuität zeigen. Das Nebeneinander von Vergänglichkeit und Beständigkeit prägt das eigentliche Gefüge der Existenz und erinnert uns an die gegenseitige Abhängigkeit und Komplementarität dieser scheinbar gegensätzlichen Kräfte. Die Untersuchung des Zusammenspiels von Wandel und Beständigkeit in „Zé yáng" lädt dazu ein, über die Natur der Zeit, die Widerstandsfähigkeit und die Bedeutung des Fortschritts im Kontext von Wahrheiten nachzudenken. Darüber hinaus regt es dazu an, zu untersuchen, wie Individuen die Spannung zwischen der Akzeptanz von Veränderungen und der Wertschätzung dessen, was in ihrem Leben beständig und unerschütterlich ist, erleben.

Licht als Metapher:

Im Kontext von „Zé yáng" dient Licht als kraftvolle Metapher, die die inhärente Natur von Veränderung und Beständigkeit verkörpert. Das Wechselspiel zwischen Licht und Dunkelheit spiegelt die Dialektik zwischen Fluss und Stabilität, Vergänglichkeit und Beständigkeit wider und veranlasst die Leser, über die dualistische Natur der Existenz nachzudenken. So wie der Auf- und Untergang der Sonne die Zyklen von Zeit und Übergang markiert, verwendet „Zé yáng" Licht als Symbol, um die Vergänglichkeit des Lebens und die Essenz universeller Prinzipien zu unterstreichen. Darüber hinaus vermitteln die Intensität und Richtung des Lichts in der Erzählung subtile Nuancen und rufen Interpretationen hervor, die mit Klarheit des Denkens, moralischer Führung und Offenbarungen zusammenhängen. Darüber hinaus veranschaulicht die Gegenüberstellung von Licht und Schatten die Spannung zwischen greifbarer Realität und abstrakten Idealen und regt zu philosophischer Selbstbetrachtung der der menschlichen Erfahrung innewohnenden Spannungen an.

Kapitel XXXI
DIE PHILOSOPHIE DER LOSLÖSUNG

Die Wahrnehmung spielt eine grundlegende Rolle bei der Gestaltung unseres Verständnisses der Realität, da sie die Linse bildet, durch die wir die Welt um uns herum interpretieren. Im Zhuangzi wird die Wahrnehmung als eine transformative Kraft dargestellt, die unser Verständnis äußerer Phänomene entweder bereichern oder verzerren kann. Durch kritische Selbstbeobachtung können Menschen beginnen, die durch die subjektive Wahrnehmung auferlegten Beschränkungen und den Einfluss, den sie auf ihre Interpretation der Realität ausübt, zu erkennen.

Darüber hinaus unterstreicht das Zhuangzi die dynamische und fließende Natur der Wahrnehmung und hebt ihre Anfälligkeit für Veränderungen und Anpassungen hervor. Durch die Anerkennung der Formbarkeit der Wahrnehmung können Einzelpersonen eine tiefere Wertschätzung für die Vielfalt der Perspektiven entwickeln, die in der Gesellschaft existieren. Diese Anerkennung bietet die Möglichkeit, Empathie und Verständnis zu fördern, wenn man bedenkt, dass die Wahrnehmung jedes Einzelnen ein Produkt seiner einzigartigen Erfahrungen und kulturellen Einflüsse ist.

Zhuangzi veranschaulicht, wie die Wahrnehmung unsere Beziehung zur Welt prägt und unsere persönlichen Erzählungen beeinflusst, und fordert uns auf, das Zusammenspiel zwischen Wahrnehmung, Erkenntnis und emotionalen Reaktionen kritisch zu untersuchen. Darüber hinaus warnt er vor Selbstzufriedenheit in Bezug auf den eigenen Wahrnehmungsrahmen und fordert uns auf, unseren kognitiven Horizont ständig herauszufordern und zu erweitern.

Die Dichotomie zwischen Selbst und Welt:

Die Suche nach dem Verständnis des Zusammenspiels zwischen dem Selbst und der Außenwelt ist von enormer Bedeutung, da sie sich mit der Beziehung zwischen dem eigenen inneren Zustand und den sich ständig verändernden äußeren Realitäten befasst. Diese Erforschung regt zu einer introspektiven Untersuchung an, wie individuelle Wahrnehmungen äußere Phänomene prägen und von ihnen geprägt werden. Sie geht über bloße Introspektion hinaus, indem sie die eigentliche Natur der Beziehung zwischen dem Selbst und der Welt analysiert und über den binären Gegensatz hinausgeht, um die inhärente Verbundenheit aufzudecken. Darüber hinaus fordert uns das Zhuangzi auf, die Fluidität und Veränderlichkeit dieser Konstrukte zu erkennen, und betont, dass die Dichotomie nicht starr, sondern dynamisch und ständiger Transformation unterworfen ist.

Das Eingehen auf diese Dichotomie offenbart auch die tiefgreifenden Auswirkungen auf das persönliche Wachstum und die spirituelle Entwicklung. Durch die Untersuchung der Spannungen und Harmonien zwischen dem Selbst und der Außenwelt können Einzelpersonen Einblicke in ihre eigenen inneren Abläufe, Vorurteile und Neigungen gewinnen, was zu einem gesteigerten Selbstbewusstsein und einer größeren Weisheit führt. Dieser Prozess beleuchtet die Fähigkeit, eine ausgewogene Perspektive zu entwickeln, die die unterschiedlichen Facetten des Selbst und der Welt anerkennt und gleichzeitig nach einem einheitlichen Verständnis sucht, das die Dualität überwindet.

Darüber hinaus dient die Analyse der Dichotomie zwischen Selbst und Welt als philosophische Linse, durch die ethische und moralische Überlegungen in den Fokus rücken. Sie regt zum Nachdenken über Verantwortung, Empathie und die Auswirkungen individueller Handlungen im größeren Rahmen sozialer und ökologischer Vernetzung an. So legt Zhuangzis

Haltung zu dieser Dichotomie den Grundstein für einen gewissenhaften und mitfühlenden Umgang mit der Außenwelt und fördert einen ganzheitlichen Ansatz für menschliche Interaktionen und ökologische Verantwortung.

Philosophische Belastbarkeit gegenüber externen Kräften:

Philosophische Resilienz geht über bloße kognitive Akzeptanz hinaus und stellt eine tiefgreifende philosophische Haltung dar, die es dem Einzelnen ermöglicht, sich den Komplexitäten und Herausforderungen der Außenwelt zu stellen. Sie befasst sich mit den Grundprinzipien der Selbstwahrnehmung und der Entwicklung einer resilienten Denkweise, die es ermöglicht, angesichts äußerer Störungen inneren Frieden und Harmonie zu bewahren. Das Zhuangzi betont das transformative Potenzial der eigenen Einstellung und plädiert für einen proaktiven Ansatz zur Entwicklung von Resilienz. Dazu gehört die Entwicklung einer dynamischen und anpassungsfähigen Perspektive, die von äußeren Zwängen unbeeinflusst bleibt und es dem Einzelnen ermöglicht, inmitten vielfältiger und oft widersprüchlicher äußerer Kräfte Gelassenheit und Gleichgewicht zu bewahren. Darüber hinaus dient philosophische Resilienz als Katalysator für persönliches Wachstum und Selbstverwirklichung und veranlasst den Einzelnen, die Tiefen seiner inneren Stärke und Weisheit zu erkunden. Durch die Anekdoten und philosophischen Diskurse im Zhuangzi werden die Leser ermutigt, das Konzept der Resilienz nicht nur als Abwehrmechanismus zu begreifen, sondern als Mittel, um ein tieferes Verständnis und eine harmonische Integration mit der Außenwelt zu fördern. Der Text veranschaulicht die inhärente Verbundenheit zwischen dem Individuum und der Außenwelt und betont die symbiotische Beziehung, die die Entwicklung philosophischer Resilienz als unverzichtbares Werkzeug zur Bewältigung der Herausforderungen des Lebens erfordert.

Der Einfluss der Kultur auf externe Interpretationen:

Die Werte, Überzeugungen und Traditionen einer bestimmten Kultur beeinflussen oft, wie Menschen die Welt um sich herum wahrnehmen und darauf reagieren. Ein Aspekt, den das Zhuangzi untersucht, ist der Einfluss kultureller Konditionierung auf die Definition dessen, was als „äußerlich" oder „innerlich" gilt. Die Unterscheidung zwischen diesen Bereichen kann in verschiedenen Kulturen erheblich variieren und sich darauf auswirken, wie Menschen ihre äußere Umgebung definieren und sich darauf beziehen. Darüber hinaus können unterschiedliche kulturelle Sichtweisen zu unterschiedlichen Kategorisierungen von Phänomenen als wünschenswert oder unerwünscht, schön oder abstoßend, ordentlich oder chaotisch führen. Diese Klassifizierungen prägen dann die Reaktionen und Verhaltensweisen des Einzelnen gegenüber diesen äußeren Elementen.

Darüber hinaus regt das Zhuangzi die Leser dazu an, über die Wirkung kultureller Erzählungen auf die Wahrnehmung von Veränderung und Zeitlichkeit nachzudenken. Verschiedene Kulturen besitzen einzigartige Erzählungen über die zyklische Natur der Zeit, die Unvermeidlichkeit von Veränderung und die Bedeutung historischer Ereignisse. Folglich prägen diese Erzählungen die Einstellung der Menschen gegenüber äußeren Phänomenen wie Naturereignissen, gesellschaftlichen Veränderungen und persönlichen Erfahrungen.

Darüber hinaus bietet der Text eine Untersuchung darüber, wie kulturelle Konstrukte zur Bildung gesellschaftlicher Normen und Erwartungen beitragen. Diese Normen diktieren oft, wie sich Einzelpersonen mit der Außenwelt auseinandersetzen sollen, und beeinflussen Konzepte von Erfolg, Erfüllung und zwischenmenschlichen Beziehungen.

Kapitel XXXII
AUTORITÄT UND ENTSAGUNG

Philosophische Grundlagen der Abdankung:

Im Laufe der Geschichte wurde der Akt der Abdankung von der Königswürde sowohl verehrt als auch hinterfragt, wobei er in verschiedenen philosophischen Rahmen unterschiedliche Interpretationen und Implikationen hatte. Im philosophischen Diskurs dient die Abdankung oft als Abkehr von herkömmlichen Formen der Autorität, bei denen Herrscher freiwillig ihre Macht abgeben, um alternative Werte zu verfolgen. Diese radikale Entscheidung veranlasst eine Untersuchung der zugrunde liegenden philosophischen Grundlagen, die solche Handlungen bestimmen. Philosophisch verkörpert die Abdankung das Prinzip der Nicht-Anhaftung, wobei die Transzendenz weltlicher Bestrebungen und die Priorisierung innerer Tugenden gegenüber äußerer Autorität betont werden. Sie deutet auf ein ausgeprägtes Bewusstsein für die vergängliche Natur der Macht hin, das dem Streben nach persönlicher und moralischer Erleuchtung gegenübergestellt wird. Die Abdankung kann als greifbare Manifestation von Wu Wei betrachtet werden, da Herrscher sich entscheiden, ihren Griff nach der Macht aufzugeben und auf die organische Entwicklung der Umstände zu vertrauen. Darüber hinaus verkörpert Abdankung den daoistischen Glauben an die Flüchtigkeit von Rollen und Identitäten und unterstreicht die inhärente Loslösung von gesellschaftlichen Konstrukten und die Verwirklichung des eigenen authentischen Selbst jenseits vorgeschriebener Titel und Positionen.

Souveränität und Macht:

In seiner Auseinandersetzung mit Souveränität und Macht plädiert Zhuangzi für eine harmonische Beziehung zwischen

Herrschern und Beherrschten, die auf Tugend und Nichteinmischung beruht. Seine Philosophie besagt, dass die effektivsten Führer diejenigen sind, die mit minimalen Eingriffen regieren und die natürliche Ordnung organisch entfalten lassen. Dieser Ansatz steht im Gegensatz zu den vorherrschenden Vorstellungen von Dominanz und Aufdrängung, die oft mit traditioneller Regierungsführung in Verbindung gebracht werden. Laut Zhuangzi liegt wahre Souveränität darin, sich mit den Rhythmen der Natur in Einklang zu bringen und andere zu befähigen, ihr angeborenes Potenzial zu verwirklichen. Indem sie den Wunsch nach absoluter Macht aufgeben, können Führer eine mitfühlendere und integrativere Regierungsform entwickeln.

Darüber hinaus bietet Zhuangzi eine differenzierte Perspektive auf Machtdynamiken und fordert Führungskräfte auf, Demut und Selbstbewusstsein an den Tag zu legen. Er warnt davor, sich in den Fesseln von Status und Ego zu verstricken, da diese das Urteilsvermögen verzerren und die Menschen, denen sie dienen, entfremden können. Stattdessen plädiert Zhuangzi für ein transformatives Verständnis von Macht, das hierarchische Strukturen überwindet und echte Verbindungen zwischen Individuen fördert. Indem sie Empathie und ethisches Verhalten in den Vordergrund stellen, können Führungskräfte Vertrauen und Einheit in ihren Gemeinschaften schaffen und ein Klima gegenseitigen Respekts und Zusammenarbeit fördern.

Darüber hinaus stellt Zhuangzi die herkömmliche Vorstellung externer Autorität in Frage, indem er die inhärente Kraft persönlicher Integrität und moralischen Charakters hervorhebt. Er argumentiert, dass authentische Führung aus innerer Kultivierung und der Verkörperung tugendhaften Verhaltens erwächst, anstatt sich ausschließlich auf äußere Machtdemonstrationen oder Zwang zu verlassen. Diese Betonung innerer Verfeinerung spiegelt das daoistische Konzept von de oder Tugend wider, das die Bedeutung der Verkörperung moralischer Vortrefflichkeit als Eckpfeiler effektiver Regierungsführung betont. Aus dieser Perspektive definiert Zhuangzi die Natur der Souveränität neu und betont die integrale Rolle ethischer Führung bei der Förderung sozialer Harmonie und individueller Entfaltung.

Führung:

Das traditionelle hierarchische Führungsmodell ist nach und nach einem integrativeren und partizipativeren Führungsstil gewichen, bei dem Zusammenarbeit, Empathie und Anpassungsfähigkeit im Vordergrund stehen. In modernen Organisationsstrukturen wird von Führungskräften zunehmend erwartet, dass sie emotionale Intelligenz, strategische Vision und die Fähigkeit zeigen, eine positive und stärkende Arbeitskultur zu fördern.

Darüber hinaus hat das rasante Tempo des technologischen Fortschritts und der Globalisierung von Führungskräften verlangt, sich komplexen und mehrdeutigen Umgebungen zu stellen. Das digitale Zeitalter erfordert Führungskräfte, die offen für Innovationen sind, flexible Entscheidungen treffen und in der Lage sind, Technologien zu nutzen, um das Wachstum und die Transformation von Unternehmen voranzutreiben. Durch den allgegenwärtigen Einfluss sozialer Medien und der sofortigen Kommunikation stehen Führungskräfte nun unter größerer Beobachtung und es wird von ihnen erwartet, dass sie Transparenz, Authentizität und ethisches Verhalten verkörpern.

Darüber hinaus ist angesichts ökologischer Herausforderungen und gesellschaftlicher Ungerechtigkeiten die Notwendigkeit einer nachhaltigen und verantwortungsvollen Führung zu einem wichtigen Anliegen geworden. Moderne Führungskräfte sind aufgefordert, Grundsätze der sozialen

Verantwortung von Unternehmen, des Umweltschutzes sowie der Vielfalt und Inklusion in ihr Führungsethos zu integrieren. Sie müssen sich bemühen, in ihren Organisationen ein Gefühl der Zielstrebigkeit und gemeinsamer Werte zu fördern und Geschäftsziele mit dem allgemeinen gesellschaftlichen Wohlergehen in Einklang zu bringen.

Die Rolle persönlicher Opfer in der Regierungsführung:

Die Bereitschaft eines Führers, persönliche Opfer für das Gemeinwohl zu bringen, wird oft als Zeichen wahrer Führung und Integrität angesehen. Dieses Prinzip verkörpert die Idee, dass eine effektive Regierungsführung erfordert, dass Führer das Wohlergehen ihrer Wählerschaft über ihre persönlichen Interessen stellen. Ob es nun darum geht, Macht abzugeben, Härten zu ertragen oder schwierige Entscheidungen zu treffen, die Bereitschaft, Opfer für die Verbesserung der Gesellschaft zu bringen, ist ein wesentliches Merkmal effektiver Regierungsführung.

In vielen Kulturen haben legendäre Führer und Monarchen die Bedeutung persönlicher Opfer in der Regierungsführung veranschaulicht. Geschichten von selbstlosen Herrschern, die freiwillig ihren Thron aufgaben oder bedeutende persönliche Opfer für das Wohl ihres Volkes brachten, sind in historischen Erzählungen verankert. Diese Berichte dienen als eindringliche Erinnerung an die edlen Eigenschaften, die mit dem Opfern persönlicher Annehmlichkeiten und Ambitionen für das kollektive Wohl einer Nation verbunden sind.

Die Rolle des persönlichen Opfers in der Regierungsführung geht über historische Anekdoten hinaus und findet auch in der zeitgenössischen Führung ihre Relevanz. In der modernen Politik und im Organisationsmanagement stehen Führungskräfte oft vor entscheidenden Entscheidungen, die persönliche Opfer für das Gemeinwohl erfordern. Ob es darum geht, politische Maßnahmen zu ergreifen, die politisch ungünstig, aber für den langfristigen Wohlstand einer Nation von Vorteil sind, oder persönliche Lebensstilanpassungen vorzunehmen, um ein Beispiel für ethisches Verhalten zu geben, das Wesen des persönlichen Opfers bleibt in der zeitgenössischen Regierungsführung relevant.

Darüber hinaus steht die Vorstellung persönlicher Opferbereitschaft in der Regierungsführung im Einklang mit philosophischen und ethischen Rahmenbedingungen, die die moralische Verantwortung von Führungskräften betonen. In verschiedenen philosophischen Traditionen wird von Führungskräften erwartet, dass sie Selbstlosigkeit, Bescheidenheit und echte Sorge um das Wohlergehen ihrer Wähler verkörpern. Indem sie persönliche Opferbereitschaft zeigen, können Führungskräfte ihr Engagement für diese Ideale demonstrieren und Vertrauen und Respekt bei denen wecken, die sie regieren.

Darüber hinaus überschneidet sich die Rolle des persönlichen Opfers in der Regierungsführung mit dem Konzept des dienenden Führungsstils, bei dem Führungskräfte die Bedürfnisse anderer über ihre eigenen Interessen stellen. Dieser Ansatz unterstreicht den tiefgreifenden Einfluss, den Selbstlosigkeit und Opferbereitschaft auf die Gestaltung einer gerechten und gleichberechtigten Gesellschaft haben können.

Kapitel XXXIII
MORALISCHE AMBIGUITÄT UND ETHIK

Dào zhí, die zentrale Figur in Zhuangzis Werk, das seinen Namen trägt, stellt ein faszinierendes Untersuchungsobjekt dar. Als Protagonist verkörpert er eine komplexe Mischung aus moralischer Ambiguität und ethischen Dilemmata, die im Text als Brennpunkt der philosophischen Untersuchung dient. Auf den ersten Blick scheint Dào zhí dem Archetyp eines Antagonisten zu entsprechen, der Aktivitäten nachgeht, die normalerweise als unethisch oder sogar kriminell gelten. Wenn man sich jedoch eingehender mit seinen Handlungen und Motivationen befasst, offenbart sich eine mehrdimensionale Persönlichkeit, die sich einer binären Kategorisierung entzieht. Die Erzählung um Dào zhí zwingt uns, unsere vorgefassten Meinungen über Gut und Böse zu hinterfragen, und fordert uns heraus, die subjektive Natur der Moral und des menschlichen Verhaltens zu berücksichtigen.

Im Kontext von „Dào zhí" ist die Tugendethik eine grundlegende Perspektive, die die Entwicklung eines moralischen Charakters und die inhärente Güte oder Schlechtigkeit einzelner Handlungen betont. Dieser Ansatz fordert uns auf, die moralische Entwicklung des Protagonisten und die im Text getroffenen Entscheidungen zu berücksichtigen, und fördert die Selbstbetrachtung der Natur ethischer Entscheidungsfindung. Darüber hinaus bieten konsequentialistische Theorien, einschließlich des Utilitarismus, einen faszinierenden Rahmen für die Beurteilung der Folgen moralischer Entscheidungen. Durch die Untersuchung der Auswirkungen der Handlungen der Charaktere und ihrer Auswirkungen auf andere werden die Leser gezwungen, über die umfassenderen Auswirkungen moralischer Entscheidungsfindung in der Gesellschaft nachzudenken. Darüber hinaus lädt die deontologische Ethik zur Betrachtung von Pflichten und moralischen Regeln ein und untersucht die ethische Verantwortung des Einzelnen ungeachtet der Konsequenzen.

Durch eine deontologische Linse können wir die Einhaltung moralischer Normen und Prinzipien durch die Charaktere bewerten und so eine kritische Reflexion über die Spannung zwischen persönlicher Ethik und gesellschaftlichen Erwartungen fördern. Existenzialistische Perspektiven bieten einen besonderen Blickwinkel, indem sie die individuelle Freiheit und Wahl bei der Gestaltung moralischer Wege betonen. Diese existenzialistische Linse veranlasst uns, die von den Charakteren erlebte existenzielle Angst und die Bedeutung persönlicher Handlungsfähigkeit in komplexen moralischen Dilemmata zu untersuchen. Darüber hinaus fügt die feministische Ethik eine wichtige Dimension hinzu, indem sie Machtdynamiken, Geschlechterrollen und relationale Ethik innerhalb der Erzählung erläutert. Dies bereichert die Diskussion, indem es das Zusammenspiel sozialer Konstrukte und moralischer Entscheidungsfindung hervorhebt und ein umfassenderes Verständnis von Moral fördert.

Darüber hinaus werden wir bei der Erforschung der philosophischen Grundlagen der Gerechtigkeit mit einer Vielzahl komplexer und miteinander verflochtener Theorien konfrontiert, die sich im Laufe der menschlichen Zivilisation entwickelt haben. Von antiken Konzepten des Naturrechts bis hin zu modernen Interpretationen der Verteilungsgerechtigkeit ist der Begriff der Gerechtigkeit ein beständiges Thema der Betrachtung und Debatte. Im Kern verkörpert Gerechtigkeit die Prinzipien von Fairness, Gleichheit und moralischer Richtigkeit, doch die Anwendung dieser Prinzipien variiert in verschiedenen Kulturen und historischen Epochen.

Eine herausragende philosophische Sichtweise auf Gerechtigkeit findet sich in Platons Politeia, wo er das Konzept des idealen Staates einführt, der von Philosophenkönigen regiert wird. Laut Platon ist Gerechtigkeit dann erreicht, wenn jeder Einzelne seine ihm zugewiesene Rolle innerhalb der hierarchischen Struktur der Gesellschaft erfüllt und dadurch Harmonie und Ordnung fördert. Dieser klassische Gerechtigkeitsbegriff unterstreicht die inhärente Verbindung zwischen Tugend und sozialer Harmonie und prägt spätere Diskussionen zu diesem Thema.

Ein gegensätzlicher Standpunkt kommt in den Werken von John Rawls zum Ausdruck, dessen Theorie der Gerechtigkeit als Fairness besagt, dass gesellschaftliche Ungleichheiten den am wenigsten begünstigten Mitgliedern zugute kommen sollten. Rawls' egalitärer Ansatz stellt traditionelle Vorstellungen von Meritokratie in Frage und plädiert für Umverteilungsmaßnahmen zur Beseitigung systemischer Ungerechtigkeiten. Seine einflussreiche Arbeit beeinflusst bis heute die zeitgenössischen Diskurse über soziale Gerechtigkeit und politische Ethik.

Darüber hinaus wird die Schnittmenge von Gerechtigkeit und Ethik in den Schriften von Aristoteles deutlich, der davon ausging, dass Gerechtigkeit in zwei Formen existiert: Verteilungsgerechtigkeit, die sich mit der gerechten Verteilung von Ressourcen und Ehren befasst, und Korrekturgerechtigkeit, die sich auf die Behebung von Unrecht durch rechtliche Mechanismen konzentriert. Aristoteles' ethischer Rahmen betont die Entwicklung eines tugendhaften Charakters und das Streben nach dem Gemeinwohl als wesentliche Bestandteile einer gerechten Gesellschaft.

Wenn wir tiefer in die philosophischen Grundlagen der Gerechtigkeit eintauchen, wird deutlich, dass unterschiedliche Perspektiven und ethische Paradigmen zu unserem Verständnis dieses grundlegenden Konzepts beitragen. Das Nebeneinander deontologischer und teleologischer ethischer Theorien sowie die Debatte zwischen Relativismus und

Universalismus erschweren die Interpretation von Gerechtigkeit in einer pluralistischen Welt. Darüber hinaus bringen aktuelle Herausforderungen wie Globalisierung, technologischer Fortschritt und ökologische Nachhaltigkeit neue Dimensionen in den Diskurs über Gerechtigkeit und machen eine Neubewertung traditioneller philosophischer Rahmenbedingungen erforderlich.

Moral ist nicht nur ein individuelles Konstrukt; sie ist in das Gefüge der Gesellschaft eingewoben. Die Vielschichtigkeit des gesellschaftlichen Einflusses auf die Moral durchdringt jeden Aspekt der menschlichen Existenz, von kulturellen Traditionen bis hin zu Rechtssystemen und darüber hinaus. Gesellschaftliche Normen, Werte und Erwartungen spielen eine entscheidende Rolle bei der Gestaltung des moralischen Kompasses eines Individuums. Diese dynamische Interaktion zwischen Individuum und Gesellschaft spiegelt das komplexe Zusammenspiel zwischen persönlichen Entscheidungen und äußeren Einflüssen wider.

Gesellschaften legen Normen und Richtlinien fest, die akzeptables Verhalten vorschreiben und oft in religiösen, philosophischen oder ethischen Traditionen verwurzelt sind. Diese kollektiven Standards leiten den Einzelnen bei der Bewältigung moralischer Dilemmata und legen Prinzipien für Richtig und Falsch fest. Darüber hinaus dienen gesellschaftliche Institutionen wie Familie, Bildung und Regierung als Kanäle zur Weitergabe moralischer Werte über Generationen hinweg und fördern ein gemeinsames Verständnis moralischen Verhaltens.

Darüber hinaus fördert die Vernetzung der Individuen innerhalb einer Gesellschaft ein System gegenseitiger Verantwortung und Gegenseitigkeit. Das Konzept der Gesellschaftsvertragstheorie verdeutlicht die implizite Vereinbarung zwischen den Mitgliedern einer Gesellschaft, sich zum kollektiven

Gelassenheit und regt zu einer Neubewertung herkömmlicher Vorstellungen von Macht und Frieden an.

Die Rolle von Konflikten beim Erwerb von Weisheit:

Um Weisheit zu erlangen, muss man sich oft verschiedenen Konfliktformen stellen und ihnen begegnen. Sowohl interne als auch externe Konflikte dienen als Schmelztiegel für die Verfeinerung des eigenen Verständnisses und der eigenen Wahrnehmung. Konflikte können sich in unzähligen Formen manifestieren, von körperlichen Auseinandersetzungen bis hin zu intellektuellen Debatten und inneren Kämpfen. Jede Konfliktform bietet einzigartige Herausforderungen und Möglichkeiten zur Weiterentwicklung. Im Kontext der Schwertkunst verkörpert die körperliche Auseinandersetzung mit Gegnern die äußere Manifestation des Konflikts. Die durch den Kampf gewonnenen tiefen Erkenntnisse gehen jedoch über bloße technische Fähigkeiten hinaus und dringen in den Bereich der inneren Stärke und des philosophischen Scharfsinns vor.

Im Bereich intellektueller und moralischer Dilemmata führen Konflikte zu ethischen Zwickmühlen, ideologischen Zusammenstößen und existenziellen Krisen. Solche mentalen und emotionalen Konfrontationen stellen die Entschlossenheit, den moralischen Kompass und die Fähigkeit zum kritischen Denken des Einzelnen auf die Probe. Inmitten dieser turbulenten Begegnungen sind die Menschen gezwungen, ihre Überzeugungen zu überdenken, Annahmen in Frage zu stellen und alternative Perspektiven zu erkunden, was letztlich die Entwicklung von Weisheit fördert.

Darüber hinaus bieten innere Konflikte, wie das Ringen mit persönlichen Unzulänglichkeiten oder die Konfrontation mit existentiellen Ängsten, unschätzbare Gelegenheiten zur Selbstbeobachtung und Selbstfindung. Indem Menschen diese inneren Turbulenzen annehmen und überwinden, erlangen sie tiefe Einsichten in die Natur der Existenz, die menschliche Schwäche und das Potenzial zur Transzendenz. Die Lösung innerer Konflikte katalysiert oft eine tiefgreifende persönliche Transformation und steigert die Fähigkeit zu empathischem Verständnis und Mitgefühl.

Ein grundlegender Aspekt des Konflikts beim Erwerb von Weisheit liegt in seiner Rolle als Katalysator für Selbstbeobachtung, Belastbarkeit und Anpassungsfähigkeit. Wenn Menschen mit Widrigkeiten konfrontiert werden, sei es in Form von physischem Kampf, intellektueller Opposition oder psychischem Aufruhr, sind sie gezwungen, in die Tiefen ihres Wesens einzutauchen, ihre Strategien zu überdenken und ihre Perspektiven zu verfeinern. Der Schmelztiegel des Konflikts erfordert die Entwicklung eines gelassenen Geistes, eines scharfsinnigen Intellekts und eines unbezwingbaren Geistes – Eigenschaften, die beim Streben nach Weisheit unverzichtbar sind.

Integration von Geist und Körper durch Übung:

Im Mittelpunkt der Schwertkunst steht die Entwicklung eines Zustands gesteigerter Aufmerksamkeit, in dem das Individuum eine Einheit von Geist, Körper und Seele erreicht. Durch strenges Training und Disziplin lernen die Praktizierenden, ihre körperlichen Bewegungen mit ihrer geistigen Konzentration zu synchronisieren und so eine nahtlose Verschmelzung zu schaffen, die über bloße technische Fertigkeiten hinausgeht. Diese Einheit von Geist und Körper ist nicht auf den physischen Akt des Schwerttragens beschränkt; sie erstreckt sich auf die gesamte Lebensweise des Adepten und prägt seine Gedanken, Emotionen und Reaktionen. Darüber hinaus ist die Ausübung der Schwertkunst tief in Achtsamkeit und Präsenz verwurzelt. Die Praktizierenden werden ermutigt, im Moment voll präsent zu sein, ihre Sinne zu schärfen und ihre Intuition zu verfeinern. Indem sie in die gegenwärtige Erfahrung eintauchen, entwickeln Schwertkämpfer ein ausgeprägtes Bewusstsein für ihre Umgebung und ihre Gegner und verbessern so ihre Fähigkeit, klar und präzise zu reagieren. Dieser gesteigerte Zustand der Aufmerksamkeit dient als Tor zur Wahrnehmung tieferer Wahrheiten über sich selbst und die Welt. Darüber hinaus dient die Integration von Geist und Körper durch die Schwertkunst als Weg zu innerer Ausgeglichenheit und Ruhe. Während die Praktizierenden ihre körperliche Geschicklichkeit verfeinern, üben sie gleichzeitig Selbstreflexion aus, um ihre inneren Konflikte zu lösen und ein geistiges Gleichgewicht zu erreichen. Die symbiotische Beziehung zwischen Geist und Körper spiegelt Zhuangzis Betonung natürlicher Spontaneität und mühelosen Handelns wider. Die Vereinigung unterschiedlicher Elemente wie Flexibilität und Stärke spiegelt Zhuangzis Konzept der Harmonie durch die Akzeptanz von Paradoxien wider.

Kapitel XXXV
NATUR, EINFACHHEIT UND HARMONIE

Darstellungen der Natur und ihrer Bedeutung:

Die verschiedenen Kapitel des Zhuangzi sind voll von eindrucksvollen Naturdarstellungen und Landschaftsbildern, die die Essenz des Daoismus einfangen. Die Natur hat in diesen Kapiteln eine bedeutende philosophische und spirituelle Bedeutung und dient als Metapher für die zugrunde liegenden Prinzipien von Harmonie und Gleichgewicht. Die lebendigen Beschreibungen von Bergen, Flüssen und Wäldern spiegeln die Ruhe wider, die mit der natürlichen Welt verbunden ist, und laden die Leser ein, über die Verbundenheit aller Dinge nachzudenken.

Durch die Darstellung von Naturphänomenen wie fließendem Wasser, hoch aufragenden Bäumen und grenzenlosem Himmel vermittelt der Text die Idee, dass die Natur den idealen Seinszustand verkörpert. Sie wird als Verkörperung von Spontaneität und Authentizität dargestellt und veranschaulicht die schlichte Einfachheit der Existenz. Diese szenischen Beschreibungen dienen auch dazu, ein Gefühl von Ehrfurcht und Respekt vor der Schönheit und Majestät der Naturwelt hervorzurufen und so ihre Bedeutung für die Gestaltung der im Text vorgestellten philosophischen Perspektiven hervorzuheben.

Darüber hinaus wird die Natur im Zhuangzi nicht nur als äußere Landschaft dargestellt, sondern vielmehr als wesentlicher Bestandteil der menschlichen Erfahrung. Sie symbolisiert das Auf und Ab des Lebens und verkörpert die zyklische Natur der Existenz selbst. Die Kapitel erforschen das Konzept der Anpassung an die Natur und betonen die Notwendigkeit für den Einzelnen, sein Leben mit dem Rhythmus der natürlichen Welt in Einklang zu bringen, um inneren Frieden und spirituelle Erleuchtung zu erlangen.

Neben ihrem ästhetischen Reiz dient die Darstellung der Natur im Zhuangzi auch einem didaktischen Zweck und bietet tiefe Einblicke in die menschliche Verfassung. Indem die Erzählung Parallelen zwischen der natürlichen Welt und dem menschlichen Verhalten zieht, vermittelt sie wertvolle Lektionen über Anpassungsfähigkeit, Belastbarkeit und Akzeptanz. Der Text ermutigt die Leser, die Flexibilität des Windes, die Standhaftigkeit der Berge und die Fließfähigkeit des Wassers nachzuahmen, um den Herausforderungen und Widrigkeiten des Lebens zu begegnen.

Einfachheit als philosophisches Ideal:

Im Kontext des Sonstigen Kapitels „Ein alter Fischer" ist Einfachheit nicht nur die Abwesenheit von Komplexität, sondern vielmehr eine bewusste und absichtsvolle Herangehensweise an das Leben, die Philosophie und das Verständnis der natürlichen Ordnung der Welt. Zhuangzis Darstellung der Einfachheit geht über bloße Oberflächlichkeit hinaus und stellt eine Übereinstimmung mit der Existenz dar. Durch die Figur des alten Fischers und seine Lebensweise lädt Zhuangzi die Leser ein, über den inneren Wert eines schmucklosen und unbeschwerten Lebens nachzudenken. Einfachheit verkörpert in diesem Kontext eine bewusste Ablehnung von Künstlichkeit und eine Akzeptanz der wahren Essenz des Seins.

Darüber hinaus ist das philosophische Ideal der Einfachheit mit dem Begriff des Nichthandelns und der mühelosen Entfaltung der Existenz verbunden. In Zhuangzis Diskurs wird Einfachheit nicht mit einer passiven Loslösung von der Welt assoziiert, sondern vielmehr mit einer harmonischen Ausrichtung auf die Rhythmen der Natur. Der alte Fischer verkörpert eine Existenz ohne unnötige Komplexitäten, die den Fluss des Lebens umarmt, ohne ihm menschengemachte Konstrukte aufzuzwingen. Diese Verflechtung von Einfachheit und Harmonie mit der Natur unterstreicht einen grundlegenden Aspekt von Zhuangzis philosophischer Vision.

Darüber hinaus geht die Einfachheit als philosophisches Ideal in „Ein alter Fischer" über die individuelle Ebene hinaus und umfasst umfassendere gesellschaftliche und ethische Überlegungen. Zhuangzi stellt konventionelle Normen und gesellschaftliche Erwartungen in Frage und plädiert für eine Rückkehr zur Einfachheit als Mittel zur Überwindung der durch künstliche gesellschaftliche Strukturen auferlegten Zwänge. Die Erzählung regt zur Selbstbeobachtung der Komplexitäten an, die Individuen durch gesellschaftlichen Druck und Erwartungen in ihrem Leben schaffen, und führt letztendlich zu einer Neubewertung der Tugend, die einem einfachen, schmucklosen Leben innewohnt.

Harmonie zwischen Mensch und Natur:

Das Konzept der Harmonie zwischen Mensch und Natur ist ein zentrales Thema in „Ein alter Fischer", das Zhuangzis philosophische Ansichten widerspiegelt. Der Text zeigt eine tiefe Ehrfurcht vor der natürlichen Welt und betont die Verbundenheit zwischen Mensch und Umwelt. Diese harmonische Beziehung wird durch den Lebensstil, die Interaktionen und die Einstellung des alten Fischers zur Natur dargestellt. Die Erzählung zeichnet ein lebendiges Bild des Fischers, der in perfektem Gleichgewicht mit den Elementen lebt – er verlässt sich auf Ebbe und Flut, versteht das Verhalten der Fische und nimmt die Rhythmen der natürlichen Welt an.

In „Ein alter Fischer" entfaltet sich die symbiotische Beziehung zwischen dem Protagonisten und der Natur durch Symbolik und Allegorie und lädt die Leser ein, über das Gleichgewicht nachzudenken, das erreicht werden kann, wenn sich die

Menschheit an den Rhythmus der Natur anpasst. Der Text vermittelt auf subtile Weise die Weisheit, sich der Natur anzupassen, anstatt zu versuchen, sie zu kontrollieren, und unterstreicht das Thema, dass Frieden und Erfüllung gefunden werden können, wenn man das Auf und Ab des Lebens akzeptiert – eine kraftvolle Metapher für die umfassendere menschliche Erfahrung.

Darüber hinaus dient die nahtlose Integration des Fischers in seine Umgebung als Mikrokosmos für den breiteren philosophischen Rahmen des Zhuangzi, der die Idee mühelosen Handelns fördert. Dieses Konzept plädiert dafür, sich der natürlichen Ordnung anzupassen, unnötigen Eingriffen zu widerstehen und Ereignissen zu erlauben, sich organisch zu entfalten. Durch die Darstellung des alten Fischers veranschaulicht der Text die innere Schönheit und Ruhe, die darin liegt, natürliche Prozesse zu akzeptieren, ohne menschliche Absichten aufzuzwingen.

Die Darstellung der Harmonie zwischen Mensch und Natur in der Erzählung regt auch zum Nachdenken über aktuelle ökologische Bedenken und gesellschaftliche Einstellungen zur Umwelt an. Sie dient als eindringliche Erinnerung an die tiefgreifenden Vorteile, die sich aus einer Wiederverbindung mit der Natur und einer respektvolleren, wechselseitigen Beziehung zur natürlichen Welt ergeben können. „Ein alter Fischer" lädt uns daher ein, unsere eigene Verbindung zur Natur zu überdenken und darüber nachzudenken, wie die Pflege der Harmonie mit der Umwelt unser Leben bereichern und dem kollektiven Wohlbefinden zugute kommen kann.

Der alte Fischer:

Die Figur des alten Fischers in „Ein alter Fischer" verkörpert eine tiefe Verbundenheit mit der Natur und Einfachheit. Durch seine Darstellung vermittelt der Text tiefe philosophische

Erkenntnisse, die mit der natürlichen Umgebung verflochten sind. Der alte Fischer wird als Figur stiller Weisheit dargestellt, die in den Rhythmen der natürlichen Welt verwurzelt ist. Sein einfacher Lebensstil und seine enge Beziehung zur umgebenden Umwelt spiegeln die umfassenderen philosophischen Themen des Zhuangzi wider.

Das tiefe Verständnis des alten Fischers für die Natur macht ihn zu einer weisen Figur, die denjenigen, die ihm in der Erzählung begegnen, wertvolle Lehren erteilt. Seine Interaktionen mit den Elementen – wie Wind, Wasser und Landschaft – vermitteln ein Gefühl von Harmonie und gegenseitigem Respekt und betonen die Verbundenheit von Mensch und Natur. Diese Darstellung steht im Einklang mit den umfassenderen philosophischen Konzepten des Zhuangzi, wo das harmonische Zusammenleben von Mensch und Natur von zentraler Bedeutung für das Erreichen eines Zustands der Ruhe und Erleuchtung ist.

Darüber hinaus unterstreichen die Einfachheit und Bescheidenheit des alten Fischers die Erforschung des inhärenten Wertes eines bescheidenen, unkomplizierten Lebens im Text. Seine Zufriedenheit mit minimalem materiellen Besitz und sein Eintauchen in die natürliche Welt veranschaulichen das Zhuangzianische Ideal, Einfachheit als Weg zu innerem Frieden und Erleuchtung zu betrachten. Durch den alten Fischer fordert die Erzählung die Leser auf, ihre eigene Beziehung zur modernen Existenz zu bewerten, und lädt zum Nachdenken über die Rolle der Einfachheit bei der Erlangung von Harmonie und Erfüllung ein.

Darüber hinaus unterstreicht die Darstellung des alten Fischers durch Parabeln und Symbolik die Vielschichtigkeit seines Charakters. Jede Anekdote und Interaktion innerhalb der Erzählung enthüllt weitere Facetten seiner Weisheit und Perspektive und trägt zu einem differenzierteren Verständnis seiner Rolle als Repräsentation natürlicher Harmonie und Einfachheit bei. Durch diese symbolischen Elemente geht der alte Fischer über die Rolle einer bloßen Figur hinaus und wird zu einem Kanal für umfassendere philosophische Überlegungen, die den Text mit Tiefe und Bedeutung bereichern.

Kapitel XXXVI
LIE YUKOU - TUGEND UND INTELLEKT

Tugend in der Philosophie von Lie Yukou:

Lie Yukou, auch bekannt als Liezi, war ein Philosoph, der während der Zeit der Streitenden Reiche im alten China lebte. Diese Ära war geprägt von politischer Instabilität, sozialen Unruhen und intensiver intellektueller Gärung. Inmitten der turbulenten Umgebung dieser Zeit entstanden Lie Yukous philosophische Erkenntnisse als Reaktion auf die existenziellen und ideologischen Herausforderungen, denen sich Einzelpersonen und die Gesellschaft gegenübersahen.

Die Zeit der Streitenden Reiche war geprägt von einem komplexen Geflecht konkurrierender Staaten, die um die Vorherrschaft kämpften. Diese Atmosphäre des Konflikts und der Unsicherheit beeinflusste die philosophische Landschaft stark und regte zu tiefgreifenden Überlegungen zu grundlegenden Fragen der Existenz und der Regierungsführung an.

Lie Yukous prägende Jahre waren geprägt von den Lehren legendärer Weiser und Denker wie Laozi und Zhuangzi, deren Philosophien auf Naturalismus, daoistischen Prinzipien und unorthodoxen Perspektiven auf die Rolle der Menschheit in der Welt basierten. Diese Einflüsse prägten Lie Yukous Weltanschauung zutiefst und bildeten die Grundlage für sein einzigartiges philosophisches Gerüst, das Harmonie mit der Natur und die Überwindung weltlicher Wünsche betonte.

Im Mittelpunkt von Lie Yukous Philosophie steht das Konzept der Tugend, das ein Leben im Einklang mit der Natur und dem Prinzip der Spontaneität fordert. Im Gegensatz zur konfuzianischen Betonung von Ritualen und sozialer Hierarchie wurzelt Lie Yukous Tugend in individueller Authentizität und

Freiheit. Sein Ansatz ermutigt den Einzelnen, durch Selbstreflexion und Selbstbetrachtung innere Tugend zu kultivieren, anstatt sich an von außen auferlegte Moralkodizes zu halten. Lie Yukous Interpretation der Tugend stellt traditionelle Normen in Frage und bietet eine erfrischende Perspektive auf ethisches Verhalten. Er glaubte, dass wahre Tugend aus aufrichtigen, unüberlegten Handlungen und einer harmonischen Ausrichtung auf den natürlichen Fluss des Universums entsteht. Diese Darstellung der Tugend geht über gesellschaftliche Konventionen hinaus und betont die Reinheit der Absicht und die Authentizität des eigenen Charakters.

Darüber hinaus plädiert Lie Yukou in seiner Philosophie dafür, Veränderung und Vergänglichkeit als wesentliche Aspekte der Tugend zu akzeptieren. Er unterstreicht die Bedeutung von Anpassungsfähigkeit und Belastbarkeit und glaubt, dass sich echte Tugend in der Fähigkeit manifestiert, den Ungewissheiten des Lebens mit Gleichmut zu begegnen. Darüber hinaus geht Lie Yukou in seiner philosophischen Auseinandersetzung mit der Tugend über den individuellen Bereich hinaus und umfasst gesellschaftliche Dynamiken und Regierungsführung. Er schlägt vor, dass tugendhafte Führung Empathie, Bescheidenheit und Weitsicht in den Vordergrund stellen sollte, anstatt sich ausschließlich auf Autorität und Kontrolle zu verlassen. Diese differenzierte Auffassung von Tugend stellt herkömmliche Machtstrukturen in Frage und plädiert für einen humanistischeren und mitfühlenderen Führungsansatz.

Das Zusammenspiel zwischen Intellekt und Weisheit:

Gemäß Lie Yukous Ethos muss der Intellekt, obwohl er für das Verständnis und die Analyse komplexer Phänomene unerlässlich ist, durch Weisheit ausgeglichen werden, die aus Selbstbeobachtung, Erfahrung und moralischer Klarheit erwächst. Diese paradigmatische Verschmelzung von Intellekt und Weisheit dient als Eckpfeiler von Lie Yukous philosophischem Rahmen und betont die symbiotische Beziehung zwischen kognitiver Leistungsfähigkeit und ethischer Einsicht. Seine Schriften erläutern die Idee, dass wahre Weisheit entsteht, wenn intellektuelle Leistungsfähigkeit mit tugendhaften Prinzipien in Einklang gebracht wird, und unterstreichen die inhärente Verbindung zwischen intellektuellen Bestrebungen und moralischer Rechtschaffenheit.

Darüber hinaus beschreibt Lie Yukou die Rolle der Weisheit bei der Mäßigung der Anwendung des Intellekts und warnt vor dem Missbrauch oder der Ausbeutung von Wissen für eigennützige Zwecke. Er plädiert für die Kultivierung von Weisheit als Schutz vor den potenziellen Fallstricken uneingeschränkter intellektueller Bestrebungen und geht davon aus, dass ethische Überlegungen als Kompass dienen sollten, der die Nutzung der eigenen intellektuellen Fähigkeiten leitet. Diese differenzierte Perspektive unterstreicht die Untrennbarkeit von intellektuellem Scharfsinn und ethischer Klugheit in Lie Yukous philosophischem Diskurs und spiegelt das uralte Sprichwort wider, dass ein Intellekt ohne Weisheit gefährliche Folgen haben kann.

Darüber hinaus geht das Zusammenspiel von Intellekt und Weisheit in Lie Yukous Philosophie über die individuelle Entwicklung hinaus und umfasst gesellschaftliche Dimensionen. Seine Erkenntnisse fordern Regierungsbehörden und Vordenker auf, bei der Ausarbeitung von Richtlinien, der Förderung von Lernumgebungen und der Bewältigung komplexer sozialer Dynamiken intellektuelle Urteilskraft in Verbindung mit ethischer Weisheit anzuwenden. Indem Lie Yukou die gegenseitige Verstärkung von Intellekt und Weisheit sowohl auf persönlicher als auch auf gemeinschaftlicher Ebene erläutert, schafft er eine ganzheitliche Weltanschauung, die die Synthese von kognitiver Scharfsinnigkeit und moralischer Klugheit als Katalysator für individuelles und kollektives Gedeihen propagiert.

Führung und Governance:

Bei seiner Untersuchung von Führung betont Lie Yukou die Bedeutung von tugendhaftem Verhalten und moralischer Integrität als grundlegende Eigenschaften für eine effektive Regierungsführung. Er bringt die Idee zum Ausdruck, dass Führungskräfte ethische Prinzipien verkörpern und wohlwollende Führung zeigen sollten, um die Harmonie und das Wohlergehen der Gemeinschaft zu gewährleisten. Darüber hinaus befasst sich Lie Yukou mit dem Konzept von „Wu-Wei" oder Nichteinmischung und schlägt vor, dass wahre Führung ein Gleichgewicht zwischen Handeln und Nichthandeln beinhaltet, das natürliche Prozesse sich entfalten lässt und bei Bedarf sanfte Führung bietet. Dieser differenzierte Ansatz zur Regierungsführung unterstreicht die Weisheit, sich der natürlichen Ordnung der Dinge zu beugen und so Stabilität und Wohlstand in einer Gesellschaft zu fördern.

Darüber hinaus bietet Lie Yukou tiefgründige Überlegungen zur Rolle der Regierungsführung bei der Förderung sozialer Harmonie und Gerechtigkeit. Seine Lehren befürworten die faire und gerechte Behandlung aller Menschen, unabhängig von ihrem sozialen Status oder ihrer Herkunft. Er betont die Notwendigkeit, dass Führungskräfte unparteiisch und mitfühlend handeln und versuchen, gesellschaftliche Gräben zu überbrücken und Konflikte durch Verständnis und Empathie zu mildern. Indem er den inneren Wert jedes Mitglieds der Gemeinschaft anerkennt, unterstreicht Lie Yukou die Verantwortung der Führungskräfte, mit Weisheit und Güte zu regieren und so ein harmonisches und integratives soziales Gefüge zu fördern.

Darüber hinaus erstreckt sich Lie Yukou in seinem philosophischen Diskurs über Regierungsführung auf praktische Überlegungen zu Staatskunst und Verwaltung. Er erläutert die

Bedeutung strategischer Entscheidungsfindung, der umsichtigen Ressourcenverteilung und der Entwicklung einer vernünftigen Politik, die das Wohl der Bevölkerung in den Vordergrund stellt. Darüber hinaus untersucht er das Konzept der „weichen Macht" – die Fähigkeit, andere durch moralische Überzeugung und vorbildliches Verhalten zu beeinflussen und zu inspirieren. Laut Lie Yukou geht echte Führung über bloße Autorität hinaus; sie wurzelt in der Entwicklung von Tugend, Weisheit und der Kunst mitfühlender Regierungsführung.

Bescheidenheit und Selbstkultivierung:

Das Konzept der Demut ist tief verwurzelt in der Anerkennung der eigenen Grenzen und der Erkenntnis der Unermesslichkeit und Komplexität der Welt. Lie Yukou betont in seinen Lehren die Notwendigkeit, unser begrenztes Verständnis im großen Ganzen der Existenz demütig zu akzeptieren. Durch Demut werden Menschen ermutigt, dem Leben mit einem offenen Geist und der Bereitschaft, von anderen zu lernen, zu begegnen, unabhängig von ihrem gesellschaftlichen Status oder ihrer wahrgenommenen intellektuellen Leistungsfähigkeit.

Selbstkultivierung, wie sie von Lie Yukou dargelegt wird, bezieht sich auf die kontinuierliche innere Verfeinerung, die darauf abzielt, ethische Tugenden und moralische Stärke zu fördern. Sie beinhaltet Selbstbeobachtung und die bewusste Anstrengung, die eigenen Gedanken, Handlungen und den eigenen Charakter an den Prinzipien von Güte, Aufrichtigkeit und Rechtschaffenheit auszurichten. Indem man Selbstkultivierung annimmt, streben die Menschen danach, persönliche Vorurteile und egoistische Tendenzen zu überwinden und ebnen so den Weg für harmonische Interaktionen innerhalb der Gesellschaft.

Lie Yukou betont in seinen Lehren das Zusammenspiel von Bescheidenheit und Selbstkultivierung. Er geht davon aus, dass wahres Wachstum und Weisheit aus einer bescheidenen Wertschätzung der eigenen Stärken und Schwächen sowie engagierten Bemühungen zur Selbstverbesserung erwachsen. Diese symbiotische Beziehung zwischen Bescheidenheit und Selbstkultivierung dient als grundlegender Rahmen, durch den Individuen nach tugendhaftem Verhalten und moralischer Integrität streben können. Darüber hinaus fördert sie ein Umfeld, das kollektivem Gedeihen und gesellschaftlicher Harmonie förderlich ist.

Erzählungen und Anekdoten von Lie Yukou:

Lie Yukou verwebt seine philosophischen Weisheiten oft mit Erzählungen und Anekdoten, die als wirkungsvolle Lehrmittel dienen. Diese Erzählungen basieren auf den Erfahrungen des Alltags und sind in ihrer Relevanz über Generationen hinweg nachhallend. Eine dieser Anekdoten porträtiert einen bescheidenen Bauern, der trotz seiner Armut Zufriedenheit und inneren Frieden zeigt. Durch diese Erzählung vermittelt Lie Yukou den Wert von Einfachheit und Dankbarkeit und ermutigt die Leser, in den bescheidenen Freuden des Lebens Befriedigung zu finden.

Eine weitere spannende Geschichte handelt von einer zufälligen Begegnung zwischen einem jungen Gelehrten und einem weisen alten Gelehrten. Diese Begegnung führt zu einem Austausch von Ideen und Perspektiven und unterstreicht die Bedeutung intellektueller Neugier und die wechselseitige Natur des Lernens. Solche Anekdoten bieten unschätzbare Einblicke in die ethischen und moralischen Dimensionen von Lie Yukous Philosophie und enthüllen universelle Wahrheiten, die weiterhin zum Nachdenken und zur Selbstbeobachtung anregen.

Darüber hinaus dient die reiche Vielfalt an Erzählungen und Anekdoten dazu, die differenzierten Beziehungen zwischen Individuen und der Gesellschaft zu veranschaulichen. Durch lebendiges Erzählen liefert Lie Yukou scharfsinnige Kommentare zu menschlichem Verhalten, zwischenmenschlichen Dynamiken und gesellschaftlichen Strukturen. Eine besonders ergreifende Geschichte verdeutlicht das Gleichgewicht zwischen Autorität und Bescheidenheit und fordert die Leser auf, im Umgang mit anderen Mitgefühl und Empathie zu zeigen.

Darüber hinaus kommen in vielen von Lie Yukous Anekdoten rätselhafte Charaktere vor, die Tugend, Integrität und Widerstandskraft verkörpern. Ob es sich um den rätselhaften Wanderer handelt, der Weisheit verbreitet, oder um den widerstandsfähigen Handwerker, der Widrigkeiten mit Anmut begegnet, diese Erzählungen verkörpern wesentliche Tugenden und dienen als Vorbilder für ethisches Verhalten und tugendhaftes Leben. Jede Anekdote fungiert als Mikrokosmos ethischer Lehren und lädt die Leser dazu ein, tief über ihre eigenen Werte und Prinzipien nachzudenken.

Kapitel XXXVII
„ALLES UNTER DEM HIMMEL"

Die philosophischen Erkenntnisse Zhuangzis sind eng mit gesellschaftlichen Implikationen verknüpft und spiegeln die Verflechtung individueller Überzeugungen und gesellschaftlicher Strukturen wider. Durch die Erforschung von „Allem unter dem Himmel" präsentiert der Text nicht nur abstrakte metaphysische Konzepte, sondern befasst sich auch mit deren praktischen Ausprägungen in gesellschaftlichen Zusammenhängen. Diese Integration von Philosophie und Gesellschaft ist ein Beleg für den tiefgreifenden Einfluss philosophischer Ideale auf das kollektive Bewusstsein einer Zivilisation.

Im Kern befasst sich der Text mit der Beziehung zwischen Regierungsführung, ethischen Grundsätzen und dem übergeordneten Gefüge der Gesellschaft. Er untersucht, wie philosophische Grundsätze die Interaktionen zwischen Individuen und ihren größeren Gemeinschaften leiten, und betont die Auswirkungen, die individuelle Handlungen auf das gesellschaftliche Ganze haben. Darüber hinaus stellt „All Under Heaven" konventionelle Regierungsformen in Frage und plädiert für ein harmonisches Gleichgewicht zwischen autoritärer Herrschaft und persönlicher Freiheit. Damit spiegelt es den wechselseitigen Einfluss zwischen philosophischen Konstrukten und gesellschaftlichen Grundlagen wider.

Darüber hinaus stellt der Text einen umfassenden Standpunkt dar, der nicht nur die philosophischen Überlegungen antiker Weiser umfasst, sondern auch die vielfältigen Dimensionen gesellschaftlichen Funktionierens untersucht. Durch die Untersuchung der symbiotischen Beziehung zwischen philosophischem Denken und Gesellschaft regt „All Under Heaven" die Leser dazu an, ihre Rollen innerhalb ihrer eigenen Gemeinschaften neu zu bewerten, regt zur Selbstbeobachtung an und fördert ein tieferes Verständnis der wechselseitigen Natur gesellschaftlicher Strukturen und philosophischer Ideologien.

Darüber hinaus ist das Konzept der Selbstverwirklichung mit den umfassenderen Bereichen der sozialen Ordnung und der gesellschaftlichen Harmonie in „Alles unter dem Himmel" verknüpft. Der Text betont die Notwendigkeit, persönliches Wachstum mit gesellschaftlichem Wohlergehen in Einklang zu bringen, und unterstreicht die Verbindung zwischen individueller Erfüllung und dem Gemeinwohl. Er regt zum Nachdenken darüber an, wie sich die eigenen philosophischen Überzeugungen im gesamten gesellschaftlichen Bereich auswirken, und weist damit auf eine ganzheitliche Integration persönlicher Philosophien mit gesellschaftlichen Bestrebungen hin.

Auf der anderen Seite wird Einheit, sowohl als Konzept als auch als Seinszustand, aus verschiedenen Perspektiven dargestellt, die Harmonie, Verbundenheit und die Ausrichtung widersprüchlicher Kräfte umfassen. Dieser Abschnitt befasst sich mit den Ebenen dieses Themas und untersucht seine Erscheinungsformen in verschiedenen Kontexten und ihre Auswirkungen auf die Harmonie von Mensch und Gesellschaft. Im Kern umfasst Einheit die Verschmelzung unterschiedlicher Elemente zu einem zusammenhängenden Ganzen und spiegelt das Zusammenspiel unterschiedlicher Perspektiven in einem einzigen Rahmen wider. Der Text untersucht, wie Einheit über bloße Einheitlichkeit hinausgeht und vielmehr ein harmonisches Zusammenleben kontrastierender Elemente verkörpert, ähnlich dem sich ständig verändernden Gleichgewicht von Yin und Yang. Er lädt die Leser ein, über das Gleichgewicht nachzudenken, das für wahre Einheit erforderlich ist, und über oberflächliche Homogenität zugunsten einer dynamischen Integration von Unterschieden hinauszugehen.

Darüber hinaus durchdringt das Konzept der Einheit auch soziale und politische Dimensionen und plädiert für kollektive Inklusivität und gegenseitiges Verständnis. Durch allegorische Erzählungen und Einsichten beleuchtet „All Under Heaven" die Auswirkungen von Uneinigkeit und Zwietracht und unterstreicht die Notwendigkeit, vereinigende Prinzipien zum Wohle der Allgemeinheit zu schmieden. Darüber hinaus regt der Text zum Nachdenken über die metaphysischen Dimensionen der Einheit an und befasst sich mit ihren transzendentalen Auswirkungen auf die menschliche Existenz und die kosmische Ordnung. Durch die Untersuchung der Natur der Einheit aus sowohl existenzieller als auch ontologischer Sicht wird der Leser gezwungen, über die inhärente Verbundenheit aller Phänomene nachzudenken, was dem daoistischen Prinzip der Verbundenheit entspricht. Solche Überlegungen bieten fruchtbaren Boden für die Untersuchung der menschlichen Verfassung und unseres Platzes im weiteren Kosmos.

Darüber hinaus beleuchtet „All Under Heaven" die ethischen und moralischen Aspekte der Einheit und betont die Tugenden von Empathie, Mitgefühl und gemeinschaftlicher Verantwortung. Es lädt uns ein, uns eine Welt vorzustellen, in der Einheit als Leitprinzip dient und Solidarität und gegenseitigen Respekt fördert. Schließlich kontextualisiert der Text das Konzept der Einheit im breiteren philosophischen Diskurs und zieht Parallelen zu anderen wegweisenden Werken und Denkschulen.

Im gesamten philosophischen Diskurs in „Alles unter dem Himmel" wird das Konzept von Veränderung und Transformation als grundlegender Aspekt des Verständnisses von Existenz und Universum dargestellt. Veränderung wird nicht nur als flüchtiges Ereignis dargestellt, sondern als wesentliche und fortwährende Kraft, die alle Aspekte des Lebens, der Gesellschaft und der natürlichen Welt prägt. Zhuangzi präsentiert verschiedene allegorische Erzählungen und philosophische Betrachtungen, die die Unvermeidlichkeit und transformative Kraft der Veränderung hervorheben und die Leser dazu auffordern, ihre Flüchtigkeit anzunehmen, anstatt sich ihr zu widersetzen.

Ein herausragendes Motiv im Text ist die Vorstellung mühelosen Handelns. Dieses Prinzip steht im Einklang mit der taoistischen Philosophie, den spontanen Lauf der Natur anzunehmen, das fließende Zusammenspiel von Yin und Yang zu betonen und starre Bindungen an festgelegte Ergebnisse aufzugeben. Durch das Nachdenken über diese Ideen werden wir dazu angeregt, über unseren eigenen Ansatz zur Veränderung nachzudenken und die Befreiung zu erkunden, die sich aus der Akzeptanz der Vergänglichkeit aller Dinge ergibt.

Darüber hinaus geht Zhuangzis Auseinandersetzung mit dem Thema Transformation über individuelle Erfahrungen hinaus und umfasst den breiteren Bereich gesellschaftlicher Dynamiken und Regierungsführung. Der Text kritisiert starre soziale Strukturen und hierarchische Systeme und plädiert für einen organischeren und anpassungsfähigeren Regierungsansatz. Er unterstreicht, wie wichtig es ist, Kontrolle abzugeben, Vielfalt zu akzeptieren und ein Umfeld zu schaffen, das fortlaufende Transformation ohne Zwang ermöglicht.

Die metaphorische Geschichte des Schmetterlingstraums dient als ergreifende Illustration der flüchtigen Natur der Existenz und der illusorischen Grenzen zwischen Seinszuständen. In dieser Erzählung regt Zhuangzi die Leser dazu an, über die flüchtige Natur der Realität und die inhärente Subjektivität menschlicher Wahrnehmungen nachzudenken. Durch die Überwindung konventioneller Realitätsvorstellungen werden die Leser ermutigt, eine umfassendere und umfassendere Perspektive einzunehmen, die die Flüchtigkeit und Verbundenheit aller Phänomene anerkennt.

Kapitel XXXVIII
ZHUANGZIS 50 WICHTIGSTE ZITATE

1.
„Die Geburt ist nicht der Anfang. Der Tod ist nicht das Ende."

2.
„Lassen Sie sich von allem, was geschieht, mitreißen und lassen Sie Ihren Geist frei."

3.
„Kämpfe nicht. Lass dich treiben, und du wirst feststellen, dass du eins bist mit der geheimnisvollen Einheit des Universums."

4.
„Ein Frosch im Brunnen kann sich den Ozean nicht vorstellen."

5.
„Das Leben ist endlich, während das Wissen unendlich ist."

6.
„Einfach ist richtig. Fangen Sie richtig an und Sie haben es leicht. Machen Sie weiter leicht und Sie haben es richtig. Der richtige Weg, es sich leicht zu machen, besteht darin, den richtigen Weg zu vergessen und zu vergessen, dass es leicht ist."

7.
„Ein Weg entsteht dadurch, dass man auf ihm geht."

8.
„Einmal habe ich geträumt, ich sei ein Schmetterling, und jetzt weiß ich nicht mehr, ob ich Chuang Tzu bin, der träumte, ich

sei ein Schmetterling, oder ob ich ein Schmetterling bin, der träumt, ich sei Chuang Tzu."

9.
„Das Leben in der Gesellschaft hat zur Folge, dass unsere Existenz komplizierter und verwirrender wird. Es lässt uns vergessen, wer wir wirklich sind, indem es uns dazu bringt, uns mit dem zu beschäftigen, was wir nicht sind."

10.
„Der richtige Weg, es sich leicht zu machen, besteht darin, den richtigen Weg zu vergessen."

11.
„Der perfekte Mensch benutzt seinen Verstand als Spiegel. Er begreift nichts. Er bedauert nichts. Er empfängt, aber behält nichts."

12.
„Der Weise weiß, dass es besser ist, am Ufer eines abgelegenen Gebirgsbaches zu sitzen, als Kaiser der ganzen Welt zu sein."

13.
„Strebe nicht nach Ruhm. Mache keine Pläne. Lass dich nicht von Aktivitäten absorbieren. Denke nicht, dass du es weißt. Sei dir all dessen bewusst, was ist, und verweile im Unendlichen. Wandere, wo es keinen Weg gibt. Sei alles, was der Himmel dir gegeben hat, aber verhalte dich, als hättest du nichts erhalten. Sei leer, das ist alles."

14.
„Wenn ein Bogenschütze zum Vergnügen schießt, verfügt er über all sein Können. Wenn er auf eine Messingschnalle schießt, wird er nervös. Wenn er auf eine Goldmedaille schießt, beginnt er, zwei Ziele zu sehen."

15.
„Das Leben kommt von der Erde und das Leben kehrt zur Erde zurück."

16.
„Bin ich ein Mensch, der träumt, er sei ein Schmetterling, oder ein Schmetterling, der träumt, er sei ein Mensch?"

17.
„Mit einem Brunnenfrosch, einem Lebewesen in einer kleineren Sphäre, kann man nicht über den Ozean sprechen. Mit einem Sommerinsekt, einem Lebewesen in einer Jahreszeit, kann man nicht über Eis sprechen."

18.
„Diejenigen, die ihre Torheit erkennen, sind keine wahren Narren."

19.
„Vergiss die Jahre, vergiss die Unterschiede. Stürze dich ins Grenzenlose und mache es zu deinem Zuhause!"

20.
„Der Mensch spiegelt sich nicht in fließendem Wasser – er spiegelt sich in stillem Wasser. Nur was still ist, kann die Stille anderer Dinge stillen."

21. „Wenn Menschen nicht ignorieren, was sie ignorieren sollten, sondern ignorieren, was sie nicht ignorieren sollten, nennt man das Ignoranz."

22.
„Vollkommenes Glück ist die Abwesenheit des Strebens nach Glück."

23.
„Wenn Sie Einsicht haben, nutzen Sie Ihr inneres Auge, Ihr inneres Ohr, um zum Kern der Dinge vorzudringen, und brauchen kein intellektuelles Wissen."

24.
„Lassen Sie Ihre Gedanken in die reine und einfache Welt schweifen. Seien Sie eins mit der Unendlichkeit. Lassen Sie allen Dingen ihren Lauf."

25.
„Das Geräusch des Wassers sagt, was ich denke."

26.
„Alle Menschen kennen den Nutzen des Nützlichen, aber niemand kennt den Nutzen des Nutzlosen. Wo kann ich einen Menschen finden, der Wörter vergessen hat, damit ich mit ihm ein Wort wechseln kann?"

27.
„Wer dem Tao folgt, hat einen klaren Verstand. Er belastet seinen Geist nicht mit Ängsten und ist flexibel in seiner Anpassung an äußere Bedingungen."

28.
„Wenn Sie träumen, wissen Sie nicht, dass es ein Traum ist. Vielleicht interpretieren Sie sogar einen Traum in Ihrem Traum – und wachen dann auf und erkennen, dass alles ein Traum war. Vielleicht wird ein großes Erwachen auch offenbaren, dass dies ein Traum war."

29.
„Schweigen und Nichtstun sind die Wurzel aller Dinge."

30.

„Gedankenlosigkeit zu praktizieren und im Nichts zu ruhen, ist der erste Schritt, um im Tao zu ruhen. Von nirgendwo zu beginnen und keinem Weg zu folgen, ist der erste Schritt, um das Tao zu erreichen."

31.
„Belohnungen und Bestrafungen sind die niedrigste Form der Erziehung."

32.
„Im Klang des Wassers findest du immer eine Antwort."

33.
„Geburt ist kein Anfang; Tod ist kein Ende. Es gibt Existenz ohne Begrenzung; es gibt Kontinuität ohne Ausgangspunkt."

34.
„Wenn es keine Trennung mehr zwischen ‚diesem' und ‚jenem' gibt, nennt man das den Ruhepunkt des Tao. Am Ruhepunkt in der Mitte des Kreises kann man das Unendliche in allen Dingen sehen."

35.
„Die Kontrolle der Atmung verleiht dem Menschen Kraft, Vitalität, Inspiration und magische Kräfte."

36.
„Das höchste Glück liegt darin, nichts zu tun."

37.
„Meine Meinung ist, dass man nie Glück findet, bis man aufhört, danach zu suchen."

38.
„Wenn Wasser durch Stille Klarheit erlangt, wie viel mehr gilt das dann für die Fähigkeiten des Geistes."

39.
„Wir werden aus einem ruhigen Schlaf geboren und sterben bei einem ruhigen Erwachen."

40.
„Wer alle Dinge als eins betrachtet, ist ein Gefährte der Natur."

41.
„Euer Geist muss eins werden. Versucht nicht, mit euren Ohren zu verstehen, sondern mit eurem Herzen. Tatsächlich nicht mit eurem Herzen, sondern mit eurer Seele."

42.
„Denn wir können nur wissen, dass wir nichts wissen, und ein bisschen Wissen ist eine gefährliche Sache."

43.
„Glück ist so leicht wie eine Feder, doch niemand weiß, wie man es aufhebt. Unglück ist so schwer wie die Erde, doch niemand weiß, wie man ihm aus dem Weg geht."

44.
„Während unserer Träume wissen wir nicht, dass wir träumen."

45.
„Daher ist die Leere aller Sinne erforderlich. Und wenn die Sinne leer sind, hört das ganze Wesen zu. Dann kann man direkt erfassen, was direkt vor einem liegt, was man mit dem Ohr nie hören oder mit dem Verstand nie verstehen kann."

46.
„Wasser wird im Ruhezustand klar und durchsichtig."

47.

„Tao liegt jenseits von Worten und Dingen. Es lässt sich weder in Worten noch in Stille ausdrücken. Wo es keine Worte und keine Stille mehr gibt, wird Tao erfasst."

48.
„Wo finde ich einen Mann, der Wörter vergessen hat, damit ich mit ihm reden kann?"

49.
„Dein Wert liegt in deinem Wesen; er kann durch nichts, was geschieht, verloren gehen."

50.
„Allem möge erlaubt sein, das zu tun, was es von Natur aus tut, damit seine Natur befriedigt wird."